2011 年 11 月，在"城南学堂"校本研修月上讲话

2012 年 8 月，在《温州都市报》第 19 期"善学堂"讲课

2012 年 11 月，在温州
电台"温州之声"介绍
学校特色教育

2012 年 5 月，在温州
市少儿图书馆讲学后
交流

2012 年 10 月,在鹿城区教育局与济南市市中区教育局结对仪式上发言

2013 年 4 月,在参观绍兴市季科平"童真语文"工作室座谈会上讲话

2011年5月，城南小学民乐团参加上海之春国际音乐节江南丝竹邀请赛

2012年9月，城南小学民乐团参加鹿城区人民政府庆祝教师节大会演出

2013年2月，城南小学民乐团代表浙江省参加全国第四届中小学艺术节比赛

校长领导力与教育智慧

金子翔 / 著

PRINCIPAL LEADERSHIP
and EDUCATIONAL
WISDOM

ZHEJIANG UNIVERSITY PRESS
浙江大学出版社

序一

——为《校长领导力与教育智慧》而作

蔡勤笑

在岁月的长廊里能有缘与金子翔相遇、相识并交为挚友,我感到分外高兴。交往中,有太多真切的感受沉淀在我心田,让我久久怀念。那步步脚印记录了金子翔从教师到教导主任再到校长角色的教育历程。回望他辛勤劳作的历程,是"学习、实践和提炼"贯穿其间。无论是教学、教育和管理,他总是努力把勇于开拓和善于变通的基因嫁接到改革创新中,在时光中破浪前行。他整体架构、前瞻设计、有效引领的工作智慧处处可见。历史是一个传承和发展的过程,他注重在传承中发展,在发展中创新。他尊重传统,但不刻意泥古;他致力于创新,但不做不接地气的飘然之物。对于语文学科领域的实践操作,他牢牢把握个性和共性两个层面的研究。他认为"文以载道",作者是"情动而辞发",我们学习语文则要"披文以入情",对课文中基础知识的字、词、句、篇以及基本训练的听、说、读、写、书,是须臾不可小视的。他又认为,教学中的要务还在于处理好师生关系,要体现"学为主",以学生为主体;教师的真功夫全在于"引领",注重对学生学习兴趣和习惯的培养。他倡导以读为核心、以练为主线来组织课堂教学,从中足见他思考的务实与精到。

当今基础教育正处于内涵发展的新阶段,他身体力行于教师队伍建设、课程建设和特色建设,落点则放在提高教育质量上,这是极具价值的认识,联想到他每每向我提及的要对价值观、方法论和平台载体进行整体建构并作科研引领,确是很有见地。

教育园地春色正浓,金子翔的力作《校长领导力与教育智慧》带着泥土的芬芳与大家见面了,我细细拜读,很受教益。翻阅那"理念引领:炼就猫头鹰型校长的领导力"章节,十多篇文章,长短不一,颇具亮色,文章涉及从领导学校规划到领导学校改革,从校长的思考力到校长的领导力,从循证领导到校长问责制,从校长的定位在"猫头鹰区域"到重新审视"一个好校长就是一所好学校",从"未来教育要与社

作者系温州市鹿城区人民政府教育顾问,原鹿城区教育局党委副书记、副局长。

区联系"到"教育全球化对中国教育的影响"等等,呈现给大家的是以事例为支撑的现代教育理论观点,很能引发人们的深层思考。

"实践求真:学习教育家的胸怀,经理人的干劲"章节,则生动地记叙了作为校长的金子翔是如何有效地领导学校教育管理的。五年前,他担任温州市少年游泳学校校长,注重务实创新的教学改革实践,总结形成了"三三三制"的校本教研模式。调任温州市城南小学校长后,他着眼于学校的内涵发展,又提出了打造"城南学堂"的构建,目标直指优秀师资队伍的建设,体现了以学校为研究主阵地,以教师为研究主体,以学校教育教学工作中出现的问题为研究对象,其以学生、教师、学校的发展为旨归的思想,具有很强的"草根性"。的确,"城南学堂"从校本研修月的实践到名师草根讲师团的诞生与成长,再到学科发展共同体的构架,无不反映出金子翔变革的勇气与理性的定力。书中还谈及对集团化办学的若干思考,为了加快基础教育优质均衡发展的进程,他提出为能真正实现集团校内部扁平化管理,就必须努力实现减少管理层次、简政放权、统一指挥、消除内耗的新型管理模式,并在他的决策团队实行"集权的分权化"管理。至于德育管理策略,他则提出依托"城南卫士"和"队长学校"两个平台,让学生"当家作主",强化自我教育,从而培养学生的创新精神、实践能力和责任感。无论是策划和组织什么活动,他都从学生的全体发展、全程发展和全面发展来衡量其意义和价值。在加强家校和谐合作方面,由学校家委会牵头相继成立了"家长讲师团"和"我为你开车门"的"家长服务团",形成了城南小学家校新互动的"城南现象"。家长自愿者的合作意识、奉献精神、高贵品质,给孩子们树立了榜样。新课程背景下的特色教育研究是富有实战意义的,他认为每一所分校,若能在学校特色的滋养下,形成自身的独特艺术分支,就可以更好地体现"集权的分权化"办学精神的优越性,激发办学活力,改变僵化局面。

作为校长,金子翔心里有一个信念,那就是每一个人,包括学生、家长、老师,都有自己的个性和智慧,只要激发了他们的创造力和积极性,那么,办百花齐放的有个性的教育就不是难事。细细翻阅《校长领导力与教育智慧》全书,品读、回味中,发现他的教育实践始终饱含着这样的思想:学校办学,应是教育家办学,办出个性;作为校长,就要具有笃学敦行、砥砺奋进的精神。我想金子翔自己就是这样努力地践行的!

2013 年 5 月

序二

卢真金

金子翔是我的学生，最初认识是在他来浙江教育学院就读小学教育专科时的课堂上。当时我也刚工作不久，担任小学教育科学研究方法课程的教学工作。也许大家都有一份对教育工作的热爱、教育科研的执着和青年人的热情，所以课内和课外也就有比较多的交流。当时他留给我的印象是：组织能力强，知识面广，肯思考，好争辩，有主见，对许多教育现象和问题常常有不同于常人的惊人之语。后来，他再度进修教育管理本科，并担任了班干部，作为他的班主任，接触就更多了，对他的管理能力和学术水平就有了更加全面的了解，是我所最为看好的学生之一。毕业以后他回到了当地任教，知道他对小学语文，特别是作文教学方面有更为深入的研究，并发表了不少颇有影响的文章，是一位有思想、肯钻研、有能力、深受学生喜欢的老师。他担任校长后，致力于学校教育管理改革的理论研究和实践探索，致力于学校的特色发展，在当地是一位有担当、善管理、敬业的校长。前不久，他电话与我联系，想把自己多年的教学研究和管理实践的一些思想与实践整理成书，嘱我为之作序，并将其有关材料发送与我。看到子翔的成长，特别是读了他的有关书稿之后，我感慨系之，欣然应允。

《校长领导力与教育智慧》分四个部分。第一部分："理念引领：炼就猫头鹰型校长的领导力"，主要是讨论校长领导力的有关问题，内容涉及学校管理的各个方面，对猫头鹰型校长的内涵和外延进行了深入探讨，对依法办学、学校发展的规划作用、学校教育资源的管理与配置、学校领导与管理模式进行了全面的分析。第二部分："实践求真：学习教育家的胸怀，经理人的干劲"，子翔结合自己的工作实践，对学校管理的文化、学校管理要处理的若干关系进行了深入的梳理，倡导办学要遵循教育规律，变革教育文化，要有教育家的胸怀和经理人的干劲，能切中时弊。第三部分："学科支撑：学为主的语文课堂和学科建设"，系统总结了自己多年学科教学的实践感悟和理论研究的心得，强调以学为主的课堂教学改革的理念，能符合当

作者系浙江外国语学院教授、发展规划处处长。

前教育改革的实际,而强调学科建设又使其学科教学的研究超越了一个普通学科教师的境界,体现了一位优秀教师的战略眼光和前瞻性的视野,也使人体会到一名教师专业成长所必须具备的胸怀和眼界。第四部分:"情怀写真:学做智慧的教育者",体现了其在专业发展上的目标追求和终身学习的务实行动,也是其努力追求从实践反思型的"明师"发展成为智慧型"名师"、从有思想的行动者发展成为有创意的教育者和研究者的真实写照。

《校长领导力与教育智慧》一书,是一位基层教育工作者对自己多年的教育、教学和管理工作实践的心得感悟和经验汇编,带有强烈的草根研究的烙印,其文风朴实,内容丰富,诸多真知灼见犹如珍珠闪现于朴素的语言中,隐藏在鲜活的叙事里。细加品味,的确可以给人以诸多的启迪和思考的张力,值得推介。

教育强国是我们每一个教育工作者共同的责任和使命。教育强国梦的实现需要有更多的智慧型教师和校长。子翔明确地把学做智慧型的教育者作为其奋斗目标,并努力践行之,殊为不易。这使我感动,也深受激励。我想,只要有这样的目标和脚踏实地的行动,持之以恒,他是可以在专业发展的道路上走得更远、走得更好的。对此,我充满期待,也愿与之共勉!

是为序。

2013 年 5 月

目　录

第一编

理念引领：

炼就猫头鹰型校长的领导力

校长该具有猫头鹰般品质

　　有一个名称为"我是什么"的游戏,即用坐标把小绵羊、老黄牛、狐狸和猫头鹰分隔成四个区域,参与活动的每一位成员对照自己的性格特征和处事风格,找到相对应的区域,并明确在哪一个位置,然后明白自己偏属于哪一种类型的领导并具有怎样的品质。在这个游戏中专家们把领导者分成四种类型:小绵羊型、老黄牛型、狐狸型、猫头鹰型,颇为有趣。一次,我们四所学校受命捐资给一个贫困乡村学校。教育局领导话音刚落,一位校长表示一定要捐多点,而且明天就办妥。其中一位校长没有明确表态,不知在心里盘算着什么,我想应该是"领导指示,我照办。"还有一位校长等我们都讲得差不多了,他开口说:"这钱从哪里来,到哪里去,要有个名目。否则,我们支不出来,他们收不进去。"一语中的,这问题值得大家深思。可见,领导个体性格有差异,处事风格有区别啊!

　　小绵羊型的领导是一位没有多大目标追求,不求进步,随遇而安的领导。他对上唯唯诺诺,上级领导让他吃草他吃草,让他吃肉他也吃肉,配合度高;对下级蜻蜓点水,安安稳稳,一团和气,你好我好大家好。

　　老黄牛型的领导是一位忍辱负重,任劳任怨,严格执行,肯负责的领导。他对上级忠心耿耿,表现出一定会落实好上级部门下达的任务的信心和决心;对下级深入教师,深入课堂,脚踏实地、认认真真地做好每一项工作,努力耕好自己的"责任田"。

　　狐狸型的领导是一位只会花言巧语,投机取巧,善于专营,急功近利的领导。他对上级会以温柔娇媚、富有亲和力的形象出现;对下级又会出现装模作样、装腔作势的样子。在我看来,狐狸型的学校领导有点不要脸的味道,但是在上级领导眼里他又是一位很能干的管理者,也会得到异性的帮助。

　　在这四种领导类型中,猫头鹰型的领导是一位能够纵观全局,高瞻远瞩,进行中外结合,古今结合,善于捕捉,立足现实,展望未来,开拓创新的领导。猫头鹰型的领导注重工作细节,讲求流程,遵照既定的制度行事;谨慎仔细,三思而后行,总是做正确的事;以已证实的政策或规则为准绳行事,确保精准和质量。因此,上级领导批评他们时一定要有充分的依据和理由。尽管猫头鹰的风格是昼伏夜出,但这种类型的领导该属于领导中的佼佼者。

我们主持学校的全面工作,确实要有猫头鹰一般的眼光——锐利,猫头鹰一般的动作——迅速,猫头鹰一般的思维——敏捷,猫头鹰一般的站位——踞高。只有居高临下,纵观全局,洞察细微,我们的决策和行为才能全面、客观而准确。

猫头鹰型的领导是勇敢的、智慧的,令人敬佩的。他们的智慧就体现在管理过程中能够进行很好的比较学习、计划实施、协调组织、检查反馈,讲究系统思维和方法论。

2010 年 4 月于浙师大

校长领导力的四个着力点

　　领导力正经历着大转变，它正在从个人领导、个人负责到集体领导、职责分担；从领导是职位到领导是活动。的确，从我们国家校长领导力发展趋势所经历的变化来看，以前校长包揽学校的所有决定权，事无巨细，就像有专家老师所讲的，以前校长是"驴子型"校长，把所有的事务都往自己身上扛，而现在的学校校长则有了更多的集体领导和职责分担。"知识＋影响力＋策略＋组合协调"的领导力框架不仅仅可以为自己提供反思和借鉴，更该看到的是具备这种能力的人不但可以领导自己学习，也可以领导他人学习，最后领导整个组织进行学习。

　　结合我自己从事的工作，我认为校长领导力的四个重要着力点应该是：学校发展规划能力、课程教学能力、协调激发能力、人格魅力。

　　所谓学校发展规划能力，是制定学校总体目标和寻求学校在大环境中的地位及不断发展的谋划和方略，是有关学校全局性、长远性和根本性的重大谋划，是确定学校未来发展方向和总体框架的描述。所以，校长要学会从学校的特定时代背景和特定的环境特征出发，高瞻远瞩地确立一个能对学校发展产生重大变革和深远影响的好的远景，在"正确地做事"之前必须先坚持"做正确的事"，从中形成独特的办学理念和育人目标，促其成为学校全员执著追求的共同愿景，推动学校和谐持续发展。

　　所谓课程教学能力，本质上是课程与教学实践的一种方式，是运用领导的策略、方法和行为来达成课程和教学发展的根本目标，以求提升课程品质、提高教学质量、发展教师专业水平、增进学生学业成就。要提升这种能力，第一，校长要树立校本的课程哲学观，开发有特色的校本课程，规划学校课程方案，实施革新的教学方式，推行革新的课程评价，再造学校课程文化；第二，校长要吸引教育行政人员、课程专家、学科专家、教师、学生、家长等多元主体的参与，共同促进教师专业成长；

第三,校长要促使自己成为学习型校长的典范,在引导教师发展的过程中不断实现自我反省,在与他人合作中不断促进课程成熟,进而实现课程与教学领导的终极目标。

所谓协调激发能力,即从管理学上说,教师是学校发展中最活跃的因素,学校管理的本质在于最大限度地唤醒每位员工的潜能,学校管理的过程就是对人的主观能动性的激发与协调。的确,教师之间难免会因利益冲突而产生这样那样的不和谐。但是,一个有领导力的校长,总能艺术化地化解矛盾与冲突,促进人与人相互融洽、和平相处;总能一心想着教师,为他们的专业发展搭建平台;总能发挥道德领导权威,将校长领导力发展成为学校领导力;总能激发学校组织系统内部每个员工的潜能,矫正学校的不和谐音符并逐渐奏出悦耳之音。

所谓人格魅力,就是一种很强的影响力和领导力,其教育作用是无形的,却是无穷的。锤炼校长的领导力,重在塑造校长完美的人格。一个有领导力的校长,善于走进和感悟他人心灵,从细节中透射出人文关怀;善于悦纳他人和为他人鼓掌,从无形中折射出大度和豪迈;善于为下属搭建展示才华的舞台,指明通向成功的路标,却从不计较个人得失。

校长领导力是一种综合的能力,但是校长在开展学校工作的时候,务必要明确抓住着力点!

2010 年 4 月于浙师大

思考力是领导力最核心的要素

领导力，从某种意义上来讲是指影响组织成员共同完成目标的影响力，与领导的思考力是呈高度正相关的。领导倘若失去了思考力，那么就失去了在其位谋其职的基本素养，更谈不上领导力了。因此，本人认为思考力是领导力最核心的要素，是万力之源。

思考力越强，学习效果越好；思考力越强，决策越科学；思考力越强，协调组织能力和水平越高；思考力越强，综合影响力也就越大。

"思路决定出路"，"想得到就能做得到"，"你能够想多远，就能够走多远"，这些无不说明成果与思考力的关系，拥有了卓越的思考力，方能引爆无限的潜能，成就自己的事业。

如何提高自己的思考力，这是现代人必须要修炼的内容。

有专家是这样描述的，他说在物理学上，力具有三个基本要素：大小、方向、作用点。思考力也是"力"，同样离不开三个最基本的要素：大小、方向、作用点。首先，思考力的大小取决于思考者掌握的关于思考对象的相关知识和信息量，如果没有相关的知识和信息量，就不可能产生相关的思考活动。其次，思考力的方向取决于思考的价值目标以及围绕着目标形成的思路，如果思考没有目标和方向，思考就会精力分散、思维紊乱，也就不能产生思考的力量。最后，思考必须找准作用点——必须把思考集中在特定的思考对象上，并把握其中的关键环节，这样的思考活动就会势如破竹，如果找不准思考的着力点，就会出现胡思乱想、东一榔头西一棒的现象，思考就会停留在事物的表面上浮光掠影，无法深刻认识和把握事物的本质。

也有专家是这样说的，"思考力"是能够改进思考效率的一项科学和艺术。思考力强的人擅长下列三大主要思考领域：

(1)判断——三思而行的能力;

(2)洞察——运用直觉构思一流的点子;

(3)自觉——清楚明确的态度和信念。

只要改进每一领域的思考习惯,就能在作决策、解决问题和创意思考等方面有更杰出的表现。

而我认为,面对问题,我们宜问:"是什么?""为什么?""怎么办?""是什么?"是关于事物本质的问题。顾名思义,一事物的本质是该事物区别于其他事物的内在规定性。"为什么"是对事物问题发生原因的探讨。任何现象的出现都不可能没有原因,而正确认识事物发生的原因,认清其因果联系,是我们能动地解决问题的必要条件。所以,在搞清了"是什么"和"为什么"的问题之后,就要想办法"怎么样",提出具体的可操作的"实践思想",依据事物的因果联系寻找解决问题的手段和办法。

"是什么"、"为什么"、"怎么样"是有着内在必然联系的三个层面,它们不可分割,紧密结合。如果我们一贯坚持遵循这样的思维系统来分析问题和解决问题,那么我们思维的深度、广度、速度以及高度就会产生改变,我们的思考力就会得到提升和改善。2011 年,我们做的"引领学校校本研修改革"的方案,就遵循了"思维系统",体现了良好的思考力。

一、学校要改革什么

温州市城南小学是一所具有近 100 年历史的公办名校,办学特色鲜明,教学风气务实,办学成果显著。但是面对未来,学校迫切需要建立一种基于学校、为了学校、发展学校的以校为本的学习研究的机制,开展形成有效专业学习的文化氛围,提升教师专业水平和能力。

二、学校为什么要改革

1.进行校本学习研究改革是社会发展的需要。2003 年国家进行新一轮的课程改革,至今已有 10 个年头,要不断学习和巩固教育新理念、新策略、新方式,并能提炼先进的经验,把优化的培训模式固化下来。况且,信息时代、学习型社会和知识经济的到来,学校领导者的工作重点更应该放在"为学习领导",而不是纯粹的课堂教学。

2.进行校本学习研究改革是文化立校的需要。学校作为孕育文化和传播文化的场所,尤其要重视文化建设,形成一种系统、一种气势、一种精神、一种相对稳定的心理现象、一种强有力的磁场效应,文化的力量是学校长久的生命力和核心竞争力。然而,文化的积淀并非一朝一夕,而是一种潜移默化、日积月累、水到渠成的结果。

3.进行校本学习研究改革是教师发展的需要。目前,学校 30 岁至 35 岁的年轻教师占全校教师的 40%,这一批年轻教师正进入事业发展期,学校急需提供给教师尝试和反思学习的机会,以期提高教师个体的专业水平,实现学校特色教育和学科教学双高质量的目的。

当然,学校进行校本学习研究改革的最终目的是为了创设适合学生发展的教育。

三、学校怎么改革

(一)学校校本学习研究改革的四个阶段

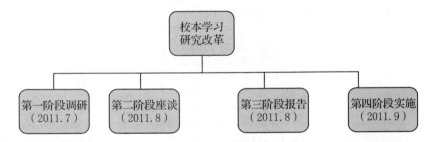

第一阶段"调研"(2011 年 7 月):以调查问卷的形式,对全校教师开展调研"目前,学校将进一步提高教师教学水平,你需要什么"?

第二阶段"座谈"(2011 年 8 月):根据调研,归类问题,进一步明确教师的需求,并形成初步的学习研究实施方案。

第三阶段"报告"(2011 年 8 月):在前两个阶段的基础上,形成切实可行的校本学习研究报告,即明确"做什么,怎么做",尤其明确了"先做什么,再做什么,谁来做",形成决策性文件。

第四阶段"实施"(2011 年 9 月):明确任务,各司其职,各负其责。

(二)完善校本学习研究组织体系

学校设立语文学科、数学学科、综合学科三大中心教研组。语文学科中心教研组分设各年级段教研组(简称:年段组);数学学科中心教研组下设高段(五、六年级)、中段(三、四年级)、低段(一、二年级)教研组;综合学科中心组包括音乐、体育、美术、英语、科学、品德、信息技术、综合实践活动等八个学科教研组。

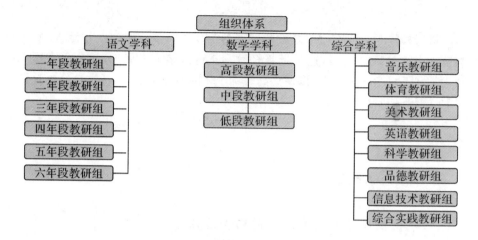

(三)形成校本学习研究三层格局

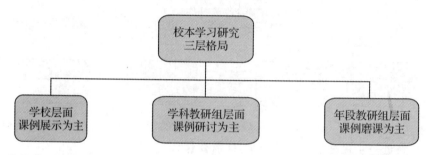

　　学校教导处层面:每学年开展一次较大型的、综合性的、高规格的学习研究活动,以校本学习研究月为主要活动形式,以课例展示、名家引领、观点论坛为主要活动内容。

　　学科教研组层面:每学年至少开展以打造品质课堂为主题的校本学习四次,以集体磨课为主要形式,以课例展示、评课议课等为主要活动内容。

　　年段教研组层面:每学期至少开展以研究课堂为主题的校本学习研究六次,以集体磨课为主要形式,以理论学习、集体备课、评课、议课等为主要内容。

（四）建立校本学习研究保障体系

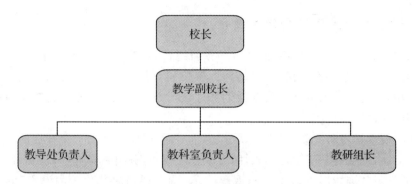

1. 成立学校校本学习研究领导小组。校长是校本研修第一责任人,分管教学的副校长具体负责指导学校教导处与教科室制定校本学习研究制度,规划年度活动方案,发动全体教师积极参与校本学习研究,督促和评价学校校本学习研究工作。

2. 学校教导处、教科室具体负责校本学习研究工作。确定学校课改课题,以课改课题统领学校课程改革。学校教导处负责校本学习研究的具体策划和实施,教科室负责组织课题组成员,定期学习理论,举办课题讲座,交流研讨,举行信息交流会或读书汇报会。

3. 建立以"自我反思、同伴互助、专业引领"为核心的学习机制,以理论学习、案例分析、校本论坛、教学反思、问题解决、教学咨询、教学指导、课改沙龙等为校本学习研究形式,努力提高校本学习研究的针对性和实效性,提升教师的理论水平和实践能力。

四、改革成效怎么样

（一）有效地进行了学科对话

在调研和座谈过程中,我们为了学生学业成绩的更大进步,开展了主题为"如何提高教师理论水平和课堂执行力?"的问卷调查,有效地掌握了教师的理论水平和教学水平现状,了解了他们的需求,为后来的决策报告提供了有力的证据,同时为后来的改革实施做了有效的保障。

（二）有效地采用了分布式领导

传统的领导是授权管理,把职权分担给他人而已,但他人并不一定乐意承担。分布式领导是一个动态的、互动的、对话的领导方式,核心是"学科对话",目的是为了促进学生学习。学校校本学习研究改革就是学校领导者与部门以及学科教研组人员共事合作,致力于就如何最有效地满足教师和学生当下学习需要达成共识。

(三)有效地采用了平行式领导

在学习研究中,校长和教师,尤其是教研组长和优秀教师在改革中发挥了个人巨大的作用——学科教学指导力。因此,校长和教师分别承担了正式与非正式领导的作用,让更多的人参与了集体活动和建设学校的过程,达到你支持我,我支持你,相互支持的效果。

学校校本学习研究改革,就是基于"为学习而领导"这样的理念开展的,始终关注学习活动,创造有利于学习的条件,分享领导权力,分担领导责任,切实希望达到"学校的学习氛围能激发教师参与课程改革、响应课程改革要求的潜力"的目的。同时通过改革来营造学校学习氛围,期待于不断地在不知不觉、潜移默化中生成和再生学校文化。

五、进一步反思领导改革

这是在原有校本学习研究基础上的一次变革,预计在推进的过程中会有些困难和问题:新管理主义理念的缺失,为校长、他人、机构而领导的学习氛围不浓,改革实施的活动成本过大等,平行领导中非正式领导的作用能否得到充分发挥也是一个值得思考的问题。

2011 年 4 月于浙师大

"循证领导"：必须具备的新领导力

据说，"循证"这个概念最早运用于医学领域，如"案例"一词。医生在给病人看病的时候，要根据病人的不同情况，采用各种方式循证，得出自己的结论，从而给病人进行治疗，这就叫"循证"。

"循证领导"，这是教育领导面对新的情境和数据，应该具备的新领导力的要求。在新情境和新要求背景下，领导力需要有关内容的知识、有关过程和人的知识，以及有关运用这些知识取得改进的能力，而"循证领导"恰恰就是符合领导力的发展趋势。从本质上说，"循证领导"是用可获得的最佳证据来代替个人经验和盲目的模仿，摈弃"拍脑袋决策"的直觉式思维，使人力资源决策牢固建立在实实在在的证据之上。

那么，在实践中，我们的领导循证了吗？我们的决策正确吗？我们的决策是照搬人家的还是拿旧船票上船的？我们的决策有科学依据吗？这些问题我们必须要思考，要回答。我想这些问题的答案如果是唯一的，那就要寻求证据在哪里。

决策的证据可能来源于组织内外的一些重要因素，它可归纳为这样四个方面：最佳科学研究，组织内部的事实、指标和评价结果，人力资源管理实践者的科学判断，对利益相关者的影响。只有统筹兼顾科学研究和组织实际情况，整合个人经验判断和利益相关者影响，才能全面把握事实，从各种渠道搜集符合组织实际情况的证据，并基于证据制定出经得起考验和评估的管理政策。

对于校长来说，学会"循证领导"来促进学生的学习和身心发展是最重要的责任，几乎学校里的所有决策都是围绕这个道德目的进行的。过去，校长和教育领导都强调教师要爱护学生，要像蜡烛一样无私奉献，为了学生甚至不惜教师的一切代价。然而被忽视的是教师的自身需要，如果教师的需要达不到，怎么会踏踏实实、心甘情愿地一切为了学生。近几年，我国提高教师工资不但是基于对众多教师工资现状调查数据的基础上作出的决策,也是领导对于"人的知识"的进一步理解。因为提高教师工资可以提升教师的工作积极性,教师在满足自身生活需求的基础上,可以更多地把时间和精力放在学生身上,从而促进学生的学习。

因此,"循证领导"的作用在于:

(一)有助于提升领导决策的科学性和有效性

"循证领导"倡导以一种批判的视角看待管理问题,通过搜集组织内外可获得的科学证据来做出决策。这样,领导在决策时,就可以最大限度地避免"拍脑袋决策"的发生,就会以一种更为理性、更具批判的心态对这些信息去粗取精、去伪存真,做出符合学校实际的选择。

(二)有助于提升领导管理能力和学校管理文化

"循证领导"的管理理论和实践源于医学,并实践在企业管理中,现今为学校的管理也提供了一种新的管理和实践范式,它所蕴含的系统分析方法、证据搜集与分析方法都会给予现行管理实践者以极大的帮助。"循证领导"其意义不仅是一种管理工具的发展,更重要的是理念和文化的进步。在学校范围内应逐步形成讲事实、重证据的"循证文化"。

在日常工作中,我们应该借鉴这一新的领导力,做决策前首先收集相关资料,然后整理成数据,再从数据中分析出问题,找出数据所指的情境的发展趋势,最后综合做出判断和决策。

"循证领导"一个主要特征就是注重数据及其利用,尽管收集的相关数据并不能解决所处情境的所有问题,但是决策前一定要有数据作为依据,这是非常重要的。

2011 年 4 月于浙师大

有效而负责任的领导要素

管理学界有句名言：一只狼领导的一群羊能够打败一只羊领导的一群狼。这句话充分说明了领导者的重要性。从传统的管理领域看，领导素质主要包括：(1)政治素质；(2)道德素质；(3)能力素质；(4)知识素质；(5)心理素质；(6)身体素质。对于这些素质的内涵，我都耳熟能详，不再累赘。

然而，随着世界的全球化，21世纪的教育领导者将面临更复杂的教育外部环境和内部领导机制的挑战。当前，要想成为一个有效而负责的教育领导者还应该突出以下几方面的素质。

一、遵守法规框架

"法规框架"指的是影响学校各方面工作的"规则"的集合。这些"规则"有不同的来源，也有不同程度的强制性和灵活性，可以随时间而变化。法规框架为学校及其领导者和教职工的所有问责制提供了基础。这些法规框架包括国际的、国家的、省市的、地区的、学校的各种法规，而地区或学校内部则包括法律、政策、规章制度和行政指令等。从联合国教科文组织制定的"达喀尔行动框架"到我国的《中华人民共和国教育法》等，再到2010年颁发的《国家中长期教育改革和发展规划纲要(2010—2020)》，以及浙江省教育厅颁发的一些规章制度和各县(市)发布的各种规章制度，可见法规框架无处不在。教育领导了解这些法规，一方面可以有效地争取最大的教育资源，另一方面可以规范学校行政，更好提升自己学校形象和声誉。比如我们义务教育阶段的中小学，《中华人民共和国义务教育法》明确规定学生就近、免试入学，因此我们不能搞不均衡，不能搞入学考试，更不能收费。如果我们做到了义务教育阶段学校学生入学就近、免试入学，就不违背法律框架，更能维护教育的形象。目前,之所以中国民众对教育不满,多半是因为我们的教育领导没有很好地遵守法规框架。

二、创造性地进行资源管理

一所学校的资源可以分成不同类别,如:教职工及其知识和技能、学习资源(信息和技术)、空间、设施和场所、教育经费、在校时间(学期和学年)等。21世纪的教育领导在这些资源的基础上,通过领导者创造性的管理,使小学的道德目的——学生的学习成效达到最大化。

资源的配置只能在资源管理计划的前提下进行审查和改进。教育领导必须知道学校的资源以前是如何计划部署的,实际又是如何部署的,才能够做出优化资源配置以取得成果的有效决策。创造性的资源管理指的是改变资源管理过程使得单位的投入产出更好的结果。当然,创造性的资源管理要取得成功的一个前提条件是要有全面、准确、及时的管理信息系统。许多成功的创造性资源管理的措施就是从当前的资源管理情况进行详细分析开始的。教育领导者在进行创造性资源管理的实践中要重视数据,要了解四个阶段资源管理模式:获取资源、分配资源、利用资源和评价资源。比如,一所学校的领导者对财务进行创造性管理,就要充分分析学校目前的财务状况以及配置情况,再针对学校财务的现状,争取更多的经费,并有效利用这些有限的经费,使经费用在刀口上,使资金配置合理,这样既有利于调动教职工的积极性,又能改善学校的办学条件,实现学校道德目标。

三、健全内外部问责制

"智能问责"指出,问责机制不应以短期目标为导向,而是一个可持续的改革发展过程。智能问责是通过道德标准来影响深层次的文化变革,调动所有利益相关者的激情和积极性,促进学生的学习成果。对于教育领导,问责制的要求是他们必须规划、实施和履行的重要组成部分,对此必须有条不紊地加以解决,并把它们作为发展其他教职工技能和经验的一部分。学校领导应该清楚单位部门管理模式和职责,应该清楚"向谁问责"、"什么时候问责"、"对什么问责"。问责关系到学校计划制定和实施是否改善了学校道德目标的实现。因此,教育领导应该始终重视学校各层面强大的利益相关者的展示问责。为了有效问责,学校将需要健全的程序和坚实的文档、数据来证明其有合理的流程和保证其决策和执行合法性。问责可以由学校启动,也可以由外部机构开始,通常对学校的问责要求来自内外两方面的动力。比如一所学校的领导应当思考:学校领导应该对谁负责(利益相关者),学校哪些方面的绩效是各利益相关者要问的,学校领导如何向各利益相关者汇报职责? 同时,要清楚外部启动的问责制和内部启动的问责制如何应对,要重视问责制需要系统地收集和分析数据，始终关注学校的要求及其对此次强大利益相关者应负的职责，要始终关注学校是否遵守法规要求。

四、增强对领导力的认识

21世纪教育领导者必须要增强对领导力的认识，领导力是一种道德行为，领导者必须具备各种领导能力和素质，才能应对21世纪复杂的教育外部和内部领导机制的挑战，成为一名有效而负责任的教育领导者。比如当前，在新的情景和要求下，学校领导者要熟悉学校利益团体间平衡战略的操作，要运用学校对话中的使用数据，要认识到领导是活动而不是角色，领导的目的为了学生，等等。

21世纪初，随着领导集权、层级管理的领导模式向分权管理、合作共享的领导模式转化，领导者需要更努力地提升自己应对新环境和新情况的能力。

2011 年 4 月于浙师大

呼唤分布式领导

　　平常,我总感觉我们校级领导以及教师对"校长负责制"这个概念有误解,以为校长就是唯一领导,就是权威,凡事不管大小都得校长说了算。昨天,我就遇到这样一个例子,学校大队部宣传栏需要布置,大队辅导员跑过来问我:"校长,楼下的宣传栏该怎么布置?"校长是不是得包揽一切? 当然不是,校长要总揽,但各个部门应该做到独立自治。因此,在现代教育管理中"分布式领导"是一个非常重要的概念。研究专家认为"分布式领导"是分布于学校组织中的领导者、追随者和特定情境交互作用网络中的一种领导实践理论,它强调领导的实现是领导者与其他因素交互作用的结果,而不是领导的个人行为的作用。分布式领导指领导者在对教学施加影响时,领导者、教师以及情境的互动。分布式领导就是一种分享领导,具体到学校中就是校长将领导工作让更多的人来承担,来分享。分享领导是一个沟通交流和互动的过程,交谈讨论的内容也是围绕如何促进学习,即科学对话的过程。它是一种管理的思维方式。

　　"分布式领导"给我带来一些新的认识:

　　1."领导者与其他组织成员"之间不是不可逾越的。领导者、追随者与其情景交互作用的领导实践,要求领导权力在多个领导者之间科学、合理地分布,这种分布是动态的,它因校长领导风格、学校发展阶段、目标、文化、传统、规模等的不同而不同。因此,分布式领导的边界是变动的,具有开放性,它打破了传统领导的框框。开放性也表现为在不同的情境中,领导者与追随者的角色不是固定不变的,而是可以进行转换的。当然,分布式领导没有提出如何拓宽领导边界的设置,同样对概念也没有任何限定。

　　2.要重新审视"一个好校长就是一所好学校"的命题。分布式领导不仅强调校长在学校发展中的作用,而且更关注学校领导的集体作用;分布式领导不仅重视领导权力在正式职位中的分布,而且更强调在非正式领导人员的分布。这为我们学校领导及其实践中存在的问题拓开了一个新视角,可以这样理解,现代管理更加强调民主化。

3.有效的"合作工作"要以学校文化为前提。我们在一起工作,创建合作性的工作关系,既是分布式领导的条件,也是分布式领导的结果。分布式领导使领导者成为一个创造的整体,他们相互协调、相互启迪,即领导不是为"别人"做事,而是与别人一起做事。它关注领导与其下属,尤其是资深教师、学科带头人、教学骨干教师等交互作用中的相互依赖所产生的累积性能量。这种有效的分布领导策略,必以合作性的学校文化为前提,同时它也能促进合作性文化向深处发展。

4.引领我们更加注重"怎样领导"。分布式领导不仅关注领导是"什么",更聚焦于"怎样"领导。这可以使我们的学校领导更关注理论与实践的关系,走出办公室,离开"摇椅",走进教室,脚踏实地感受课堂生活,透视教师领导实践的常态,汲取同事们在实际工作中实践着的"理论",寻找其成功的影响因素;同时诊断其存在的问题,构建真正切实可行的学校管理理论。

"分布式领导"提倡让更多的人参与领导,分享领导。当校长领导力是分布式时,教师的积极性更高,领导者的影响会更大,工作的绩效会更显著,学生的得益会更丰硕。

2011 年 4 月于浙师大

问责制:谁管谁负责

法约尔曾在《工业管理和一般管理》一书中说过:"责任是权力的孪生物,是权力的当然结果和必要补充,凡权力行使的地方就有责任。"可见,行政问责能够有效抑制权力异化,实现权力之善。对政府问责是民主政治发展的必然结果,也是建立责任政府、效能政府的必然要求。于是,教育问责制作为一种新型的教育管理思潮也悄然走进了教育领域,影响着现代教育管理的基本走向。教育问责制就是教育领导者对利用教育资源提高教育成效负责,向当地居民、上级部门做出答复、汇报或证明工作过程和结果。问责的类型包括外部问责和内部问责,外部问责包括政治的、体制的和环境市场的问责;内部问责包括所有教师的专业问责和有关对待学生、教职员工和自己义务的道德问责。

对校长而言,问责制并不是要求校长对所有做过的大大小小的事情对上、下级进行汇报,更重要的是需要校长做事始终有一种责任感。譬如:作为集团学校校长,每学年在接受上级部门相关领导的常规检查之外,重点应在年度汇报集团化办学工作情况,即集团总校在管理上如何为紧密型学校、辅助型学校和合作型学校做好"示范、引领和辐射",成效如何等。这个环节既是工作汇报,更是责任驱使。总之,这是提升和改进校长领导力的一种有效的工作理念和工作方式。但是,在现实中,问责制的机制不健全,就如李泽厚先生曾经说过"中国自古以来就是一个人情社会",也可以说是"关系"社会,这种现象体现在学校里面就是"用人唯亲",这个"亲"不一定就是领导任用和自己有血缘关系的人,而是和领导相交甚好的人。这也是校长的权力过于集中,得不到监督的结果。

对教师而言,在考虑问责制的要求时,学校领导应始终重视学校向各层面、各部门相关人员展示其问责。为了有效展示其问责,学校将需要有健全的程序和坚实的文档来证明其有合理的流程和规则保证其决策的合法性。具体地讲,就是学校对各岗位作出尽可能完备、细致的规定,要明确党政之间、校级中层之间、中层与教师之间的责任,以便在实施责任追究时能够确定相应的责任主体,也让相关责任主体真正领悟自己岗位所负责任的内涵,认识到履行责任的重要性和必要性。

回顾学校的历史可以看出,问责制是从校长高度集权的体制中迈出的坚实一步,有利于避免权力膨胀,防止滥用职权。问责制的出现会增强教师、家长以及社区人员对校长权力的关注,也在一定程度上增强了学校管理的透明度。

问责制重点追问的是负有直接领导责任的领导者,既不会"一竹篙打一船人",把所有的责任人同等处理,也不会"只拍苍蝇不打老虎",只是拿具体责任者问罪。问责制问的是"责",追究的是具体问题的具体过错,不问功劳苦劳,不搞将功抵过,是真正的赏罚分明。

问责制区分了责任,谁管谁负责,是谁的责任就由谁来承担。

2011 年 4 月于浙师大

领导变革，是机遇更是挑战

时代在发展，社会在进步，而教育是基础是最重要的民生，教育务必要重视启动和领导变革，体现好为国家政治、经济和文化服务的职责和功能。学校的变革有两种类型：组织的变革和课程的变革，课程的变革也是通过人来获得的，所以这两种变革往往是相互作用的。

变革对持有不同生活态度的人的影响是不同的。对乐观心态的教师来说，他们会积极应对并配合变革；对悲观的教师来说，他们会产生失落感、受挫感，有更多的不安和困惑。

联系我国新一轮的课程改革，面对新的教学理念、教学内容、新的教学手段和措施、新的教学评价，教师会感到不适应，教学能力和水平受到挑战。但是作为领导，应该允许他们表达出这种担忧、疑问和意见，更重要的是通过讨论和示范，让大家产生认同感和归属感，最终提升教师的能力，促进学生的发展。

说是这么说，但是我认为我国新一轮的课改成效不大。所谓的"穿新鞋走老路"，还有有识之士将其比喻为"新课改就是一个霜打的驴屎蛋子，猛一看白白的，上面给专家涂的薄薄的一层霜，太阳一出来，就露出原形，散发出熏人的味道"。这是对新课改持否定的看法。不过任何事物的变革都要经历"扬弃"，吐故纳新，保留和发扬好的，不断去掉错的，才能避免"折腾"，逐步前进。当然，我认为如果我们有个系统思维，把工作做在前头，或许就会缩短我们的领导变革成熟期。

1.我们要有一种紧迫感。新课程自上而下，你不干也得干！我们大部分教师认识不够，感觉不到新课改的紧迫感。我们要通过一些富有创造性的方法使人们立即意识到进行变革的重要性，并准备随时为此而采取行动。

2.我们要有一支专家指导团队。我们要组织那些有着一定可信度、技能、关系、声誉和权威的人员来组成一支指导团队，并担任变革过程中的领导工作。这支团队应该有着很强的责任感,而且能够得到大家的信任。但是,谁是专家,专家有多少,我不知道! 因此,这方面的工作做得很不够,一线的普通教师只能是按照传统思路想怎么干就怎么干。

3.我们要树立正确的目标。在新课改推进中,我们有详细的计划和预算,虽然这些是进行变革的条件,但并不充分,而且只是上位的做法,并非部门使然。我认为指导团队要为自己的组织变革确立合理、明确、简单而振奋人心的目标和相关战略。

4.我们要达成共识。在变革中,领导通过启动和维持变革的过程,让他人和组织产生认同感,具有拥有感,这是领导最重要的任务。因此,接下来的工作就是将目标和战略传达给所有的教师人员。这一步骤的目标就是在教师内部形成一种共识、建立他们的责任感,并因此而更多地释放组织当中大多数人的正能量。

5.我们要上下一气。要想新课改成功,领导者们必须充分授权,与教师们在思想上要息息相通。通过授权,那些影响学员根据组织既定的目标采取行动的障碍就可以被清除。

6.我们要有成功感。新课改的成效来得很慢,更不明显,我们没有成功感,兴趣淡然。因此,我们需要专家团队或者领导者设法帮助我们尽快取得一些成效,这非常关键,否则,我们就会怀疑能否取得成功。

7.我们不能放松变革的脚步。如果有了短期的培训效果,我们就可触摸得到,感受得到,我们的信心就会被调动起来,于是既定的变革措施也会被理解和认可。这样一来,我们就会明智地选择以后的行动,并不断地将变革推向前进,直到彻底实现组织的变革目标。

8.我们要规范固化变革模式。虽然传统行为方式等因素的影响仍在,但成功的变革流程要总结提炼,要规范固化。

“领导变革”让我意识到校长应该主动带领教师寻找变革,并且要具有主动接受挑战的信心和勇气,寻找解决问题的办法。

2011 年 4 月于浙师大

预算与资源管理

　　学校预算很重要，但作为校长，我们精心预算过吗？学校资源匮乏，但作为校长，我们科学管理和使用了吗？反思预算与资源管理还是有意义的。

　　何为预算？即把有限的资源转化为期望的成果和利益，根据学年计划把资源配置给有限的项目，完成一个完整的四阶段预算过程。面临预算挑战的应对策略就是要进行创造性的资源管理，这就包括寻求资源获取、分配、利用的新途径，寻求不同于该学校的常规做法，善于做到法规的极限。

　　可见，关于预算还不仅仅是做好收支两条线那么简单。它的作用还包括：

　　1.有助于预先计划。预算有助于管理者通过计划具体的行为来确定可行的目标，同时能使校长考虑各种可能的情形。

　　2.有助于促进合作与交流。全面预算能协调组织的活动，使得校长全盘考虑整个价值链之间的相互联系，预算是一个有效的沟通手段，能触及到各部门的各个角落。

　　3.有助于业绩评价。通过预算管理各项目标的预测、组织实施，能促进学校各项目标的实现，保证学校各项目标的不断提高和优化，是体现学校业绩的一种好的管理模式。

　　4.有助于激励教师。预算的过程会促进校长及全体教师面向未来，促进学校发展，有助于增强预见性，避免盲目行为，激励教师，尤其是中层干部完成年度目标。

　　学校领导要通过预算编制、执行、控制、考评与激励等一系列活动，把创造性资源的获取和创造性资源管理结合起来，提高现代管理水平，这样才能更好地促进学校和学生的发展。

　　关于资源的获取，不同学校得到的教育资源是不同的，一些学校都存在着一个同样的问题，那就是如何利用资源提高学生的学习效果。这就需要学校领导认识和了解财务资源管理过程，最大限度地利用现有资源。发展学校资源管理的能力就是校长通过资源管理过程确保资金转化为预期的成果和效益，通过编制预算分配资源和落实每个优先项目的职责。管理的模式包括：获取、分配、利用、评估。可分配的资源包括有形资源和无形资源，有形资源是指人力资源和他们的知识、学习资源、时间、空间和场所；无形资源包括不能直接分配的却影响成本中心效率的资源。在资源的利用方面，领导要有战略的"锥形"视野。

资源分配就是教育部门内部存在的冲突，不管是从纵向的学前教育、初等教育、中等教育和高等教育来看，还是横向的不同地区不同门类的学校来说，都存在着对教育资源尤其是稀缺的教育资金展开的竞争。当然不同国家不同地区是按各自的途径进行配置的。

我国的高校按照不同级别也可以划分出不同的资金投入机制，这些机制本身就存在着一定的问题，在一定程度上妨碍着高校的资源利用和预算的正常进行。据一位老师介绍，2008 年上海市要在高校建设一批重点项目，而上海师范大学在 2008 年申请过建设某个重点文科项目，但是直到 2011 年几百万的项目经费刚刚审批下来，却要求必须把购置的相关设备和书籍等登记上报，而且这些设备和书籍必须是 2008 年之前的，因为有关评估部门会来检查。于是他们纠结于是否购买设备（因为 2008 年之前的设备相对当下的设备已经老化）和如何花掉这些资金的问题。

从上面的例子可以看出，学校预算和资源利用会在某个时期出现一些意外，或是急于支出或者意外收入。这些都会影响原有的资源管理和配置。

学校领导在资源转化成果的过程中，除了获取资源、配置资源、使用资源、评价资源，更重要的是创造性地管理资源。

创造性地获取资源也是创造性资源管理的一个方面。譬如：湖南师范大学在我国所有地方性师范大学中的地位可谓是老大哥的位置，这也得益于原湖南师大的校长张楚廷先生创造性地管理学校。20 世纪 90 年代，张先生争取到全国乒联的一次循环赛在湖南师大举办，于是通过赞助商的投标获取了大笔资金，除了乒联赛的花销外，剩下的资金就成为新获取的资金，同时还宣传了湖南师大，提高了湖南师大的声誉。

预算重要，合理地配置资源也重要，创造性地管理资源更重要。

2011 年 11 月于浙师大

法制框架为正确决策提供支持

在无意中我看到这样一则新闻:每年的 7 月份是我国高校高考录取工作紧张忙碌时期,说其紧张忙碌是因为各大高校尤其是名校在暗地里相互争夺优质生源。其中南京大学招生办可谓是"魔高一尺,道高一丈",因为一般高校是在高考结束后进行争夺生源,而南京大学却在 2010 年下半年就和 2011 年参加高考的考生签订了录取协议,承诺南大在 2011 年高考录取时无论如何都会录取签过协议的考生,可是现实是签过协议的考生当年高考并没有达到正常的南大录取分数线,这时南大不但没有录取这些考生,更是否认他们之前签过的录取协议。

我也认为这些考生可以去起诉南京大学招生办的,但是法律专家说关于高校招生中协议的相关内容现在还没有具体的法律规定,这就使得这些考生"有苦说不出"。当然,以这种方式来打法律的"擦边球"也有碍于南京大学的声誉。幸好,这些学生填报了高考志愿,都已被别的高校录取。

这件事情就涉及办学规则,下面谈的就是"法规框架"的问题。

"法规框架"指的是影响学校各方面工作的"规则"的集合,其内容包括政策、法律、法律案例、行政指令、指导方针和规章等。同时,"法规框架"又为学校及其领导者和员工的问责制提供了基础。

注重"法规框架"的目的是使领导者了解国内外的各种影响因素,在教育法规的范围内展现出切合实际和具有创造性的决策能力。另外,法规框架的"规则"有不同的来源,有不同程度的强制性和灵活性。但是,任何超越法规框架的做法或对违规现象视而不见,都可能给学校领导带来个人和专业方面灾难性的后果,并对学校的运行造成非常不利的影响。

我国有诸多的教育法规,比如《中华人民共和国教育法》、《中华人民共和国义务教育法》、《中华人民共和国高等教育法》,以及最近颁布的《国家中长期教育改革和发展规划纲要(2010—2020)》,等等,这些法律法规对规范和促进我国教育事业的发展起着重要作用。当然,"法制框架"在任何时期都会有漏洞,它也要随着社会的发展而发展。目前,有教育领导者故意打法律的"擦边球"来为本校争取最大的利益,也未必是件好事。

法规框架的权限分成三个部分,即:许可领导的做法,不许可的做法,两者的中间地带,而一个懂得法规框架的教育领导似可尽可能地运用这些地带,打好"擦边球"。我要说的是,不是所有"擦边球"都要打的,而是那些在整个过程中都不会影响自己学校利益的"界限"才是可以争取利用的。

总之,法规框架是为了使得教育领导者在熟知各种法规的基础上提高决策水平,同时可以在法规界限中争取部分的最大利益,从而避免在运用某些法规界限的时候遭受一些风险。

2011 年 11 月于浙师大

制定学校发展规划

　　"学校规划"是分析校情,明确目标,采取措施,发展学校的一个愿景。可见学校规划,发展是目的,规划是手段。

　　学校规划的步骤:计划(确定目标和重点、分配资源、落实责任)、行动(实施项目、开展活动)、评估(评估绩效信息、检验、汇报进步),这三个阶段是逐步发展而又循环的过程。

　　对于目前学校的教育规划,专家们认为大体上可以分为:一为"言辞华丽却没有实质性内容的规划";二是"校长个人的规划";三是"分工合作的规划",把规划分成各个部分,由各个部门制定自己的规划,一部分教师和校长对这种规划有认同感,但这一规划的弊端在于各个部门的目标可能不一样,整合在一起比较困难,有时候各部门制定的规划像过去的工作计划,离规划存在一定的距离;四是"协同的规划",这种规划由学校共同体所有成员一起讨论制定,尽管各个部门的规划目标也有差异,但是与学校的使命、愿景和育人目标一致,教师对这种规划有高度的认同感,校长容易推进这种规划。这种规划是最理想的规划。

　　那么,如何制定学校规划呢?

一、以提供高质量数据为基础

　　学校规划和"数据引领"分不开,学校规划的基础正是来源于学校的高质量数据。"学校规划"一定要基于数据,基于事实,我们不能凭感觉、凭经验、凭一时头脑冲动,而根据领导者自己的意愿来规划和改进规划。当然,制定"学校规划"时也应注意避免过度规划,避免被数据及分析淹没。

二、以教师充分参与为前提

制定"学校规划"时，务必要发动教师参与分析、整合、提炼，明确发展目标，要充分利用已有数据，以避免"学校规划"与"我"无关，避免"那是领导的事"。如制订学校教师专业发展规划，要调研与座谈相结合，要传承与创新相结合，充分了解以往的数据，并在此基础上制定目标，即在原有基础上提高多少个百分点。通过确定发展目标和重点促进组织形成共同的目标意识，真正做到全体教师基于学校，为了学校，发展学校。

三、以学生的最终发展为目的

学校以促进学生的发展和进步为战略思考的核心和战略规划的重心，因此，学校发展规划必须坚持"教育以学生为中心，办学以教师为中心"，主张建立教师、学生和学校发展的利益共同体，实现教师、学生和学校的共同发展。促进学生发展是我们实施一切教育的本意和最终目的。

四、以体现个性特色为关键

如何创办特色学校是校长制定规划面临的重要课题。所谓学校特色，应该是指学校在长期办学过程中，所表现出的有别于其他学校独特的办学风格、独到的教育思想、先进的教育教学手段。特色学校不是自然形成的，需要全面科学规划和有计划地建设。校长应改变从属思维的定势，改变被动思维的模式，学会独立思考，形成自己的教育思想和办学特色轨迹。只有这样才能勇于改变，大胆创新，使学校个性化、特色化。

制定"学校规划"，我们不但要准确、有力地使用数据，有机地反映真正的组织的方向和目的，吸引教师和利益相关者，更重要的是"学校规划"要避免"规划规划，纸上画画，墙上挂挂"的形式主义，要重视规划过程而不是为了规划而规划。规划重要，但不如行动更重要，在执行的过程中，要边"射击"边"瞄准"规划目标。

2011 年 11 月于浙师大

未来教育要与社区建立伙伴关系

一直以来,在大部分社区居民的眼里,教育就是学校的事,我把孩子送到学校,交付给学校,学校就得担负孩子成长的全部责任。于是,学校教育与社区家庭教育形成两张皮,有专家断言:五天的学校教育＋两天的家庭教育＝零。于是因为鸡毛蒜皮的教育问题,家校矛盾日益激烈。

不过,随着教育观念的不断深入,社区家长参与学校的方式从"被动信任"到"积极信任"时期,然后到"对学校的教育系统和结果的信心"时期,这种为大多数教育工作者所熟悉的方式已经得到了更严格的实行,而且在资源组合方面则更加灵活。但是尽管如此,学校与社区家长的联系仍然存在如下消极因素:

1. 家长对学校教育重视了,但还是不能够很好地了解学校教育,一味地把教育的责任推到学校,包容与责任不够,教育的理念还不能一致。

2. 教师是通过正式培训,具有良好的教育技能水平,但家长良莠不齐,不能对学校教育的成果进行巩固与发扬。

3. 社区学校合作教育没有一个系统组织领导体制;没有很好的教育经济来源;社区、学校资源还不能共享,不能形成一个合理的、科学的文化教育环境与文化。

因此,我们要逐步形成当地社区更加关心学校课堂,家长们更加关注孩子们学习的氛围。

有专家所言在未来的 10 年里,"最强大和最有效的学校是那些与对自己有影响的社区进行有影响力合作的学校"。可见社区家长在合作教育中的重要性,但是长期以来,我们还是能够看到影响学校与社区关系的积极因素。

1. 家长对教育的重视程度更高了。

2. 家长对学校教育的参与程度、了解程度、管理合作程度更深了。

3. 家长同时帮助学校进行教育成果的宣传。

4.经济实力较强的家长对学校教育进行资助。

我预测,在 2020 年以后,我们的工作尤其要协调学校、家庭、社会三者之间的关系,形成青少年教育的合力,以确保学生学业的成功。这种关系发展可能会产生这样的结果:

1.完善管理体制。建立政府统筹领导,教育部门主管,其他部门配合,社会各界支持,社区自主发展,群众广泛参与的学校、社区教育管理体制。

2.鼓励家长参与。学校教育中家长参与是促进学校教育的关键,学校领导应加强与家委会沟通,引导家长不断学习,努力提高自身素质,使家长与学校、教师、学生保持畅通的交通渠道,努力提高家长参与的质量。

3.定期展示成果。学校邀请家长参与,必须让家长了解校情,学期中必定要向家长开放教学日,并且向家长展示学校的教育特色,如我们定期开展民乐教育活动等。

4.形成教育网络。搭建起三位一体的工作网络,即社区教育委员会、家长委员会和学校德育处,构成三位一体的学生教育组织体制,形成三方协调的组织关系。

5.重视资源整合。社区分院和社区市民学校是学生校外素质教育的主要场所,是综合实践活动的舞台,如:定期开放学校资源,同时有效利用亲子教育基地、国防教育基地、科普环保基地、外语俱乐部等等。

6.突出学校社区互动。由学校和社区联合,共同负责计划制定和实施。如:共建城南小学社区亲子教育基地运行模式,运用好双方的优势力量,弥补不足,共同推进学校学习。当然也可以形成社区主导模式,即以社区为基础,充分发挥社区的优势,使社区教育作为学校、家庭教育的延伸和扩展,形成因地制宜,组织孩子、教师、家长、社区参与其中;形成学校主导模式,即发挥学校的教育优势,开放学校办学,促成了资源共享、"开放讲座"、"推门进课堂"、"组织培训"等等。

未来的教育,学校与社区的共同领导势在必然:关键在意识,树立学生发展至上的教育理念;其次在管理,加强一切为学生服务的管理力度;再者是条件,创设为学生生动活泼发展的硬件设施与软件师资。

学校与社区教育的共赢在于为学生学业成绩的提高奠定良好的基础。

2010 年 4 月于浙师大

也谈全球化对中国教育影响的国际比较和对中国教育的启示

此类命题太大,一看就知不是我所能谈的。但是通过学习大量的文章后,有了些感觉。于是从宏观的角度,从理性的层面来思考谈论,对我的认识也有很大的促进与提高。全文如下:

人类的伟大发明互联网的出现使无限沟通变成现实,改变了整个世界的经济运行规则:以消费者为主导的竞争法则。新的竞争规则使得政府必须提高创新意识,运用知识驱动才能在全球化的世界中增强自己的竞争力。全球化和知识型经济的演变已深刻影响了全球许多国家教育体系的特性和功能。

一、《新加坡教育的分权化和市场化:学校卓越模式和个案研究》与《教育改革的第四种方式》的异同

《新加坡教育的分权化和市场化:学校卓越模式和个案研究》要义:亚太地区的新加坡是一个岛国,受制于外界,没有自然资源。在认识到本国拥有的唯一资源就是人力资源之后,新加坡政府的角色在教育管治中不断变化。比如 20 世纪 90 年代末政府提出建立"思考型学校、学习型国家"(TSLN)的愿景,并通过引入"学校卓越模式"(SEM),使学校拥有发展其强项的更大的自主权和灵活性,学校间形成良好的竞争机制与合作关系。并且运用教育市场化和分权化管理机制策略,促进优质教育发展,实现新加坡政府在全球市场中的竞争实力。

《教育改革的第四种方式》要义:这是一种全新的教育理念,它是积极的、创新的、富有爱心的，有社会责任感和可持续发展的教育理念。这种方式是由灵感、创新、社会正义和可持续发展界定的。在这种方式中，学校应拥有更多的自主权，即"去行政化"。教学应更注重培养学生的能力而不仅仅是考分，更多的是注重过程而不是结果，学生是最大的受益者。学校的领导者既是管理者又是教学专家，既有社会影响力又有人格魅力，能够统领学校可持续发展。学校与社区建立良好的关系，与行业建立良好的关系，以共同创造更加美好的世界愿景。

可见，两篇文章的共同点就在于：学生为中心，教师为主导，目标驱动，伙伴合作，知识管理，持续发展和创新。也可见，未来的教育就是把人力资源的发展作为教育最根本的追求，作为未来社会政治发展、经济发展、文化发展最基本的最关键的因素。

二、在全球化背景下中国基础教育面临的挑战

新中国成立以来，教育投入大幅增长，办学条件显著改善，教育改革逐步深化，办学水平不断提高。进入本世纪以来，城乡免费义务教育全面实现，职业教育快速发展，高等教育进入大众化阶段，农村教育得到加强，教育公平迈出重大步伐。教育的发展极大地提高了全民族素质，推进了科技创新、文化繁荣，为经济发展、社会进步和民生改善做出了不可替代的重大贡献。我国实现了从人口大国向人力资源大国的转变。

但是，当今世界正处在大发展大变革大调整时期。世界多极化、经济全球化深入发展，科技进步日新月异，人才竞争日趋激烈。面对前所未有的机遇和挑战，必须清醒认识到，我国教育还不能完全适应国家经济社会发展和达到人民群众接受良好教育的要求。教育观念相对落后，内容方法比较陈旧，中小学生课业负担过重，素质教育推进困难；学生适应社会和就业创业能力不强，创新型、实用型、复合型人才紧缺；教育体制机制不完善，学校办学活力不足；教育结构和布局不尽合理，城乡、区域教育发展不平衡，贫困地区、民族地区教育发展滞后；教育投入不足，教育优先发展的战略地位尚未得到完全落实。接受良好教育已成为人民群众的强烈期盼，深化教育改革成为全社会共同心声。

三、《新加坡教育的分权化和市场化：学校卓越模式和个案研究》与《教育改革的第四种方式》对中国基础教育的启示

全球化进程如此复杂，它以一种非常深广的方式，对我们的生活方式进行了重构。新加坡教育的分权化和市场化以及教育改革的第四种方式直接影响着各国的教育改革与发展，尤其对发展中国家的中国来说有着很重要的启示作用。

（一）教育者要树立"学生的发展是一切教育过程的核心"的思想

我们的教育观念相对落后表现在：没有充分认识学生个体差异，没有真正因材施教。教育过于统一化，教科书统一，班级教学统一，评价统一，用同一个模子教育不同的学生，培养的学生千篇一律。新加坡 SEM 架构的七项基本价值和准则告诉我们：学生是第一位的，"学生的发展是一切教育的核心"。我们应相信并牢固树立这样的观念：为了学生、尊重学生、挖掘学生、惠及学生、发展学生。一旦学校中的人员被激励起来共同追求卓越，那么如果质量保证体系合理的话，则最终必将实现机构的卓越，因此学校将成为持续改进和创新的媒介。

（二）政府部门要集中管理下的权力下放

教育体制机制不完善，学校办学活力不足，具体表现在：政府领导教育改革，政府领导教育投资，政府领导教师分配，政府领导教育质量评估等等。这种政府集权管治教育——外部评估教育质量严重制约学校办学的灵活性和自主性，影响学校领导工作的积极性，影响学校个性化的发展。新加坡充分认识到允许学校拥有更大自治权的重要性。只有这样，学校才能拥有制定其自身发展计划的更多空间和时间，学校才能拥有更多自治权和灵活性。集权化向分权化的管理转变，意味着政府越来越少对学校如何实现其目标进行干预，然而随着学校管治和管理质量保证机制的制度化，从政府职能中下放出来的决策权开始重新集中。换句话说，"自治化"进程并不意味着国家削弱了管理和控制的力度。我们希望中国在未来的教育体制改革中努力体现出"分权化"和"重新集权化"两种趋势的齐头并进。

（三）我们要建立合理有效的社区教育和家庭教育体系

目前，我国的教育结构和布局不尽合理，教育责任分工也不够明确。教育原本是学校、家庭和社会三者共同承担的任务和职责，但是在我国，孩子教育的责任几乎由学校教师全部承担。其主要原因是公民没有正确认识到：对学生影响较大的因素来自校外。因此，我们的家庭教育和社区教育严重缺失；家庭、社区和学校的合作教育严重缺失；学校和学校之间的合作教育严重缺失。来自教育的第四种学习方式的经验是值得我们学习和借鉴的。比如：教师只有走出他们自己的教室，与其他教师建立联系才能真正地学习，同样的，学校只有与其他学校建立联系才能真正学习。这种方式还告诫我们：那些教育效果最好的国家通过家庭和社区以及学校对孩子们的支持以保持好成绩。在未来的十年，我们将学习和实践这样的理念，即最强有力的和最有效的学校是那些与社区合作并与社区相互影响的学校，学校领导同时也是有效的社区领导者。到那时候，就不会有那种认为所有的改进责任都是教师和学校责任的错误认识了。

（四）保持学校自我评价和分析的动态性和相关性

只要我国高考选拔制度不变，"考考考，学生的法宝，分分分，学的命根"，这样的意识形态就不会变，素质教育的推进就举步维艰。2010年7月29日，国务院颁布《国家中长期教育改革和发展规划纲要（2010—2020）》，明确提出未来十年的教育发展战略目标：德育为先，以人为本，能力为重，全面发展。但是如何评价德育为先、能力为重？怎样才能够做到以人为本，全面发展？或许我们可以借鉴SEM的核心"自我评价和分析"，以促进学校实现卓越。通过将外部审核（教育行政部门和业务管理部门的评估）转变为内部评估，根据评估，学校能够衡量近年来采取的不同措施所获得的不同效果，看到学校的强项和弱项，看到学校的共同愿景，看到自己应决定的发展方向，同时做到及时分析问题和解决问题，单个学校被赋予更多灵活性和自治性，可以自行决定和规划他们自己的发展方案。其实这种模式的转变也是学校集中管理下的权力下放的一种体现，学校对教育绩效的自我评估并不否定外部评审的结合运用，外部评审是从外部的角度帮助学校完善评估程序和过程；进一步强化学校优势，帮助提高教育水平；赋予员工更加清晰的工作目标。整个评估的过程将针对学校的发展现状，及时调整评估的方案，做到动态性和相关性的有效结合，对促进学校可持续发展将有更加积极的意义。

国运兴衰，系于教育；教育振兴，全民有责。在党和国家工作的全局中，必须始终坚持把教育摆在优先发展的位置。我国应以国务院颁发《国家中长期教育改革和发展规划纲要（2010—2020）》为契机，吸收国际化经验，按照面向现代化、面向世界、面向未来的要求，适应全面建设小康社会、建设创新型国家的需要，坚持育人为本，以改革创新为动力，以促进公平为重点，以提高质量为核心，全面实施素质教育，推动教育事业在新的历史起点上科学发展，加快从教育大国向教育强国、人力资源大国向人力资源强国迈进，为中华民族伟大复兴和人类文明进步做出更大贡献。

2010年11月于浙师大

第二编

实践求真：

学习教育家的胸怀，经理人的干劲

集团办学

　　继杭州之后,温州的集团化办学无疑也是一个教育创举。它以龙头学校为引领,扩大了优质教育资源在一个片区内的覆盖,引起了片区内教育资源整合、教育品牌扩张,以及学校教育在办学机制、学校管理、学校文化、教师发展等方面的变革,在最短时间,以最快速度,高起点地解决了片区内优质教育均衡发展的重大课题,实现了基础教育公平与效益的双赢。然而,在这场基础教育办学模式的改革进程中,如何才能真正实现集权的分权化管理,实行分布式领导,以保证各个校区主动积极地独立自治,值得我们深思与探讨。

万紫千红才是春

——谈教育集团深化办学的两大举措

　　2006 年 8 月，原府学巷小学并入温州市城南小学，城南小学真正开始"更均衡、更公平、更充裕"地"嫁接办学"，实施优质教育资源扩张战略，实行集团化办学。在扩张过程中，城南小学既充分发挥城南名校的品牌效应，又充分利用城南名校的教育教学优势，在输出品牌的同时，积极输出先进的教育教学理念和完善的管理制度以及优秀的管理人才和教育教学骨干，均衡集团内部的教育质量。五年时间，府学巷校区的教育教学质量从开始家长的不接受，到后来家长的将信将疑，到今天的完全认可，实现了教育集团规模化办学的根本目的——保持规模扩张与质量提高的平衡。

　　但是在集团化办学过程中出现了一些新的问题和困难，如管理中心分散，管理关系错位，管理系统交叉，决策程序出现盲区；教育资源不足与资源浪费并存，管理成本增高。这些问题的出现，集中反映出以集权式管理为主要特征的垂直管理已经不能适应新的工作形势，要实现有效管理必须调整原有的学校组织结构，即集权化向分权化的转变，意味着总校要越来越少地对分校区如何实现其目标进行干预。从另一个角度讲，学校拥有三个乃至四个紧密型校区的，所谓"一校多址"，单法人，可见学校"越做越大"了。但学校做大不等于做强，做大容易做强难，把学校"做强"就是要符合当代教育界倡导的学校个性化和多元化的思想。因此，集团的总校既要输出先进的理念、管理和文化，又要让所属学校有培育自己个性特色的空间，拥有相对独立的学校精神内涵和竞争实力，形成自己的特有的品牌。在集团化深入办学中，我们的管理目标和功能开始重新定位，管理的模式和任务开始转移变化。对此，笔者有以下两点不成熟的想法。

一、实行"集权的分权化"管理

在教育管治中实行策略性掌控集权，同时结合业务分权，从而使得校区自治有规可循。赋予权力又移交给更多的责任，校区可以发展出自己独特的个性。

(一)成立决策团队

学校决策者不再是校长个体组织，而是由校长及各校区校长组成的决策团队。决策团队不仅了解总的工作目标，更对各自的任务目标有清晰的定位和准确的把握，统一领导各分校区，分级决策。决策方式多样化：召开会议、听取汇报、个别谈话、现场办公检查等等；决策形式动态化：工作重心的下移和横向交叉使学校的权力中心随着工作重点和难点发生转移。

(二)实行"集权的分权化"管理

集团化"一校多址"办学还面临着行政规范和标准在多个校区的统一和重建任务。教师、学生的需求更加复杂，学校外部对教育质量的要求和标准不断提高。学校内部因垂直型管治造成"都请示，请示多"，分校工作"依附"总校阴影笼罩了整个管理系统。这导致高层决策者忙于应付事务，怠于学习，少了思考决策，更甚的是校区校长思想被束缚，积极性不高，管理效能低下。

因此，学校的管理功能必须做出相应调整，转变决策者的角色和行为方式。学校应逐步形成以集权与授权相结合、分散与集中相统一为特征的平面网络管理模式，构建管理的三个维度，即宏观——学校校部管理层面，侧重体现统一领导，突出重点；中观——校区管理层面，侧重体现分级管理，办出特色；微观——年级组、教研组管理局面，侧重教育教学常规管理的落实。校区的管理者由被授权处理校区日常工作中的问题，转变成依据校区的任务目标或专项工作要求，独立开展校区工作，形成以分权为基础、以任务驱动式目标管理为核心的决策过程的管理系统。譬如：在总校的统一领导下分校自主规划发展愿景——常规动作自主策划做，创新动作汇报研究做，自主实施分校管理，独立召开校区行政会议，校区教师会议，实行周工作小汇报，月工作中汇报制度，学期工作大汇报制度。总之，要让分校拥有更大的办学自治权，建立高效流畅、权责统一的教学、科研、后勤服务、安全工作、质量考核等常规管理制度体系，实现学校人力、物力、财力资源的最大化和最优化。只有这样才能避免总校管得过多，管得过死，摆脱"依附"总校的阴影，不会成为总校教育生产下的"附属品"，也因此会为其自身的发展计划负责，以使分校拥有良好的创业发展技能并能够应对未来不断发展的变化。

二、集结优势开创学校特色

2011年伊始,鹿城教育局制订并颁布《鹿城区教育改革和发展第十二个五年规划》和《鹿城教育十大工程》,其中再次提出:"鼓励学校走特色化、品牌化办学之路,促进全区学校优质均衡发展。大力支持特色品牌学校发展,深入推进'一校一品牌、一校多特色'创建活动,使特色办学项目成为学校常规课程和活动,促进全区特色学校快速发展,全面推进素质教育。"鹿城区教育局在深化集团化办学的过程中,大胆实践市区名校带弱校、名校带新校、名校带乡校、名校带民校的办学模式,进一步完善集团校区、农村分校和联盟校共同发展的机制。学校办学的机制顺应时代发展发生了改变,办学模式多样化了,管理的功能也发生了变化。其实无论是哪种办学形式的教育集团,在倡导集团的主流文化的同时,总校都应保护分校和联盟校文化的独特个性,在要求分校办学理念、价值观一致的前提下,要保护各分校和联盟校文化种类和层次的多样化,要保护好其自身的办学特色。并且,我们期待学校的特色建设是伴随着多址办学的推进,在不同维度上得到丰富和发展。

学校办学特色凝聚的学校精神文化直接影响学校的办学方向和师生的活动方式,制约着学校的全部教育活动,是学校生命活力的象征。在全面深化集团化办学中,要把校区的文化特色建设摆在重要位置。作为管理者,必须认真加以研究、挖掘和营造,注重在做事中成就学校文化校本建设。文化源于古人所云"人文以化成",要"化成"就得有赖于师生主体基于内在需求的自觉,立足于学校主体的自主性建设。因而,学校文化具有鲜明的个性特质,是学校内涵发展的核心,是优质教育品质不被"稀释"的根本保证。从2003年至2010年,温州市城南小学的"民乐与儿童视觉艺术"成了学校两大卓有成效的特色教育项目。学校民乐队组建以来,连续十年荣获温州市小学生艺术节器乐比赛一等奖,"艺术教育"特色成就了学生与学校的发展,成为了学校的个性。

学校办学特色是学校的名片,突出的办学特色造就优质的学校品牌。譬如温州市城南小学教育集团的每一位校级领导都在致力于规划如何才能使自己的学校办出特色,如:城南小学的"艺术教育"特色,马鞍池小学的"英语教学"特色,丁字桥小学的"学陶师陶教育"特色,七都镇中心小学的"书法艺术教育"特色。当然,学校明确了教育特色建设的方向,还只是特色建设的第一步,如何围绕所定位的特色开展实实在在的创建活动,走内涵发展的道路,才是创建学校特色的关键。总校应利用已有的经验帮助分校和联盟校进一步分析学校资源优势,提炼学校办学经验,营造浓郁的校园文化氛围,制定科学的特色建设规划,建立高效能的运行机制,定期开展汇报展示活动,积极参与教育部门的赛事。整合资源开创学校特色是学校内涵发展的核心抓手,是创建学校的个性品牌精神所在。

　　不管是管治的模式，还是特色的创建，都是为了应对激烈的竞争与挑战而做好充分准备的，都是为了面对任何的新问题能找到解决的方案而做好准备的。总校为了两大举措的顺利实施，做好保障：总校按生均公用经费的 80％拨给分校，在行政和教育教学管理过程中给予理念、经验和人力资源的支持。

　　人民群众对优质教育资源的需求日渐扩大，加之由于城乡差别、地区经济发展差异带来的教育的不公平、不公正，严重影响了教育的总体质量。集团化办学正是促进教育均衡发展，满足弱势群体需求的重要战略。这种战略的有效性基于当前社会正处于转型期，基于目前教育正处于特殊历史时期，笔者总是在质疑此种战略的长期性和持续性，天下事终究会顺应"合久必分，分久必合"的发展规律。试想：有朝一日，校区教育教学质量提高了，办学特色鲜明，政府部门和社会各界都认可了，我们还需要这样捆绑在一起进行集团化办学吗？显然不是的，航空母舰虽然巨大强悍，但是弱势显摆——掉头难！从这个角度讲，让各个校区根据自身条件，进行科学自治运营，培养学校的创造性和批判性迫在眉睫。

　　百花齐放才是春，百花齐放总是春！

载 2010 年 10 月《温州教育》

德育工作

　　城南小学始终坚持德育为先、以人为本的教育思想,注重学生全体发展、全程发展和全面发展。我们的德育就是让学生自己"当家作主",在参与中体验,在体验中培养学生的责任感和创新精神,提高学生的实践能力和水平。近几年,我们主要依托"队长学校"和"城南卫士"两个平台,让学生管理学生,让学生服务学生,让学生感染学生,充分调动学生自我管理的主观能动性,充分发挥学生自我管理的作用,促使德育工作进入一个自主合作的、高效且自动化的轨道。

点亮每一颗城南人的心

做德育工作的老师都觉得累，各种各样的活动做不完，五花八门的节过不歇，再加上要应付层出不穷的突发事件。疲惫，是每一个德育工作者的共同感受。可是，非得让自己如此疲惫吗？如此疲惫就一定能换来井然有序吗？事实往往偏与愿违。如何让德育管理更有效，如何让德育工作者卸下疲惫？于是，我们城南小学提出了德育口号：用好每个城南人，点亮每一颗城南人的心。

一、汇集每一位老师的德育智慧

我们始终相信，每一个人都是一个精彩的世界，潜力无穷，优势独到。尽管班主任队伍良莠不齐，但只要用心去看，就会发现每一个人都有独到之处。只有充分调动每一位老师的积极性，汇聚他们的智慧，发挥他们的作用，才能让德育的每项工作都能落实并扎实开展。

（一）班级档案让工作有迹可循

凡是当过班主任的老师，都知道开展班主任工作需要艺术和智慧，但我们却很难看到班主任在开展工作之前，像备学科教案那样，为自己的班主任工作做好工作方案。更可惜的是，我们很多老师做了大量的工作，却往往做过放过，很少有人会及时把自己工作的点滴经验或心得记录下来。做之前没计划，做之后没总结，见招拆招，工作能力提高不快，工作经验积累有限，对工作的认识也不会深刻，工作效果可想而知。

基于这样的思想，学校德育处要求每一个班级组建班级档案。初期，德育处会给每一位老师分发一个档案袋，并将这学期德育处所要做的每一项工作及具体实施的方案或细则,放置档案袋中。班主任则可以凭借这个档案袋,有计划地做好班主任计划、中队建设计划,并有条不紊地开展工作。同时,德育处还要求每一位班主任将自己本学期开展的特色活动、有效的行规训练金点子或典型德育案例,以及学生获奖或学生发表文章的情况、班容班貌布置的照片、家校合作的典型事例等等登记存档。于是,每一位老师在担任班级班主任,开展工作时,都要系统地、有意识地将有关学生的每个工作及时记录。这样一来,班主任德育工作情况一目了然,便于德育处检查。这样的习惯一经养成,不仅有利于班主任积累经验,更有利于在班主任更换时,使下一任班主任尽快掌握班级情况。

(二)《班务手册》让智慧碰撞升华

长年累月与学生在一起,一年又一年、一届又一届,许多班主任在处理问题的过程中,积累了很多的实践经验。但可惜的是,这些经验往往仅限于自己独享,亦或是身边的老师耳濡目染些许。即便是安排德育工作论坛,让有经验的老师登台展示,也很难在短短数十分钟内,道尽心得。如何集中每一位班主任的智慧,如何积累班主任的每一个实践经验,让更多的班主任在工作中更加科学,更加艺术,同时也让那些刚升入新一个年段的班主任老师可以少走弯路,从而让更多的学生受益呢?班级档案起了很好的作用。

班级档案袋,存放的是精彩的瞬间,也凝聚着班主任的心血。于是,我们尝试着,将班级档案中的金点子、巧办法等等,分年段、分门别类地汇集成册。于是,当班主任升入新年段的时候,可以以此为参考,思考如何开展工作。能用的,拿来就用;不好用的,取精去糟;不能用的,取而代之。经过新一轮的打磨,新一版的《班务手册》,必定会愈发科学有序,也愈发绽放德育的艺术魅力。

二、挖掘每一个学生的聪明才智

要想做好德育工作,不能不靠班主任,但又不能仅靠班主任,因为,校园里阵容最庞大的是学生队伍,学生才是真正的主人。只有用学生管理学生,用学生感染学生,用学生激发学生,才能让德育工作真正进入一个高效且自动化的轨道。于是,"城南队长学校"应运而生。

(一)孕育城南"明星大队委"

孩子大多爱追星,并且喜欢模仿明星的言行,可见,明星的渲染力无穷。于是,孕育校园内的"明星大队委",运用榜样的正面影响,是"城南队长学校"最为重要的一个培训目标。

班级推选担任大队干部的学生都是非常优秀的,他们需要的是我们为其搭建锻炼的平台,让他们将潜能充分地发挥出来。学校重视对大队委工作技能、管理技巧的培养。大队部利用每周大队干部例会,让每一个部门的队干部走上台反馈自己的工作,并计划未来一周的工作内容。同时,大队辅导员还会把学校即将开展的活动,作为任务布置给大队干部,要求他们设计、安排,撰写方案,并进行评比。通过多次学习培训,许多大队干部已经可以像模像样地撰写方案,并能根据方案布置工作了。大队干部的管理能力得到普遍提高。

当大队干部活跃在每一次的活动现场时,他们以自己沉稳、自信、果断的言行,迅速得到同学们的认可,并在无形中变成了学生们的榜样,从而变身为校园的明星队干部。

(二) 打造城南"专业责任人"

明星队干部的闪亮登场,可以有效地辐射学生干部积极向上的学习态度和宽容和善的处事态度。在他们的带动下,一批中队干部跃跃欲试。于是,"城南队长学校"也为他们搭建舞台,让他们施展才能。

学校分批集中所有中队干部,进行"专业指导",打造"专业责任人"。教室后面的黑板报,教室外面的"放飞台",都是学校各班宣传委员的任务,为了让各班充分发挥阵地作用,我们特邀学校美术组老师给所有班级的"宣传委员"做专门指导;各班教室、公地、个人卫生是班级卫生委员的工作,为了让各班卫生工作开展得更加有序,我们邀请学校卫生导师指导中队干部如何安排值日工作、如何分配任务责任到人。除此之外,我们还邀请音乐老师指导每班的文体委员,做好课前领唱和合唱指挥;邀请学校身为"浙江省普通话测试员"的老师指导各班的学习委员,做好课前领读和班级"学习园地"的布置。

有布置,有检查,还要有评比有反馈,因此,每学期末,大队部除了评选优秀大队干部之外,还会根据各班中队委员工作的实际情况,评出"城南最佳中队委"。当责任分配到人,且得到专业指导后,中队委员的积极性和潜能,得到了最大限度的激发。学校为了学生,惠及学生,搭建平台给学生,学生同时还给我们的,是一个个惊喜和一次次欣慰。

(三)发展城南"快乐小卫士"

学生是最纯真的,不管是哪一类的学生,都有为学校服务的愿望。在工作中,我们要保护好并激发好学生的这种积极性。我们在全校范围内征集"城南学生十大宣言",并最后甄选出十条作为学生行规训练的重点内容。由于宣言是学生自己的心声,而要求和标准也是学生制定的,因此可操作性强。同时,我们以"卫士中队"为载体,逐步培养所有学生的"自我管理、自我教育、自我服务、自我提高、自我发展"的能力。大队部规定,每周由一个班级负责对全校学生的学习纪律、日常习惯、宿舍管理、体育卫生、劳动生活等各方面进行全方位的检查与监督,承担一周内临时性工作的服务。该班需将所有学生分成若干小组,分别有"国旗小卫士"、"文明小卫士"、"环保小卫士"、"礼仪小卫士",并佩戴"城南小卫士"标志,在大队部相关部门的指导监督下,切实认真地按规定项目及要求进行检查,把检查结果上报德育处。

检查的内容是学生定的,检查的人员也是学生自己,在这样的管理与被管理的过程中,学生懂得了体谅,懂得了配合,也懂得了只有严于律己才能受人欢迎的道理。

每一个城南人都是城南的主人,都有责任为了城南的文明、城南的发展付出努力。我们相信,只要我们用好每个城南人,点亮每一颗城南人的心,就会充分激发每一个城南人主动参与德育管理,实现人人都是德育工作者,就能够化繁为简,化难为易,变被动为主动,并享受德育带来的种种欣喜,享受学生成长带来的缕缕幸福。

载 2011 年 9 月 27 日《城南学堂通讯》

爱对学生,礼对家长

师德是什么? 简单一点讲就是作为一个教师应该做什么和不应该做什么的行为规范。师德的核心内容表现在两个方面:爱对学生;礼对家长。爱是教育的前提,离开了爱的教育就如磨坊离开了水;家校协同是教育的关键,离开了家庭的教育就如淮南橘树种在了淮北。

一、爱对学生,用心血滋润

苏霍姆林斯基说学校里的学习不是毫无热情地把知识从一个头脑里装进另一个头脑里,而是师生之间每时每刻都在进行心灵的接触。的确,师生之间只有进行"心灵的接触"的对话与互动才是"真的教育"。"心灵的接触"必须以爱为前提,没有爱就没有真教育!

(一)爱是包容

我们的包容就能将我们的爱展示出最大的亮点,让我们真正融入到我们扮演的角色当中,因为教师是最适合扮演"宰相肚里能撑船"的角色的。张老师的教育事迹就令我们感动。

张老师担任四年级(1)班班主任兼语文教师。男生 A 经常不做作业,张老师就经常盯着他做,做错了要求补做。有一天学生斜着眼压低声音骂了一句:"像狗一样盯着我!"过不了几天,该孩子的母亲生病住院了,孩子没有人照顾。张老师知道后,不仅管孩子学习,还管孩子吃喝拉撒了。有一天,孩子早早来到学校,在教室门口等张老师,张老师来了,他支支吾吾说:"张老师你真好! 我不该骂你的。"张老师说:"是啊,我对你那么好,你还骂我像狗一样盯着你。"孩子惊呆了,原以为当时张老师压根就没听到的,没想到的是张老师当时已经听到这句骂人的话。因为张老师的包容,因为包容的力量,让男生 A 的情感有了矛盾冲突,"感激＋羞愧"震撼他的心灵了。从此,该学生开始转变……

(二)爱是关心

教师对学生的关心不需要惊天动地的豪言壮语,也不需要气壮山河的豪迈激情,它需要的只是一个善意的微笑,一个赞许的目光。这种友好的沟通在学生的心里形成的是一股强大的暖流,足以改变一个生命生活的质量。下面这位徐老师赋予学生的爱就只是一个温暖的举动。

成熟的教师总是会看着学生的眼睛上课,正在上课的徐老师发现教室右中侧的一位男生 B 坐立不安,身子略显半蹲状,屁股坐不住。徐老师走了过去,轻声地问:"怎么了孩子?"还没等孩子搭话,徐老师凭着职业的敏感和对家庭的了解,又问:"是不是被爸爸打了? 让老师看看。"徐老师拉下孩子的裤子,屁股青一块紫一块,坐在椅子上屁股会痛啊! 徐老师没有责怪孩子的爸爸,而是自言自语:"哎呀,你爸爸是恨铁不成钢啊。"于是从讲台桌旁拉下一个坐垫让孩子坐上。当孩子觉得自己被人注意、重视,而不是被忽略遗忘时,就会产生喜爱之感,乐意接受爱。此后,孩子全家对徐老师倍感尊敬! 此后,该孩子也发生了变化……

(三)爱是理解

诗人泰戈尔说:"爱是理解的别名。"理解有多深,爱就有多深。我们有了理解,才能有师生情谊,才能找到职业的幸福感和归属感。这既是事业的彩虹,更是生命的乐章! 胡老师就是这样一位老师。

胡老师上一年级(2)班的数学课时,突然发现右前方第三排的一位女生 C 在低头玩耍。胡老师走过去提醒她:不要玩耍。下课了,胡老师还是有意识地走到女孩子的身边,发现她满手粘着纸,便问:"为何拿这个玩?"孩子说:"上课的时候,老师奖贴贴纸,我很想要一张的,但是总奖不到。奖不到,我就自己买了。"胡老师一听,当机立断:"我看得出来,你是一位很有上进心的孩子,我马上给你奖一个(随手贴到其手背上)。如果你以后上课认真,作业认真完成,我每天奖三个贴贴纸给你。"我想,没有比"理解＋鼓励"更能够点化生命的精彩了。

有了张、徐、胡三位老师大智若愚、洞察秋毫、果敢奖赏的爱与智慧,三个孩子受到了眼下最真切的、最幸福的教育。

二、礼对家长,用真情合作

家庭是孩子的第一所学校,也是人生就读时间最长的一所学校。有人说,行规问题出在孩子身上，根子肯定在父母。这个说法不完全对，但父母应是孩子的第一位老师，也是最重要的启蒙教师。因此，家校合作互动对孩子的成长来说，显得尤为重要。

（一）礼在借脑

一位老师的力量总是有限的，我们教师如果能变单枪匹马为集体上场，那么通过借脑集思广益后的团队将力大无穷。在学校一个班级有几十位家长，如果让大部分的家长参与到教育管理中来，就能够充分享用家长们的智慧，那么我们的教育就成了立体化的、可持续性的了。为了便于老师、家长、学生间相互交流思想，沟通感情，我们学校三年级（2）班家委会给每个孩子准备一本"心语本"。在上面设计了三方面的内容："孩子的话"、"家长的话"、"老师的话"。这个栏目形成了师生对话、师长对话、亲子对话的相互沟通格局。"心语本"成为家长欢迎、教师喜欢、孩子受益的平台方式，成为教师、家长和学生之间沟通心灵的桥梁和纽带，成为促进学生身心健康的重要媒介。

（二）礼在共读

一个不重视阅读的民族是没有希望的民族，同理，一个不重视阅读的学校是没有希望的学校。据有关统计，犹太民族是酷爱读书的民族，以色列人每年平均阅读书籍 64 本，全世界 28％的诺贝尔奖获得者是犹太民族人。据统计，超过一半的成年中国人一年不读一本书，我们中国人每年平均阅读书籍 4.5 本，这是国情的悲哀！学校是一个读书的场所，我们希望通过亲子共读，共同营造学习型家庭、学校和社会。我们四年级（6）班组织共读绘本《我们还能拥有孩子多少年》，读出了亲子的感情，读出了责任的力量，在那以后的亲子活动中，夫妻双双从百忙中抽空参与的不在少数。有了"共读绘本"这座强有力的桥梁，学校与家长的沟通变得不再只是枯燥的说理，而是在家长心田播撒下一粒责任的种子，生根、发芽、开花，让家校互动变得美丽而又幸福！

（三）礼在家访

由于各方面因素的制约，现代教育实地家访成了奢侈品，但实地家访比电访、信访等都要显得重要和有意义。中国人讲究"一面之缘"，我们通过家访，了解各方面的情况对班主任开展针对性的教育相当重要，同样的，家长对于学校教育的理解和支持也会随之加强。我的一位同事梅老师有这样一则家访手记：铭是个思维活跃、学习主动的孩子，上课积极发言，对数学学习兴趣高。但在课堂上很容易分心思，很爱讲与知识无关的闲话，自己的学习成绩下滑，还影响同学学习。尽管老师多次批评教育，但好景不长。个中缘由，在这次家访中才得知，家长工作忙，就把孩子寄宿在社区教育托管机构,托管机构的学习、生活管理都比较随意,加上男孩子思维活跃,又爱管闲事,话就多了。话一多,其他孩子就告状,托管老师不明青红皂白就一通批评,造成了铭逆反心理很强。通过这次家访,老师与家长达成一致的意见,家长再忙也要把孩子带在身边,履行教育职责。

今天,不管社会如何转型,时代如何变迁,价值如何多元,教育如何改革,爱对学生、礼对家长、思对自己、远离诱惑,这些教师职业道德中最核心的内涵,不仅没有过时,反而散发出巨大的时代魅力。

载 2013 年 4 月《鹿城教育》

校本研修

　　校本研修是基于学校并为了学校的一种研修方式。2010 年10 月城南小学开始打造"城南学堂"，"城南学堂"从"研"和"修"两个层面来设计，它分为"研"学堂和"修"学堂。"研学堂"安排在上学期，主要是用好内功，学科发展共同体成员研究课堂教学的相关问题；"修学堂"则放在下学期，主要是借助外力，通过专家报告或课堂诊断不断吸取新课程理论。开展"城南学堂"的校本研修月，初步形成了"问题—主题—专题—课题"的系统性思维，强化了切实有效的研修模式，有力地促进了教师教育教学理念的提升和课堂执行力的提高。

城南学堂，让文化的力量洞开心灵的门扉

一、我们的认识

我们的语言文字是有温度的，因此文化是有力量的。文化的力量就如一个磁场，我们看不到它华丽的外衣，但它却吸引着我们向它的深邃处探寻，好像是有哲人在引导我们作思想的前行者。它真如一块吸铁石，能把师生员工的心凝聚在一起；又像一个大熔炉，能把一位新成员融化在这个文化传统之中。学校文化蕴含着巨大的吸引力、渗透力和推动力，因此，学校文化建设是学校发展的原动力，是校长肩负的最主要的工作之一。

近日，鹿城区教育局出台并实施的《十二五鹿城教育十大发展工程》，本人认为"工程"的核心元素是"文化建设"，重点谈到从规划文化、建设文化到形成文化，始于文化，止于文化的系列问题。

文化立校是我们办学的使命，也是我们办学的荣耀！

二、我们的做法

我们有了这样的认识，又是如何让认识落地的？我们有哪些新的举措？在年度工作中，关于队伍建设，学校重点打造以校本研修为核心的"城南学堂"，推进学校文化建设。

（一）完善校本研修组织体系

学校设立语文学科、数学学科、综合学科三大中心教研组。语文学科中心教研组分设各年级段教研组（简称：年段组），数学学科中心教研组下设高段（五、六年

级)、中段(三、四年级)、低段(一、二年级)教研组，综合学科中心组包括音乐、体育、美术、英语、科学、品德、信息技术、综合实践活动等八个学科教研组。

(二)形成校本研修三层格局

学校层面：每学年开展一次较大型的、综合性的、高规格的研修活动，以校本研修月为主要活动形式，以课例展示、名家引领、观点论坛为主要活动内容。由教导处、教科室负责策划和实施。

学科教研组层面：每学年至少开展以打造品质课堂为主题的校本研修四次，以集体磨课为主要形式，以课例展示、评课议课等为主要活动内容。由教导处、中心教研组负责策划和实施。

年级段教研组层面：每学期至少开展以研究课堂为主题的校本研修六次，以集体磨课为主要形式，以理论学习、集体备课、评课、议课等为主要内容。由教研组负责策划和实施。

(三)实施校本研修重要举措

我们打造一个具有"统一的目标，浓郁的氛围，有效的载体"的城南学堂，真正期望让城南学堂成为强化教师队伍建设和学校内涵发展的永恒的核心载体。

我们的学堂务必做到"名家引路，师傅领进门；个人钻研，自身悟进去"。两个层面隔周推进，也就是两节观摩课和两节研讨课同时交叉进行，前者为专家引领，后者为同伴互助。

不管是校本教研组织体系，还是三层格局，都是为城南学堂的顺利开展服务的，为有序和有效开展学堂工作做好保障。我们坚信只要我们一以贯之，必将让研修行为成为一种习惯、一种环境、一种文化。我们明白只有走出自己的教室，与其他教师建立联系才能真正地学习。我们必须确保我们能够自己思考，能够自己为面对的任何新问题找到解决方案。这样，我们才能让我们的课堂成为温暖的课堂、分享的课堂、幸福的课堂，成为充满生命情怀和师生共同成长的课堂，让研修成为教师生活的一部分。

三、我们的信仰

我们盼望我们的文化变为我们的信仰，我们也就会逐步形成以下的追求。

我们遵循一个准则：参与研修的老师成为研修活动的真正主体。

我们把握一个重点：确定的学习主题是任务驱动更是目标意识。

我们守望一个期待：需求紧密联系教师实践的介于理论与实践之间的策略性知识。

我们关注一个方式：让更多真实情景中的生成进入课程，让体验和反思成为我们主要的学习方式。

学校是传播和孕育文化的场所。我们紧紧抓住学校的核心工作——学习文化力，借助"城南学堂"这个平台，在原有的基础上进一步推进校本研修的建设。我们认为学习文化力量是学校文化力的先驱，是学校最根本和最核心的力量，也最容易叩开教师积极向上的心扉。一旦"城南学堂"形成一种系统、一种气势、一种精神，形成一种相对稳定的心理现象和一种强力的磁场效应，使身处其中的个体自然而然地受到感染和左右，产生春风化雨、润物无声的教育效应，将会对教师气质、风格和人格的塑造都产生积极的意义，对教师的终身发展都产生久远的影响。的确，这就是文化，一所学校应该有的长久的生命力和核心竞争力，的确，这就是学校为学生的成长创设的最合适的教育环境。

载 2010 年 10 月《城南学堂通讯》

洒下一路芳菲

秋意愈浓，思考渐多。我们就在这个多思的季节走进教学反思，反思教学。

教学反思是我们富有智慧的一种自我挑战行为，它作为一个认识过程，既可以是对过去的总结，又可以是对今后的启示；它可以促使我们在看问题时有新的视角和新的理解；它可以促使我们努力去弥合教育理论与教育实践之间的鸿沟；它可以促使我们减少教学行为中的盲目与冲动；它可以促使我们去改变不适时宜的价值观念和态度，从而使我们获得教育的最本真意义。

因此，它既可以是对一堂课的反思，又可以是对教学中的一个内容、一种设计、一种方法、一个评价的反思。

今天我们以"行走在反思的路上"为主题的首届校本研修月活动开幕了！"首届"也就是"第一次"，对于"第一次"活动的实效性，我和大家心里都没有数。但我们早有心里准备，从哪里跌倒从哪里爬起！

源于此，我们的出发点是十分朴素的，就是想从自己的教育教学中寻找突破口，做一些有益的思考与探索，做一些扎实的尝试和努力。我相信"校本研修"这种基于学校、为了学校、发展学校的可持续的、开放式的继续教育模式，将引领我们期盼智慧，追求智慧，用我们的智慧构建智慧课堂，培养智慧学生。让我们在秋天这个丰收的季节里，采撷花与果，在教学反思的路上尽情洒下一路芳菲。

载 2010 年 10 月《城南学堂通讯》

既是结束，更是开始

我们匆匆走过了第十一个月份，校本研修月也即将告一段落。回想首届校本研修月，我们经历了四个阶段：磨课、看课、赛课、聊课。

借此机会，谈一些自己的感想。

一、研修的历程告诫我们：

1.参与研修的老师成为研修活动的真正主体，它将是未来教师教育的准则。

2.参与研修的老师把研修的重点放在研修的设计上，明确的学习主题，是任务驱动，更是目标意识。

3.参与研修的老师关注紧密联系教师实践的介于理论与实践之间的知识与技能，策略性知识是我们的需求和期待。

4.参与研修的老师，关注以体验和反思为主要的学习方式，让更多真实情景中的生成进入课程。

二、大师的风范告诫我们：

1.我们只有走出自己的教室，与其他教师建立联系才能真正地学习。

2.我们不能认为如今起作用的在未来也会起作用。成功的旧公式不会使我们做好迎接新环境和新问题的充分准备，我们甚至不知道我们将要面对的问题是什么，更不用说为自己提供解决问题的方案了。但是我们必须确保我们能够自己思考，能够自己为面对的任何新问题找到解决方案。

三、同事的精神告诫我们：

1. 课堂教学改革的核心是克服"重教轻学"的思维定势，树立"先学后教"的教学立场。我们的教学模式和方法，其本质是一种教学思想与教学原则。

2. 我们的课堂成为温暖的课堂、分享的课堂、幸福的课堂，成为充满生命情怀和师生共同成长的课堂。

我们需要更多的合作而不是竞争，我们需要更多的信赖而不是依赖或者贪婪。我们美好的未来，在于我们可以共同创造更加负责、公正、合作的愿景。感谢关注本次活动的各位领导和专家，感谢积极参与的同事们，我们坚持以朴素的指导方针，执着的研究精神，富于创新的实践策略，推动校本研修的深入发展，提高我们的能力和水平，提高我们的幸福指数。

今天，既是结束，更是开始！

载 2010 年 11 月《城南学堂通讯》

让自己成为研修的主体

星期六，我们原本可居家休息的，但是我们选择了学习，那就在主动学习中寻找快乐吧！在此，我想表达两层意思。

第一层意思：我很感动，要表示感谢。这一次活动，那么多的语文教学专家忙中抽空欢聚到城南来，给了城南小学很大的面子，给了我很大的面子，令我很感动！感谢来自杭州的蒋军晶、来自宁波的郭昶、来自台州的黄吉鸿和张燕、来自丽水的郑爱芬、来自苍南的何必钻、来自平阳的纪相钊等各位老师莅临活动现场指导，还有我们鹿城区教师培训和科研中心的领导，我想今天既是碰撞教育智慧的时光，更是加深朋友情谊的日子，让我们共享凝聚共识的大餐！

第二层意思：我要告诉大家我们活动的目的。先说明一下活动的背景，我们一贯的工作目标是"品质教育"，我们达到目标的两大工作抓手是开创"城南学堂"和"城南学社"，"城南学堂"直接指向提升教师的专业素养，"城南学社"直接指向发展学生的个性特长。"城南学堂"从"研"和"修"两个层面来设计，它分为"研学堂"和"修学堂"。"研学堂"安排在上学期，主要是用好内功，学科发展共同体成员研究课堂教学的相关问题；"修学堂"则放在下学期，主要是借助外力，通过专家报告或课堂诊断不断吸取新课程理论。校本研修月是"城南学堂"最重要的组成部分。这个月是我们学校一年一度的校本研修月。11 月 17 日是校本研修月的第二个阶段——语文教学研究专场活动。我们是希望通过这样的平台，即通过观摩课堂、反思实践、交流心得、认同思想这样的平台，以期明确收获语文课堂教学的新方向。

同时，也希望通过这样的平台，形成一种气势、一种强力的磁场效应，产生一种新的学习力，并让这种力量感染和左右着我们，从而对我们的终身发展产生久远的影响。

我是这样想的，也是朝着这样的目标践行的。因此，这个活动是自由的，尤其思想是自由的，诚愿大家主动积极地参与到活动中来，通过对话交流让自己成为本次研修的主体，因为真正的成功者不是培训出来的，而是自身的积极投入，是通过内心的自觉运动获得的。

载 2012 年 11 月《城南学堂通讯》

把掌声送给自己

　　城南小学第三届校本研修月即将落下帷幕。回顾本届校本研修月，不管是青年教师的课堂教学展示活动，还是专家引领下的语文、数学教学研讨专场活动，或是今天的"做真实的研究"小课题成果汇报活动，你们都给了我新的启迪、新的期待，让我欣喜！我有以下三点想法。

一、更加关注

　　关注什么？当然是关注课堂了。课堂是师生交流互动的主阵地，教师在这个主阵地里的表现是衡量其教学水平高低的一个重要尺度。顾玲元先生认为："医生的真功夫在病床上，教师的真功夫在课堂上。"一语中的！关注课堂，成为了我们最基本的，也是最关键的最核心的工作。当我们的校本研修月进行到今天第三届的时候，我已经深深地感受到你们做到了这一点，而且更重要的、更可贵的是你们还认识到了真正的好课堂是怎样的课堂。在语文专场活动的一堂课后，我就听到了有教师在议论，这堂课，学生收获的不仅仅是课堂内容、课本知识，还收获了课堂外的东西。学生收获到课外去了，可见，这样的课让学生的思绪生发得更多，也飞得更远，让学生的潜能激发得更好，让学生的好奇心灵得到更好地启迪，这是多么富有情趣和意义的课堂，是我们所要追求的课堂。

二、令人感动

　　在校本研修月中，我看到、听到许许多多令我感动的事。邱丽洁、戴砾、卢一丽、陈茜茜和瞿莉等等参与研修的主角的身影穿梭于这个教室和那个教室之间，教师办公室与教导处之间，城南校区和府学巷校区之间。她们把压力全写在脸上，挂在嘴上，我听到最多的是这样的话："校长，这次让我来上课会倒霉的，不仅是自己、学校，还有您啊！这样的场面，我没有经历过，我真的不行啊。"前几天，我经常看到邱丽洁坐在教导处耷拉着脑袋，毫无表情，无所适从的样子。当看到这样的情景，有时候我也会想，啊呀，也不要太为难他们吧，但是马上就会转念，上一堂课么，我们每天要做的事，有什么了不起的，今天挺过去了，明天就会好的。事实证明，我们都走过来了，而且走得很漂亮，很有成就感，很有幸福感！其中，最令我感动的是校本研修月中在幕后工作的老师们，那一些配角，那一些绿叶。所以，站在台上的主角，我们不能忘记配角的好。就是这些绿叶给了我们以生命力，给了我们信心和决心，用他们的智慧支撑了我们，他们成了我们走向舞台的精神支柱。他们是谁，我不一一表扬了。这种团队的合作，同事的帮忙，让我们倍加温暖，深感幸福。今天，我们才真正体现了变单打独斗为集体上场，你好我好大家好才是好，把掌声送给自己吧！

三、寄予希望

真正的研修是伴随我们职业生涯的整个过程的。校本研修只是一种浓缩的形式，要想真正提升自我，内驱力不是校方驱动而是自己激发，是自身的上进心，是自发地去学习，自动地参与钻研。我还是希望"师傅领进门，修行在自身"。在平日的教育教学中，我们务必多思考，做到对学习研究的内心运动，做到由浅入深，由表及里，循环往复，螺旋上升，这样才能可持续发展，成就自我，成就学生，生命之花也就更加灿烂！

载 2012 年 12 月《城南学堂通讯》

名师讲坛

　　城南小学（集团）"草根名师讲师团"成立于 2011 年 9 月。"草根名师讲师团"是一个扎根于教育实践、扎根于学校实际、扎根于教师课堂的团队。它是一个以学校为研究主阵地，以教师为研究主体，以学校日常教育教学中的问题为研究对象，以学生、教师、学校发展为目标的团队。至今，由城南小学（集团）办公室牵头，已经成功举办了三届讲师团报告会，它具有强大的影响力和顽强的生命力。

做有创意的教育者

2011年,城南小学继续实施优质教育资源扩张战略,实行集团化办学。在扩张过程中,学校既充分发挥城南名校的品牌效应,又充分利用城南名校的教育教学优势,在输出品牌的同时,积极输出先进的教育教学理念和完善的管理制度以及优秀的教育教学骨干教师,均衡集团内部的教育质量,实现了教育集团规模化办学的根本目的——保持规模扩张与质量提高的平衡。但是,集团化办学只是权宜之计,而非长久之谋,合久必分的道理谁都懂得,所以,集团联盟校不应仅仅靠被动吸收新鲜血液,更要主动造血,为未来的发展奠基。因此,从集团总校的角度,搭建平台,打造一支反思型、实践型和智慧型的师资队伍,培养一批有创意的教育者迫在眉睫,义不容辞。在这样的背景下,城南小学“草根名师讲师团”应运而生。

一、寻找,汇聚有创意的教育者

学校经常会安排老师外出培训,聆听专家与名师的讲座。但不少老师反映,专家与普通教师之间还是有“隔”的,那些讲座与自己的教学实际相距太远,很难实行“拿来主义”,收效甚微。而按“苹果原理——跳一跳摘得到”的动力原理,我想我们的学习也要寻找教师的最近发展区,让学习更有针对性。同时,我们也发现身边的许多同事在不经意的谈论中,时时闪现着智慧的光芒,他们都是最为朴实的、有创意的教育者。那么,为什么不让身边的同事来影响同事呢?他们离得那么近,随时可咨询,可请教,可模仿。于是,一个想法浮出水面——寻找我们身边的“草根”名师,汇聚有创意的教育者。

而这个“想法”又邂逅了一次“机缘”。2011年市里吹响了“温州市中小学教师学科素养提升行动”的号角,鹿城区教师培训和科研中心也有了相应的实施方案,其中的一大举措,便是成立“学科专家讲师团”,而我们城南小学(集团)的这一师训方式就直接命名为"草根名师讲师团"。我们在集团各校中选取和吸收各个学科中"有经验"的老师作为名师讲师团的成员,而我们的条件也"不寻常",这个对象不一定是具备某种头衔的,但一定是有想法并有实践经验的老师。经过集团办公室初步选拔评定,第一批来自集团内8个学科的15名教师成为了讲师团的首批讲师。就这样,我们成功汇聚了一批有创意的教育者,成立了自己的"草根名师讲师团",并开始了讲学之路。

二、搭台,让草根名师绽放光彩

汇聚草根名师,然后搭建各种平台,让他们的创意在教育之路上绽放光彩是我们工作的重点。集团管理办公室根据各位草根名师上报的专题进行统筹安排,以一个学期为单位,每个学期举行一届,采取大型报告会与学科小型报告会结合的方式,让这些"草根"名师们崭露头角。

1. 大型报告会,展示综合实力的平台

每学期的第二个月,我们都会如期举行新一届"名师"讲师团的开幕仪式及一次大型报告会。根据选题确定的三位主讲教师,要在30分钟的时间里阐述自己的教育教学理念和实践经验,集团联盟校三百多名老师全数参与。

一次大型的报告会面对的是来自各个学科的老师,这就需要报告的老师必须具有较强的综合实力,既要抓住不同学科的共性,又要展示主讲学科的特点,做到共性与个性相结合。同时,如何用灵活的表述方式吸引听众参与,更是主讲者需要斟酌的。为了成功举办好首届的报告会,我们的准备工作经历了个人拟稿、组内研讨、专家引领、个人反思、整理提升的过程。于是,在2011年11月12日,首场报告会成功举办。黄影老师《螺旋推进语文路》的报告,以严谨的态度对语文的每一个年段的目标作了梳理,明明白白地教好语文。陈欢老师的《让数学课"玩"一会儿》则是妙趣横生,他以数学课的导入环节为研究点,设置了各种"好玩"的导课方式,他认为让学生乐意上数学课,爱上数学课就是数学教学的成功。林子羽老师以《北京——解惑之旅,一位平凡美术老师的教学探索之路》为题,讲述了自己上半年的一次北京培训经历,并结合自己的教学实际,作了许多深入的分析与思索。精彩的讲演深深吸引了全场听众的注意力,在长达一个半小时的讲座中,静默无声的观众席间,唯一能听到的只有会心的笑声与掌声。期间,教师培训和科研中心沈根法主任听了报告以后对我们说了一个词"吃惊",他吃惊的是,台上的讲师竟然有如此精彩的讲述,会场的老师们竟然会有这样投入的倾听。之后的几次大型报告会,又有六位"草根名师"先后登上这一展示综合实力的平台,绽放出自己在教育教学之路上的独特精彩。

大型报告会的效果出乎意料,却也在意料之中。因为讲台上的这些"草根"名师所讲述的内容,可以迅速与听众所需产生一种共鸣。对于教师们来说,听这些身边的"草根"专题讲述，是那样亲近，触手可及，是那样鲜活，仿佛就在身边。在这个展示综合实力的平台上，他们也一起收获着，一起成长着。

2.学科专题讲座，激发经验觉醒的平台

我们都知道教师的专业成长不在于起点，而在于确定正确的方向，在于寻找合适的位置，发挥教师最大的价值，这是讲师团报告会不同于其他报告会的质的区别，也是讲师团报告会的价值所在——一种基于经验的觉醒，一种促进教师自主发展的觉醒。于是，继大型报告会之后，我们又推出学科专题讲座与"学科教研活动"相结合，与我们的送教活动相结合，甚至与集团校开展的班主任培训班活动相结合的一系列活动。比如，在集团校开展第二届班主任培训班活动中，安排马鞍池小学的陈蓓蕾老师做"浅谈班级团体心理健康教育辅导"的专题讲座；在集团联盟校科学教研活动中，安排王苏嫦老师做"小学科学单元起始课该承载些什么"的专题讲座；在英语学科到联盟校丁字桥巷小学送教时，安排讲师团的叶文辉老师分享自己的教学经验。这样一来，我们身边的这些"草根"名师便都能找到适合自己的，能够更好地发挥自己功效的舞台。

这一精彩的舞台让大家了解了一线教师最朴素的想法，走近了他们最丰富的内心世界，分享了他们收获的喜悦。正如市教师教育研究院的张作仁老师评价的："讲师团活动的意义不仅仅在于报告会的内容让老师们有所收获，活动深层次的价值在于启迪了教师的思维，促进了教师的专业觉醒。"为此，我们将继续在教师中发现"名师"、培养"名师"，让更多的"草根名师"走上不同的展示才能的平台，点燃思想的火种，照亮更多"前行"的同伴。这更是集团校合作的智慧结晶、良好的敬业精神的见证。

三、反思，扩展讲师团的影响

由于主讲老师的用心，讲师团活动取得了令人欣喜的成绩，但是，我们也清醒地发现一些不容忽视的弊端。讲师团的大型报告会的主要形式是三位老师按次序主讲，讲完之后没有任何互动性和后续性的活动，以至于听报告的老师无法形成足够的参与期待。

为此，我们专程请教了温州市教育教学研究院的张作仁老师。他针对第三届报告会给出了以下几点建议：

1.让活动行程序列化。从教师中间征集人选，从主题和内容策划开始调整，以原来的不同学科教师讲述自己的教学心得变为"话题式"的探讨。

2.现场增设短信互动，增加教师参与度。

3.活动后在各分校、校区、联盟校间继续开展话题探讨，并进行评比，评出最佳短信，以求达成相对的共识，并以校园网、电子屏幕及横幅悬挂等方式展示。

4.对"草根名师讲师团"活动作一个三年的整体规划，让每次的主题具有连续性与承接性,以形成有影响力的品牌活动。

根据张老师的建议,结合自己的工作经验,集团管理办公室业务干部即活动的主要策划者林晓敏老师为推进活动开展,扩展讲师团的影响,提出了三个"注重"。

第一是注重活动的"针对性"。教师参加研修活动的目的是为了有所得,而活动本身要考虑的是你想让参与者获得什么。不同形式的活动所能解决的问题是有局限性的,以大型报告会为例,参与的老师毕竟都是来自各个不同的学科,报告所选取的主题和内容,便不适合让老师纯粹展现学科特色的教学智慧,而应更多考虑选择解决教师普遍存在的共性问题,比如"教师的职业幸福观"等。

第二是注重活动参与的"互动性"。活动的参与性体现在两个方面,一是正式活动前筹备阶段的参与,二是在活动过程中的参与。活动过程最怕"一言谈",互动性是让参与者更有"主人翁"意识,所以策划者的匠心也要关注到如何能让更多的参与者的思维真正动起来。"短信互动"便是一种提高活动过程参与度的方法,但是要让教师真正认可与喜欢这样的活动,在活动筹备阶段就要做更基层更深入的工作,比如,让教师代表共同商议论坛的"话题",再通过各分校的选拔产生最终的论坛发言者,等等。

第三是要注重活动整体的"连续性"。连续性也表现在活动横向的连续性和纵向的连续性上。从横向来说,一次现场活动以后,后续活动的跟进十分重要。如现场论坛之后,让老师及时地反思,并举行反思小结的评比及展示活动,从而真正能够达成共识,这也是更好地共享了老师们的智慧。从纵向来说,同一个项目的活动,要作一个连续性的规划,而不能"打一枪换一个地方",对于教师的成长就可以从"为什么做"、"做什么"、"怎么做"一系列目标,策划连续性的"话题"进行反思,开展活动。

四、展望,人人都做有创意的教育者

"凡事预则立,不预则废。""草根名师讲师团"需要作好一个长远的规划(如图)。在专家的帮助下,我们将未来"草根名师讲师团"的工作作了如下的构建。我们会引导教师学会反思,做真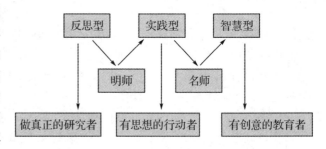正的研究者;努力践行,做有思想的行动者;拥有智慧,做有创意的教育者。我们将一步一个脚印,做真正能让老师受益的活动,这是我们的出发点也是归宿,我们会一直以此鞭策,继续努力。

载 2012 年 12 月《城南学堂通讯》

寻找幸福的理由

2009 年底，我们鹿城区教育局实施集团化办学转型升级，即推进实施紧密型、辅助型、合作型三个层级的集团化办学。城南小学（集团）在这种办学理念的指引下，实施优质教育资源扩张战略，"均衡、公平、充裕"地"嫁接办学"，形成合力，实现了教育集团规模化办学的根本目的——保持规模扩张与质量提高的平衡。现在看来，我们没有辜负领导的期望！

在集团化办学的历程中，我们的核心指导思想是共享共赢。城南小学（集团）"草根名师讲师团"报告会是城南小学（集团）每学期共享共赢的一大举措，一大盛事；更是我们城南小学（集团）优质教育智慧、优质教育成果和良好敬业精神的一大展示和一大见证！至今，集团校办公室已经组织了以"学科教学为中心"的三场报告会。举办教师讲师团报告会，我最初的想法，最朴素的想法就是走近我们身边优秀的教师，走进他们丰富的内心世界，分享他们的喜悦。在组织第三场报告的时候，我们感觉工作有点累，累在报告人选、报告内容和报告形式的确定，因为我们没有系统思考。这一次，当我们的业务干部林晓敏，也是活动的主要策划者，邀请市教育局教学研究院教科处张作仁老师莅临现场指导的时候，张老师说你们怎么不做一个体系呢？显然，不谋而合，讲到我心里去了，其实我们何尝不想？因此，我相信接下来的工作一定会从先前的散漫性、随意性走向系列化、主题化。至于如何系列化、主题化，有待于我们研究之后再向大家汇报。

德国哲学家费尔巴哈说："生活和幸福原来就是一个东西，一切的追求，至少一切健全的追求都是对于幸福的追求。"恩格斯对此非常赞成，他说："每个人追求幸福是一种无需加以论证的、颠扑不破的原则。"生命之所以可贵，不在于生命本身，而在于生命承载着追求幸福的价值。但是是什么让我们的幸福感知能力钝化了呢？应试教育的迫害，一切"以经济建设为中心"的导向，无所不在的竞争与攀比，无处不在的"哭穷"、"抱怨",让我们的灵魂难以找到可以栖息的精神家园,让我们无法停下脚步检讨一下"我是谁","我从哪里来","我将到哪里去"? 所以,今天,我们确定的主题是"寻找幸福的理由",聆听来自城南小学(集团)的三位教师代表的发言,一同感受并分享他们的幸福所在。希望通过今天的讨论,让我们对职业幸福有一个新的认识,有一种新的感觉,让幸福伴随我们每一天。

今天,我们一同主动寻找幸福的理由,那是多么幸福的事情。

载 2012 年 11 月《城南学堂通讯》

共同发展

　　2011 年 10 月,城南小学提出成立学校"学科发展共同体",其包含校际之间的共同体,也包含教师间的共同体。组建学校发展共同体的目的是"理念共享、资源共享、方法共享、成果共享",通过深度的校际合作交流,积淀更高位的文化内涵和发展学校个性特色。组建教师发展共同体的目的是可以支持和帮助教师改进和完善自身的教学实践,帮助他们解决由于学校的改革和变化而出现的危机感和不确定性,以使教师去应对变化的环境和新的挑战,从而为学校走向成功提供适宜的组织与精神资源。

站在集体的肩膀上飞翔

所谓成长，便是自身不断变得更好更强的过程。在这个过程里，个体的成长离不开集体所给予的力量，正如孔子所说："独学而无友，则孤陋而寡闻。"作为教师，孤军奋战的时代早已终结，我们应该善于把自己融入一个共同的团体中，主动地和其他教师交流，改进和完善自身的教学实践，从而更好地应对变化的环境和新的挑战。

但是，"教师发展共同体"也不能简单地等同于"一群教师"，它应是由教师自愿组成的学习团队，是教师基于共同的目标，在专业引领下，通过交流、合作和分享，以研究、实践、学习、服务等活动来促进专业成长的学习共同体。可以这么说，"教师发展共同体"的培养目标，就是让共同体的每一位教师都可以站在集体的肩膀上飞翔。

一、统一认识，提振信心

在 2011 年 10 月，城南小学成立了"教师发展共同体"，预示着城南针对教师的发展又有了新举措。然而"教师发展共同体"的成立和深入开展却面临着实际的困扰。长期以来，相当一部分教师已经形成了以传授课本知识为主要目的的、高耗低效的教学模式以及因循守旧、经验为本的职业心理倾向，许多教师甚至已经失去了专业发展的勇气和动力。因此，只有统一认识，提振信心，才能让教师自愿加入共同体。于是，我们通过动员大会，与教师们分享对共同体的认识和了解，有效激发了教师内心深处发展的原动力。

教师共同体是：

一个分享喜悦的团体。参与的心态和思想正确与否决定你参与活动的效果。

在共同体里,我们委派一位老师作为负责人,他不是导师,而是体现组织牵头,协调服务功能的同事。共同体内成员与成员之间相互交流各自经验,取长补短,互惠互利,形成一个分享成功喜悦的团体。只有怀着这样的心态参与,共同体才能体现主动自觉,共生智慧,才能达到组织的目的——共同发展。

一个更新认识的过程。关于共同体,有很多老师成员认识不到位。我想有三个层级的认识:有的教师参与的积极性很高,主动要求参加;有的教师处在想与不想之间,不参加,觉得又是一个学习的机会,参加呢,又怕被人家说闲话,等待组织安排;还有的根本不去想这事儿,我行我素,非常被动。因此,有说风凉话的,也有怪里怪气冷嘲热讽的。如果认识不到共同体的作用和意义,那么即使参加了这个团体,也不会有预想的效果的。我们必须认识到,参与共同体的学习是一股凝聚思想和精神的动力,是一条走向快乐生活和工作的捷径。

一个解决问题的平台。没有困惑就发现不了问题,没有问题就没有前行的动力。在共同体里,我们就是把教育教学中遇到的问题摆到桌面上来,摆到大家面前来,共同来想办法解决,变原来的单枪匹马为团队作战。我们就是在这样不断地发现问题和解决问题中成长的,个人如此,学校亦然。

一次思想境界的融合。干任何事情都需要有献身境界。要下定决心、不遗余力、坚持不懈地咬住目标,抓住不放,大踏步地推进,不管有多大阻力,遭遇多大辛苦,力排一切困难完成工作任务,这就是境界。成立发展共同体是大局观念的表现。共同体,是事关城南教育能不能科学全面发展的事情,一定要从这个角度认识它,才可能在今后的工作思路上、方法措施上更加开阔一些。有人说,你是校长,你去想这些事吧,我们才不想呢!那就错了!我们要齐心协力地建成资源整合、方向明确、活力充足、开拓创新、顺应教育大潮流的具有城南特色的发展共同体。这是一个非常美好,非常鼓舞人心的目标。

二、和而不同,良性运转

教师怀着飞翔的梦想加入到共同体,便预示着共同体内的成员必须肩比肩,手拉手,通过团体的力量,让每一位老师顺势起飞。然而,作为共同体,它由不同的个体结合而成,拥有自身独特的要素。只有充分认识,并妥善处理,才能让共同体良性运转。

(一)要有共同的发展愿景

负责人要建立工作室的共同愿景,并取得所有成员的内心认同,这是共同体良好运行的最核心因素。共同愿景的形成首先基于大家对共同研究的专题的认同,同时,还应把自我发展和学校发展的宏大目标牢牢树立起来,并作为每位教师前进的动力源、精神的迸发点,要心动,更要行动。但实际上,更重要的还是基于大家有着共同的人生追求和专业理想。共同体内或多或少都存在着方向不明、认同感不高的现象。因此,如何真正建立共同体的共同愿景,以共同愿景激发成员的个人愿景,是共同体成败的关键。

(二)要有"和而不同"的氛围

有了共同愿景并不代表着大家要消除差异,成为统一的形象。我们需要的是让每一个人的差异得以交响的共同体。正如交响乐团运用不同乐器演奏成一曲交响乐那样,要建立这种"和而不同"的共同体,真正使教师具有归属感,并最大限度地贡献出自己的智慧,而分享他人的智慧和情感无疑是一种重要的方式。

(三)要找准工作开展的切入点

选择突破口,明确制高点,有计划、有目的、有标准、有评验,才能让共同体不断向前推进。在工作中,我们既不要贪大求全,又不能一味守旧,既不搞形式主义,又不摆花架子。凡事既然做了就做实,既然做了就做成,既然做了就做好。对于发展共同体的负责人来讲,要提高执行力,加强监督力。对于发展共同体成员来讲,要增强自觉性,加强合作性。上下一气,众人拉船勇向前。

(四)要真正落实每一项工作

在解决问题中,我们要突出重点、抓住关键、扎实肯干,一步一个环节去抓。当前,在新课改推进中,课堂的改革还是最重要的,教研课题的研究与探讨,就要把课堂的研究作为重点。目前,各科室一定要扶植发展共同体工作,服务发展共同体,对发展中的发展共同体工作要更加关注,并加以指导,给予支持。

经过近两年的发展,我们的教师发展共同体逐渐走向成熟,成为新教师们锻炼教学能力、提高教学本领的熔炉,成长了一批教师,也成就了一批教师。做教育是最苦的事,但同时也是最光荣的事,做教育需要有良知,有了良知,才有积极的热情,才有切实的行动!有了这样的平台,达到了这样的氛围,我们一定会继续闪烁智慧的光芒,展示精彩的人生风貌,做出无愧他人,先于他人,胜于他人的事业,成就我们的教育,成就我们的学校,同时成就我们自己和学生。

载 2011 年 10 月 18 日《城南学堂通讯》

山水情韵,美好无限

有一部蕴含着普遍思想价值,闪现着耀眼人性光芒的作品——电视剧《闯关东》,它体现的是山东人的自强和仁爱,体现的是山东精神,体现的是山东性情。一直以来,这种山东精神,让我心中充满着无比景仰与无限期待。今天,我们能够跨越千山万水,牵手山东济南而行,那是多么荣幸的事情。我们如愿以偿了!

此刻,我们来到泰山脚下,来到孔子旁边,儒家文化扑面而来。我们刚刚聆听了济南教育局领导的介绍,济南教育改革全面开花,从胜利走向胜利,教育文化标新立异。不管是规划学校发展、营造育人文化;还是领导课程教学,引领教师成长;甚至是优化内部管理,调适外部环境等等各个领域,这里都有值得我们学习借鉴、共同探讨的地方。

比如说"如何优化内部管理",其中有一个问题一直让我很困惑,那就是在现有的大背景下,我们该怎样调动教师的积极性和主动性。是怎样一个大背景呢?即实施绩效工资以后,管理机制发生了巨大的变化。再具体点怎么讲呢?就是在绩效工资上没有显著性差异,出现了教师干多的干少了,干好的干差了,有的索性不干了的现象。校长该怎样创新管理新机制,体现多劳多得,优绩优酬的分配原则,调动教师个体的内驱力,进一步促进学校可持续发展,走向更加均衡、优质的高地呢?诸如此类问题,我们都会遇到,但我不再孤独,因为从今而后在事业上我有了一位山东知己。

矗立在瓯江之畔的温州鹿城八所名校,各有特色,有幸与泰山脚下的济南八所名校结对子,也该是山围绕着水,水倒映着山,山水相依,相得益彰,无限美好啊!

载 2012 年 10 月 25 日《城南学堂通讯》

减负提质

　　1999 年中共中央、国务院《关于深化教育改革全面推进素质教育的决定》明确指出："减轻中小学生课业负担，已成为推进素质教育中刻不容缓的问题，要切实认真加以解决。"十年之后，2010 年中共中央、国务院《国家中长期教育改革和发展规划纲要（2010—2020 年）》明确指出："过重的课业负担严重损害儿童少年身心健康。减轻学生课业负担是全社会的共同责任，政府、学校、家庭、社会必须共同努力，标本兼治，综合治理。把减负落实到中小学教育全过程，促进学生生动活泼学习、健康快乐成长。率先实现小学生减负。"事实证明，加重课业负担并没有培养出高素质的学生，学业负担过重损害了学生的身心健康，过重的课业负担使学生厌倦学习并扼杀学生的创造性。

减负提质,理念先行

一、关于"减负"

每个学期开学初,浙江省教育厅都要召开一次全省的"减负提质"视频专题会议,这个学期也不例外。与此同时,浙江省教育厅也要下发关于"减负提质"的相关文件。这么多年来,上级教育行政部门开了那么多的会议,发了那么多的文件,三申五令,但"减负提质"工作落实效果并不明显。为什么?减负是一个复杂的社会问题,需要教育部门努力,更有赖于社会各界尤其是家长的配合。在减轻学生作业负担的同时,更加要注重疏解孩子的心理压力,尽量不让孩子将学习当成负担,感觉完全被迫学习,最终导致对学习失去兴趣。总之,我想表达两层意思:减负要社会(家长)配合;减负要疏解孩子心理压力。

如何理解减负需要社会(家长)配合?教育部门加大力度规范中小学办学行为,学校培训班、提高班停了,校外补习班却火了。学校为减轻学生负担,对上课时间与作业量都有明确规定,而家长看到孩子用于学习的时间少了,心里就不踏实,仍不停地给孩子报名参加各式辅导班。我们的教育面临校内与校外矛盾,学校与家庭矛盾,我们不能不正视,我们的教育需要合作。

至于说疏解学生学习的心理压力,我认为是减负的根本所在,疏压比少做几道数学题要重要得多,是必需的。但是给心理减压是要讲究方法的,是一个复杂的工程。

下面,我想跟大家聊一聊关于我们教师的"压力"和"高度",或许没有直接指向"减负提质",但我们知道相关密切。

二、关于"压力"

我们先来看看我们自己所面临的困惑和压力。

今天,我们正处于社会转型期,经济体制深刻变革、社会结构深刻变动、利益格局深刻调整、思想观念深刻变化,身处这样一个时代,我们难免要面临困惑,面临压力。

有时,我们也许会困惑于生活的压力。我们是一群甘于平淡、乐于奉献的人。但是,在这个物质极大丰富的时代,我们同样面临着物质诱惑,同样承担着改善家庭生活的责任。一边是百舸争流、精彩纷呈的世界,一边是淡泊名利、潜心育人的职业需求。在事业和家庭之间,我们该如何权衡?

有时,我们也许会困惑于自我的发展。我们是一群默默耕耘、长期付出的人。年复一年,我们把学生的成长成才当作最大的成功和幸福,但无论是从个人角度,还是从职业角度看,我们都有自我发展的权利和需求。在促进学生成长和自我发展之间,我们该如何平衡?

有时,我们也许会困惑于社会的期待。我们是一群承载厚望、责任无限的人。在独生子女时代,孩子就是家庭的全部。"孩子就交给您了",一句嘱托,千钧重担。尽管只是"有限责任者",但现实中没有哪个教师会对家长的高期待掉以轻心。尽心了,还要尽心,尽力了,更要尽力,我们职责的边界在哪里?

一路走来,我们的思想一直纠结在事业和家庭、学生成长和自我发展、职责边界和良心本能之间,很多时候是想想不通想想通,天天难过天天过。压力山大!我们面临的这些困惑、这种压力,与学生学习的心理压力有没有关系?试问,你有没有闪过这样的念头,我们擦黑板的不如擦皮鞋的,为什么要干那么辛苦?这一次外出学习学校还是没有排到我,我吃进去的是草,挤出来的是牛奶,哪有那么多的牛奶呢?孩子在校园里跌了跤,家长要追究学校的责任,追究班主任的责任,那么按照这样推理,我到杭州出差,在马路上跌了一跤,要不要找杭州市长呢?从不同的角度看问题,折射出不同的理念,反映了不同的态度。我们的心情越好,学生的心情就越好;我们的态度越好,学生的态度就越好。你敢保证你绝对不会把情绪带到学校?所以说,我们的压力与学生的压力有没有关系?肯定有的,而且成正比例!我想谁也不会怀疑。

但是,因为我们没有更好的选择,在匆匆的人群中,我们还是一直坚守做一个平凡而普通的人!我们和所有的教师一样年复一年坚守三尺讲台,在平淡的工作中默默奉献。我们没有惊天动地的壮举,却在平凡中哺育学生,延续文明,成就伟大。

三、关于"高度"

技艺的高度决定事业的高度,唱歌唱到邓丽君那水准,自然成"大腕";选秀节目的小男生、小女生，网络吹起来的"红人"，人气足而技艺不足，闪闪光就完了。教育行当也是如此，我们的位置最终由技艺的高低决定。我们不妨盘点一下自己，最拿手、最得意、最要紧的那项技艺，到了什么高度？在全校排行榜上可以排多少位？然后我们就知道自己目前该呆在什么位置，以及未来怎样提高。这既是身份和行为的自我审视，更是精神和灵魂的自我求解。

我作为校长对谁都要保护，都要培养。十个手指有长短，但手掌手背都是肉啊。但是你们知道令我最难堪的是什么时候吗？一是一年级"分班"的时候，二是有人说你"不好"的时候。昨天，有一位低段的家长来电，第一句话就劈头盖脸而来："金校长，你的一位老师自我感觉真是太好了……"说话的语气，不屑一顾的态度，言下之意就是你们的师德很不好。我想家长未免夸大了点，但是我们不得不注意沟通的方式与方法，我们把家长当家长看，家长就会把我们当朋友看；我们把家长当朋友看，家长就会把我们当恩人待。因为，孩子是他的全部！

话讲回来，我们的技艺的核心是什么？爱心与德行，责任与智慧。

大爱无言！我们对学生的爱，不仅体现在生死瞬间，比如2012年5月8日佳木斯的张丽莉，2008年5月12日汶川的谭千秋，2005年3月31日金坛的殷雪梅等三位感人的英雄故事，而且更体现在日常的点滴，比如无差别地对待每一个学生是爱，"润物无声"的引导教育是爱，"疾风骤雨"的严格要求是爱，教好每一节课是爱，认真批改作业是爱。教师的每一个眼神，每一个动作，看似微不足道，却在不经意中践行着伟大的使命。爱无时不在、无处不在。教师因爱而高尚，学生因爱而绽放。我校会昌湖校区每一位学生进校时师生问候的情景就是最好的爱的教育。

大德无痕！教师不仅是知识技能的传授者，更是高尚德行的践行者。网络时代，日新月异的技术设备和传播手段正在让知识传授变得轻而易举，很多人怀疑电脑将来可以取代教师工作。然而，完整的育人，不仅是知识传授，更重在道德影响。任何兼备知识与德行的教师，都是社会进步、文明发展所不可或缺的"良心"。言传身教，以德教化，这是以生命影响生命的最佳路径。今天，不管时代如何变迁，价值如何多元，爱岗敬业、无私奉献、关爱学生，这些教师职业道德中最核心的内涵，不仅没有过时，反而散发出巨大的时代魅力。我校府学巷校区张艳云老师坐在轮椅上给学生上课的情景，时至今日还历历在目。

大责无疆！教师的职责不仅要教书，更要育人。育人是教育的本质，是教育的灵魂，也是教育的核心价值诉求。正因为教育对象是活生生的人，教师的工作才有了不同于其他任何职业的特殊性。关注每一个有差别的孩子，爱护每一个活生生的生命，因材施教，遵循规律，让每个学生都能有不一样的发展，都能有最大程度的进步，这是教师的天职，也是教师工作的意义所在。爱与责任，相得益彰。当一个教师触摸着自己的责任心，把真诚与智慧奉献给学生，爱才有生命力。每天放学后，我校城南校区像王珠凤老师从一年级到四年级做到每天把孩子送到校门口的，这种坚持就是高度的责任感。

大智无价！今天的教育环境是如此复杂，教育对象是如此多样，教育理念是如此多元，要做好今天的教师，不仅需要知识和能力，更需要行动的智慧。教育的真谛在于启迪智慧，只有有智慧的人才能为人师。今天，一个智慧型的教师要具备学习的智慧、处世的智慧、生活的智慧，而最核心的是育人的智慧。如果教师没有智慧，像生产产品一样培养学生，那是对人性多大的伤害？如果说传统教育的内核是知识，那么未来教育的视野应是智慧。因为你的智慧，任何难度的教育问题都能得到解决，所有类型的孩子都能学有所成；因为你的智慧，教育变得更加美好，师魂变得更加流光溢彩。期末，我们总能看到大部分班级中 85％的孩子的学业成绩能够达到 A 等水平。上学期末，我们毕业班的英语学科考核高出了全区毕业班英语成绩平均分好几分。这是什么在起着作用？育人的智慧！

开学至今，我们就是用爱心与德行、责任与智慧来点亮学生的心灯的，我们就是用我们的生命化育学生的生命的，用我们的灵魂感召学生的灵魂的。我们用心换心，学生压力何在？伟大源于平凡，而平凡最难坚守。但愿我们如同彩虹高悬天空！

四、关于"减负提质"要求落实的"六严格"、"五制度"

六严格：严格执行课程计划，开齐开足课程，不得随意增减课时，保障团队活动和社会实践活动的时间；严格控制学生作业量，小学一、二年级不得留书面家庭作业，其他年级学生平均水平书面家庭作业量每天控制在 1 小时以内，所有家庭作业，任课教师要做到"必收、必改、必议"，不得组织中小学生统一购买未经教育行政部门审定的教材以外的教辅材料等；严格控制补课，严禁在职教职工举办或参与学生有偿补习教学和管理；严格规范考试管理，小学只在每学期末进行一次全校或全年级的记录成绩的学科考试，不得公布学生考试成绩和排名；严格确保学生休息和锻炼时间，小学生在校上课时间不得超过 6 小时，确保每天至少 1 小时体育活动时间，保证小学生每天不少于 10 小时的睡眠时间；严格规范招生秩序，严禁义务教育学校组织任何形式的选拔性招生考试，制止义务教育阶段公办学校一切与入学相关的收费行为；严格下好三个功，即备课功（备教材、备学生），上课功（课堂教学有效性），辅导功（提倡二次备课）。

五制度：建立中小学生体质健康情况通报制度，建立加重学生课业负担责任追究制，建立课业负担征求意见制度，建立教学活动安排公示制度，建立家校联动制度。

载 2012 年 9 月 19 日《城南学堂通讯》

家校互动

苏霍姆林斯基多次指出："教育的效果取决于学校和家庭的教育影响的一致性。""不关心家长的教育修养，任何教学和教育任务都是不可能解决的。"家庭是孩子的第一所学校，也是其人生就读时间最长的一所学校。而父母应是孩子的第一位老师，也是最重要的启蒙教师。众所周知，家庭教育不是学校教育的简单重复，更不是学校教育的简单继续，而是与学校教育互为补充的一条重要途径。因此，家校互动对孩子的成长来说，显得尤为重要。2012 年 3 月，城南小学通过学校家委会相继成立了家长讲师团和"我为你开车门"家长服务团，这两项工作成了城南小学家校互动新现象。

让家长成为"教师"

家庭不是学校,但是一个好家庭胜过一所好学校。

家长不是教师,但是一个好家长胜过一个好老师。

一个孩子就是一个独特的世界。一个孩子的全程发展,离不开家校的教育合力;一个孩子的全面发展,更离不开家校的教育合力。家庭教育应该成为未来孩子教育的最重要组成部分,一所学校的家长是一个庞大的教育资源库,如果能够充分享用其中的资源财富,那么我们的教育就是立体化的、可持续性的。

温州市城南小学的家长多达 5000 位,他们是分布在各个领域的专家能手,或教育卫生的领导,或气象环保的专家,或消防城建的能手,或金融部队的精英……还有很多非教育系统的家长也很懂得如何开展教育。如果让这部分家长走进我们的学校并分享他们的智慧结晶,就是一次很好的教育,就是一件很幸福的事情。

于是,家长讲师团应运而生!

一、学校篇:让家长走进"城南学堂"

2012 年 3 月,由学校家委会号召,我们顺利成立了第一个学校家长讲师团,成员 77 位。从此,学校挂牌"温州市城南小学家长学堂","家长学堂"开启家长月学习例会,学习地点在学校一楼多功能教室。

3 月 26 日晚,"家长学堂"座无虚席,家长认真聆听温州市著名心理教育专家黄国胜老师的报告——"爱你的孩子"。黄老师为大家分析了爱的三种方式:一是主动爱,即无条件的爱;二是被动爱,也就是溺爱;三是有条件的爱。实际上,后两种是不正确的方式,都存在误区,会对孩子的成长造成不良影响。讲座长达一个半小时,但在场家长们仍然觉得意犹未尽,提出许多问题想同黄老师深入沟通。我们看到了家长间最为朴实与诚恳的交流。

4月19日晚，六年级（3）班学生刘榆的妈妈赵西乐登坛讲学。她与大家一起分享了"萨提亚心理学应用于儿童教育的奥秘"：学会与你的孩子"共情"。此次的第二场家长讲堂继续深化了这一"爱的话题"。家长赵西乐曾患焦虑、抑郁、失眠等症，一次，她意外发现萨提亚心理学中的很多知识，其实对于孩子的教育也颇有启发。譬如：最好的沟通方式是什么；莫做"贵族式遗弃"；九型的智慧；教练潜能开发问句……她从自身经历出发，与在座家长们一起分享教育智慧、成长经验。赵西乐家长动情动容的讲座赢得掌声阵阵，引得家长久久不愿离去。

5月23日下午，本学期第三场报告会走进学堂，报告人是六年级同学方娅的爸爸方文杰，报告对象是六年级的孩子们，报告主题是关于儿童消费安全——"我的消费谁做主？"方文杰家长教给孩子们三个好办法：一要掌握相关消费维权知识，特别是购买贵重物品时要索要发票或收据；二要学会与经营者交流沟通，可以找卖东西的店主说理解决问题，但要注意是说理而不是吵架；三要学会向老师家长求助，牢记工商维权投诉电话12315。报告之后，大南工商所副所长杨佳佳表示，今后如果有机会，可以邀请城南小学的孩子们开展消费体验活动，或者参加工商所组织的食品安全检测活动，让孩子们走出课堂，更加直观地接触消费领域，学习身边的常用消费知识，成长为"红盾小卫士"。

6月12日晚，六年级（4）班同学汤童羽的妈妈郑哲走进学堂，这次讲堂别开生面，丰富又有趣，主题为"水知道答案"。每一个人都需要被确定，每一个人都需要被赞美，好孩子是被暗示出来的，不是把你的能量给他，而是要点亮孩子的能量，所以不要吝啬你的赞美，尤其是对你的孩子！——这是郑哲的讲座给家长们带来的深刻启示。

回顾每一次"家长讲堂"，我们听到最多的是家长们说："这样的活动真好，学校以后要多多组织。""下一场会安排什么讲座？能提前告诉我吗？""如果参加的名额每班能多几个，就更好了！"……看来，"家长讲堂"这一新的形式，是受家长欢迎的，我们变原来的老师讲座为家长现身说法，由他们从自身的点点滴滴说起，也许正是这种"从群众中来，到群众中去"的做法，更具有说服力，使大家走得更近，家长朋友更喜欢听。

二、班级篇：让家长成为学堂助教

（一）对话——话出一片真情

为了便于老师、家长、学生间相互交流思想，沟通感情，我们学校的班级家委会给每个孩子准备一本"心语本"，在上面设计了三方面的内容："孩子的话"、"家长的话"、"老师的话"。这个栏目形成了师生对话、师长对话、亲子对话的相互沟通格局。

例如二年级(3)班的"心语本"："今天,我的美术作品被老师选上了,粘贴在展示栏里,真高兴!""我真想有一件蓝色雨衣!""我的同桌,你的病好些吗?真盼望你早点回来!""爸爸一生气就骂我"……孩子们在"孩子的话"栏目里畅所欲言,发表自己的想法、愿望、心情等,说出了平时想说而不敢说的话。老师、家长也可以从中了解到学生内心真实的需求。那位想要一件蓝色雨衣的孩子,第二天由于他的出色表现,得到了我的奖励——蓝色雨衣,当时他是相当惊喜的,从而更加努力了。当然生气的爸爸,脾气也好多了!

"老师的话",如:"你学会了控制自己的情绪,更有绅士风度了。""真没想到,你玩魔方玩得这么拽!""祝贺您,您的孩子在学校艺术节书法比赛荣获一等奖!""您好!秋风起,天气干燥,今天您的孩子流鼻血,请你及时给孩子喝些凉茶,降降火润润喉。切切!"老师的一句句话就是孩子们身上的一个个闪光点,是孩子们前进的动力,同时及时地给家长传递了最新信息,使他们在家教中有的放矢。

"家长的话",如:"宝贝,你真棒,会照顾妈妈了。""你的故事讲得太生动了,爸爸都感动了!""昨晚孩子一直咳嗽,请老师多多关照,谢谢!"……通过这一栏目,老师了解到孩子在家的表现,孩子也从中得知父母对自己的肯定以及要求。对于有些不善于口头表达的家长,或者有的话很难当面和老师说的时候,那就可以直接留言和老师取得联系。

一位哲人说过:"掌握了沟通,你就掌握了世界。""心语本"成为家长欢迎、教师喜欢、孩子受益的方式,成为教师、家长和学生之间沟通心灵的桥梁和纽带,成为促进学生身心健康的重要媒介。教师与家长作为儿童成长的"起航者",两者之间的沟通更显得尤为重要。

(二)共读——读出一份责任

在三年级(6)班的家长会上,家长们共读绘本《我们还能拥有孩子多少年》。当一幅幅似曾相识的画面与一行行直抵人心的文字,呈现在家长面前时,家长们个个脸色凝重,若有所思。会后,家长们让我把这个"绘本"上传班级 QQ 共享,说让家中的那一位看看。第二天,一个连节假日都全托在托管班的孩子,把他爸爸开完家长会当天去托管写给他的纸条拿给我看。"孩子,老师在家长会上表扬你了,爸爸为你而感到骄傲。爸爸将与你一起学习……"这位父亲说到做到,"六一"儿童节,班级去平阳一鸣工业园进行亲子活动,他们夫妻双双竟然百忙中抽空陪孩子参加了活动。我想,这就是"共读绘本"的力量吧,有了"共读绘本"这座强有力的桥梁,与家长的沟通变得不再只是枯燥的说理,而是在家长心田播撒下一粒责任的种子,生根、发芽、开花,让家校互动变得美丽而又幸福!

（三）助教——教出一个转变

三年级(7)班开展了多次家长助教活动,请了陆馨雨家长来做关于保护眼睛的讲座;请了叶谊辰家长来做关于戏剧知识的讲座等,记忆最深刻的便是这个学期戴飞羽妈妈做的"小小理财师"的讲座了。

戴飞羽是个很聪明的孩子,但是无论做什么事情都是敷衍了事。于是,班主任瞿老师请这个孩子的妈妈来做一次讲座。班队课那天,戴飞羽妈妈早早来到教室,孩子们都热情地跟她打招呼:"阿姨好!""飞羽妈妈好!"有孩子发现了飞羽妈妈胸前的"金牌理财师"称号,情不自禁地赞叹道:"飞羽,你妈妈是金牌理财师,太厉害了!"课堂上,飞羽妈妈教孩子们学会了认识欧元、日元等货币;教孩子们学会了辨别真假币;教孩子们学会储蓄;告诉了孩子们储蓄利息等知识。孩子们两眼睁得大大的,小手举得高高的,别提多认真了。戴飞羽更是每一个问题都抢着回答。看着女儿的表现,飞羽妈妈满意地不住点头。要发礼物了,飞羽妈妈给每个认真的孩子发礼物,当发现礼物不够的时候,飞羽大方地把礼物让给了同桌。

下课后,戴飞羽妈妈和班主任说:"老师,我女儿发言的声音太轻了,希望你多多叫她发言,让她更大胆些。"下课后,很多孩子围绕着飞羽说:你妈妈真厉害! 你妈妈是金牌理财师哦! 你妈妈知道的真多哦!

自那以后,飞羽也认真了很多,认真上好每一节课,认真写好每一个字,认真写好每一篇作文,每当这时,瞿老师就会表扬她:"你和妈妈一样棒。"飞羽便露出甜甜的笑容!

当前,家庭教育与学校教育形成了两张皮,也因此有人说"5＋2＝0",可见教育效果的低下。学校搭建"家长学堂"和"班级助教"的平台,从某种意义上来讲,是让家长成为真正的教育者,这既是权利也是义务,更是荣耀,让另一部分家长接受教育,分享他人的专业、智慧、成功与喜悦。这样的平台融合了家庭与学校之间的教育,加强了家校的了解,增进了家校的情谊,形成家校教育的合力,最终的赢家是我们的孩子。这是多么神圣的事情!

载 2012 年 6 月《温州教育》

"我为你开车门"

"家长讲师团"已经形成学期化、定期化、长期化,并且做成一个既有较高理论生成前景,又有具体案例指导意义,同时还能充分扩大学校教育社会影响力的团队。"家长讲师团",是城南小学"以人为本"教育理念的实体形式,她象征着城南小学教育改革正在向纵深发展。继"家长讲师团"之后,学校"我为你开车门"家长志愿者团队成立。

一、缘起

由于学校地处闹市居民区,周边道路狭窄且车辆众多。每天早晨,校门口堵成一锅粥:家长开车送孩子上学,老师开车子来上班,车来车往,老师急得慌,学生跑得慌,家长上班慌里慌张。怎么办?

今年3月12日,百里路小学开展"我为你开车门"活动,校门口的拥堵现象消失了。该校的主要做法是:组织家长志愿者组成交通疏导队伍,每天早晨维护校门口行车秩序,在校门口为送孩子上学的家长开车门,帮助背书包或雨天打伞,让孩子以最快速度下车进校。从车子停稳到学生下车,整个过程不到5秒钟。路没有变宽,车没有减少,但校门口的拥堵现象消失了。上学期,该校400位家长志愿者每天轮值,让学校从堵点变成通衢。兄弟学校的样板,我们可借鉴。

二、行动

(一)拥堵成因分析

学校附近居民轿车停放占道;学校周边小巷多、小桥多,交通状况复杂;家长接送车辆多且秩序混乱；出于安全考虑，不少家长坚持开车把孩子送到校门口。

（二）周边出入现状

学校周边共有 6 个出入口，其中 3 个是主要通道，也是主要拥堵通道口。A 入口位于亦美大厦住宅区西侧，花柳塘河的南侧，学校食堂偏北侧。此小巷非常窄，最窄处仅容一辆小车通过；B 入口位于花柳塘河上，与学校北门右侧相对接。此处车流量大，进出秩序混乱，很容易拥堵；C 入口位于东信大厦边花柳塘河上，距离学校西大门五十米，是车辆进出学校和周边居民最主要的交通要道。

（三）宣传招募队员

学校家委会向全体家长发放了一封《请您报名参与"为你开车门"活动》的公开信，并相继召开了学校家委会、各班级家委会、全体家长等三个会议，贯彻落实相关工作任务。而后，紧接着成立了由 312 名家长组成的"我为你开车门"家长志愿者团队。

（四）正式上岗服务

家长志愿者成员每天早上 7:30 准时到岗，8:00 离岗，带上红袖套，在三个路口安排一至三名志愿者进行疏导、接送工作，即劝阻家长接送车辆驶入，请他们在入口处即停即走；为孩子开车门，帮助孩子拿出书包背好（雨天协助打伞），让孩子以最快速度下车，其中一位志愿者负责护送年龄较小的孩子进校门。

三、成效

开展"为你开车门"活动以来，校门口拥堵明显改善，学生的安全得到保证，学生、家长都松了口气。学校和家庭形成一个和谐统一的教育环境，有机地融和了教育力量。自愿者家长的合作意识、奉献精神，给自己的孩子和其他的孩子树立了榜样，这种教育是有形的，也是无形的，这种力量会潜移默化到学生心灵深处。活动效果立竿见影，校方、学生和家长都比较满意。

载 2012 年 9 月《城南学堂通讯》

幼小衔接

　　孩子从幼儿园毕业了,怎样才能顺利过渡到小学学习? 许多人简单地认为提前学些小学的知识,就可以减轻入学的压力,就是为入小学做好准备。其实,幼儿园和小学是两种不同类型的教育机构。它们对孩子的学习、生活、行为等许多方面的要求是完全不同的。如何让孩子平稳过渡,是幼儿在其发展过程中所面临的一个重大的转折期,如果处理得不好,就会对幼儿日后的发展带来不利的影响。这个问题是大部分家长所面临的,也是小学校长必须思考的。

幼小衔接，我们家长该做什么

幼小衔接，我认为家长要解决以下三个问题。

一、什么是幼小衔接

幼小衔接是指幼儿教育与小学教育的衔接，是幼儿园教育向小学教育延伸的一个重要的过渡期，也是幼儿在其发展过程中所面临的一个重大的转折期。

二、为什么要重视幼小衔接

幼小衔接问题是长期被教育工作者和家长所关注却一直没有得到很好解决的难题。处于幼儿园与小学阶段的儿童具有不尽相同的身心发展特征，衔接工作做得如何，直接影响儿童入学后的适应和今后的健康成长。

三、在幼小衔接中，我们家长要做些什么

（一）幼儿园与小学有什么不一样

通过城南小学一年级学生在校功课表与温州市第一幼儿园大班孩子在园功课表的比较，得出：学生学习内容、学习方式、学习时间、学习评价不一样，学生活动时间安排与生活方式也不一样了。

时间安排不一样：幼儿上学有规定但也有有弹性，可机动，孩子迟点到园也没事；小学上学有规定，但是经常迟点到那就不行了，不仅影响自己的学习，也会影响他人的学习，学校有规定，弹性小。

学习内容不一样：幼儿一天的课堂学习内容安排只有三次；小学一年级一天的

课堂学习活动就有六次,而且内容不仅表现在课程多,容量大,难度也增加了不少。

学习方式不一样:幼儿的学习比较直观,"说说、画画、唱唱、跳跳",以"玩"为主;小学的学习在此基础上,更多是在"自主、合作和探究"中进行体验,需要感悟,以"习"为主。

学习评价不一样:幼儿园期末对幼儿的学业评估没有量化,也比较简单;小学开始,对学生的学业评价有期中单元评估和期末终结性评估,尽管采用的是等级制,但是等级还得从量化中来,开始用分数来衡量学业成绩了。

生活安排不一样:幼儿园有明确安排户外团队活动、喝水吃点心、大小便以及睡觉的时间;在小学生的功课表里,没有刻意安排这些内容,午睡没有了,点心没有了,大小便要在课间进行了。

那么多的"不一样",是因为我们的孩子在长大中,我们对他的要求也随之不一样了。也只有这样,我们的孩子才能在不同的成长时期收获不同的喜悦。

(二)我们家长该怎么办?

1.心理上的准备

(1)对入学的向往

参观校园:校园大了,教室大了,操场大了,学习生活空间变大了;查看网站,了解学校,了解老师,了解学生,了解荣誉,了解学校的过去、现在和未来,了解学校的人文历史,让孩子尽快地树立对能上某所小学的自豪感。同时要分析孩子自我的兴趣爱好和个性特长,做到实事求是,知己知彼,让孩子拥有一种良好的入学心态,激发对学校入学的向往度。

(2)对交友的向往

让孩子向往学校,喜欢学校,还有一个关键的因素就是在学校里有好朋友,有志趣相投、互帮互助的朋友在一起学习活动那是多么快乐的事情,这种快乐在学校中无限生成,学校势必会成为孩子的精神家园!一旦有了这种感情的依托,有朝一日,不让孩子来学校也难了。这里的好朋友既包括老师也包括同学。

这是发生在我校的一个故事。我们有一个插班女生,在校半年后还出现因为"没有同学跟我玩,同学都不喜欢我"而屡屡逃学。经校方多次协调,仍然没有效果,最后只能转回原来的学校。因此,父母让孩子尽快地适应新的集体,这对他们学习兴趣、良好性格的形成都十分有益。反之,一个不会交朋友的孩子,当他越来越大,尤其是自我意识越来越强时,由于缺乏周围人群的喜欢和认可,在各个方面都会产生很大的挫折感,易导致自卑、孤独,甚至自闭,严重扭曲孩子的人格,影响他以后的学习和生活。

交朋友,看似一件自然而然的小事,实则需要不断地培养和锻炼,那么有哪些方法可以借鉴呢?

①培养自信心

首先，在日常的学习和生活中，要多鼓励孩子，并且培养孩子自己的兴趣爱好，让他从内心深处感到自信。

目前，很多家长带孩子参加学前培训班，其实对培训内容的选择，是有窍门的。我的理念是：家长要做到了解孩子的特点，取长补短。孩子的性格比较内向，学习书法、美术、器乐等就是优势；孩子性格外向，学习主持、表演就比较事半功倍。成功的教育是发现孩子的天赋！

②家长要示范

现在的孩子多是独生子女，普遍存在同伴交往缺失倾向，通过大人示范，才能让他们对'交朋友'有一个感性认识。尤其害羞、内向的小孩，父母的表率作用更重要，如果父母不愿交往，孩子就更差了。家长自身要积极参加社交活动，乐于和别人交往，孩子才能在耳濡目染中，对如何交朋友有一个感性认识。而且，要让他懂得朋友是互助的，家长可以通过移情训练，让孩子学会站在他人的立场上看问题。

记得有这样一件事情，我一同事的老公性格比较内向，夫妻俩对儿子期望很高，希望孩子在各方面表现得主动积极。但孩子的性格有点像父亲，比较内向，很多时候，不愿抛头露面。孩子读中班(5岁)的时候，一次，一家人在肯德基就餐，遇上一位孩子庆祝生日，肯德基员工组织所有就餐的孩子在餐厅外跳舞。同事希望孩子也能参与，一是锻炼胆量，二是结识新朋友，可是孩子无论如何也不肯。这位母亲生气了！这时候，肯德基姐姐说：小朋友，和爸爸妈妈一起跳舞吧。同事学过舞蹈，又是老师，扭动身体，像模像样。孩子似乎有点心动了，可看看父亲，一脸严肃的样子，又胆怯了。机会来了，同事对老公说：只要你上去，孩子一定能上去。父亲最终上去了，面对人民路上来来往往的行人，笨拙的舞姿引来周围人的哈哈大笑。但孩子父亲从不好意思到后来豁出去，都是为了孩子。因此，你想孩子做的，你自己先做到。言传再多也比不上一次身教。

③会玩游戏

学几种比较特殊的本领。如孩子们经常玩的游戏，有心的家长可以指导孩子怎样玩得更好，让他优于其他小朋友。这样，在游戏中，他就会成为孩子里的"焦点"，身边会聚一些人气，不仅能增强自信，交往能力也会有所提升。

我一同事的孩子很内向，与人交往的能力很弱。第一天上学，同事也很紧张，担心孩子到学校能否交到好朋友，能否开心，孩子入学母担忧啊。她想了一个好办法，让孩子准备一个旧鞋盒，将自己七成新的小玩具装在里面，带到班级里去，并告诉他下课的时候，你只要拿出这些东西摆在桌子上，好朋友自然会来的。第一天回家的时候，他告诉我，谁主动向他借玩具，他叫什么名字。看来他一下成了同学们的焦点，也迅速交到了好朋友。

④注意事项

在学校里,孩子之间闹矛盾有摩擦,家长比较心疼自己的孩子都能够理解,但处理问题切忌以暴治暴,去要求老师严惩欺负自己孩子的学生,而是应该和老师保持密切沟通,了解事情的前因后果,本着实事求是、教育培养孩子的态度来解决问题。

2.学习上的准备

现在开始,不少准一年级学生被妈妈送进幼小衔接班,提前学习语数外。于是家长就在暑假里不断督促孩子,不断地让他学习,但是孩子这样的年龄更多时候应该是享受快乐的时候,在父母的不断施加压力下,孩子对还没有去过的小学产生了恐惧感。这样一来,我们会得不偿失。

当孩子第一次背上书包去上学时,他是多么兴奋啊。可是用不了多长时间,许多孩子就开始陷入痛苦。作业像山一样压在他们身上,分数像河一样挡在他们面前。尤其当他看到别的同学考了好成绩,而自己的成绩却不理想,或者即使成绩还不错,仍然没达到家长期望的高度时,就会感到沮丧和不自信。

与此同时,很多第一次把孩子送进小学的家长,在这关键的时刻,并不是通过向书本学习或向他人学习,知道作为家长如何帮助孩子更好地适应新生活,在学习上形成自信和好习惯,而是被动地等待着结果,看自己的孩子是"学习好"的还是"学习差"的。也有家长自以为是地瞎指导孩子,要求孩子考100分,以为那就叫教育孩子。这些家长共有的表现就是单纯地向孩子要成绩。

关于认知,专家认为在幼儿园学习拼音和写字练习总体来说不适宜。因为学拼音从心理过程角度说比学习汉字要难得多,所以在大班可以玩一些拆音和合音的游戏,为学习拼音做准备,而不是直接学拼音。幼儿上小学以后有足够的时间学习拼音。书写应局限在写数字、写自己的名字或写比较简单的字,而且字要大,不能让幼儿写得多,因为幼儿的小肌肉还没有发展好。如果在家里客厅卧室布置一些字,只要不是小学化学习(学习内容和教学方法),还是可以的。如果要学习算术,在20以内的加减学习,也是允许的。特别要关注学习的趣味,失去了趣味就失去了动力,失去了动力就失去了成效。专家建议家长还是要重视对孩子习惯的培养。

(1)倾听习惯

幼儿园上课可以分组活动,每组只有10几个孩子,教师的指令孩子比较容易听清楚。小学的课堂40多个人,每一个人都有一张桌子,后排的孩子离教师较远,若没有良好的倾听习惯,课堂中的对话互动、任务完成就会大打折扣。长此以往,会影响成绩。

(2)作业习惯

有这样一个家教故事,比较具有代表性,值得我们一读。

在刚上学的一段时间里,孩子对写作业感到很新鲜,回家第一件事就是要写作业,那神情就像对待刚买回来的一个洋娃娃似的。时间稍长,她就失去新鲜感了。

回家就先吃东西、玩耍、看电视，一直磨蹭着不去写作业。当父母发现这样的情况已经有好几天，往后写作业她也都要提醒了才去做。孩子母亲和父亲达成默契，不再提醒，而且装作完全忘掉写作业这回事，只忙活自己的事情，每天任凭她玩够了再去写作业。

很快，孩子就把自己搞乱了。有一天回家后，她一直没写作业。先看动画片，饭后玩了一会儿玩具，然后又看书，又看会儿电视。到了已经洗脸刷牙，躺床上要睡觉时，她才想起今天忘了写作业，急得哭起来。她母亲和她父亲其实早就着急了，但他们一直装着没注意她的作业问题。这时父母才做出和她一样着急的神情，说：是吗，你今天没写作业啊？

父母说这话时，只是表示了微微的惊讶，没有一点责怪的意思——这个时候千万不要责怪啊，她哭，就说明她已经知道自己把事情做坏了。家长如果再带着抱怨和批评的口气说"你怎么能忘记写作业呢，现在着急了吧"，孩子就能从中听出"你真不像话"、"活该"的意味，她就会忘记自责，开始对抗家长的批评。父母亲亲她的小脸蛋，语气平和而友好地对她说，宝贝不要哭了，谁都会有忘记什么事情的时候。我们现在想想怎么办吧。听父母这样说，孩子停止了哭泣。父母这样理解她，可能给了她很大安慰，她情绪平静了不少。

她父亲心里早就着急了，这时不由自主地说，那就晚睡一会儿，赶快写吧。看得出孩子当时已困了，她听父亲这样说，有些不情愿，表现出发愁的样子。

家长一着急就会替孩子做决定，这是错误的。人的天性是愿意遵从自己的思想，排斥来自他人的命令。所以在培养孩子的过程中，为了形成儿童的自觉意识，也为了让他更好地执行决定，应该尽量让孩子自己去思考和选择。哪怕是相同的决定，如果它不是来自家长的指令，而是来自儿童自己的意愿，他会更愿意去执行。

这时，孩子母亲说，你愿意今天写，就晚睡一会儿，今天去写；要是想明天早上写，妈妈就提前一小时过来叫你；如果早上也不想写，明天就去学校和老师说一下今天的作业忘了写了，这一次就不写了。

孩子当时面临的不外乎这几种选择。她想了一下，知道最后一种选择不合适，立即否定了。我敢肯定刚上小学的孩子，如果他以前不曾遭遇学前班或幼儿园布置作业的困惑，如果他的自尊心不曾受到损害，他是不会同意不写作业的。每个学龄儿童心中都有对作业的责任意识；还有自尊和对老师批评的惧怕，这些让他不会随便放弃作业。

孩子当时虽然想睡觉，但可能是她觉得不写完心里总有个事，不舒服，就说要现在写。父母支持说好，那就现在写吧。她无可奈何地下床，从书包中掏出书本，说不想在自己的小屋写，要到客厅写，可能是觉得小屋容易勾起睡觉的愿望吧。父母再也没说什么，只给她找个小凳，让她到茶几上写，他们就各自干各自的事去了。

平时她睡得早，都是父母亲送她进房间的。等到父母亲洗漱完毕并要睡觉时，孩子的作业才完成一半呢。这时,孩子有些嫉妒地说,为什么你们大人就没有作业,就是小孩有作业!这两位明智的父母说我们其实也有作业,爸爸要画那么多图纸,妈妈要写那么多文章,这都是我们的作业,也必须要按时完成,并说我们可不愿意没作业,没作业就下岗了。写作业的道理小孩子自己其实也明白,就不用给她讲了。有趣的是,这父母亲亲亲她的小脸蛋,像平时一样愉快地跟她打过招呼,就回自己房间了,留下她一人在客厅写作业。

当然,他们假装关灯睡了,静静地听着她的动静。孩子大约又写了十几分钟,自己收拾书包去睡了,他们这才把悬着的心放下。第二天父母也没提这事,就当什么也没发生过。

在这里我想提醒家长们,对于孩子偶尔所犯的小过失不要大惊小怪,内心一定要坚定一个想法:它只是个"小事",不是个"错事",孩子的成长需要经历这些"小事",它们甚至比做功课还重要。所以,只要鼓励孩子改正就可以了,不要责怪,也不要经常提起,不要让孩子有内疚感和负罪感,否则的话它真能固定成孩子一个难以改正的缺点。

接下来几天,孩子一回家早早就把作业写完了,父母亲心里很高兴,但没有很夸张地表扬她,只是淡淡地告诉她每天都这样做是个好习惯,应该保持,表情中流露出对她的满意。

(3)阅读习惯

据研究表明,从小会阅读的人,长大后成才的概率大很多,所以从小要养成孩子阅读的习惯。儿童阶段的阅读大多是童话和小说,孩子只要喜欢读,说明他已被书中的故事吸引,他和书中人物一起经历过种种事件,并最后一起迎来一个结局,这本书就在孩子的生命中留下了痕迹。具体内容根本不需要孩子专门去记忆,即使他把三个月前读的一本小说的主人公名字都忘记了,也不能说他白读了。

至于背诵作品中一些"文字优美的段落",更是和学习语言没有必然的联系。如果段落真优美得打动了孩子,他自然会去模仿和记忆;如果"优美段落"是家长选定的,孩子不一定承认它优美,这样的背诵就没什么意义。阅读是一种润物无声的影响,在语言上也是这样。背会别人的段落不等于自己就能写出这样的段落,语言学习最重要的是形成自己的语言组织能力和风格,与其背诵一段孩子并不喜欢的文字,不如让他用这个时间多读一本书。

俗话说"内行看门道,外行看热闹"。中小学阶段的课外阅读差不多都属于"外行"阶段,孩子能看"热闹"就已很好,不经历这个阶段,也难以达到内行的阶段。家长和教师最好不要急于让孩子读了一本书就看到这个意义,体会出那个感想,记住多少东西。你对孩子看电视、玩游戏怀有怎样无功利的心态,就应该对他的阅读给出怎样无功利的言行。

阅读的功能在于"熏陶"而不是"搬运"。眼前可能看不出什么,但只要他读得足够多，丰厚底蕴迟早会在孩子身上显现出来。

事实是，家长越少对儿童提出不适当的记忆与背诵要求，儿童通过阅读掌握的知识越多。苏霍姆林斯基对此有深入研究，他发现，"人所掌握的知识的数量也取决于脑力劳动的情感色彩：如果跟书籍的精神交往对人是一种乐趣，并不以识记为目的，那么大量事物、真理和规律性就很容易进入他的意识"。

有位家长说他的孩子整天都在读书，他给孩子的钱，孩子大多用来买书了，一套几十本，没几天就读完了，可他孩子的作文水平却很差，不知是怎么回事。

我问他孩子都读些什么书，他说基本上都是漫画书。这就难怪了。让我们记住一句话：好阅读读字，坏阅读读图。

看漫画不叫读书，漫画不是书，漫画只是以书的形式出现的电视。你说你的孩子一直在"读书"，其实他一直在"看电视"。

当下社会正处于一个"读图"时代。所谓"读图"就是看漫画、电视或电脑等，是以图像为主的接受信息方式。读图时代的到来对传统的阅读形成冲击，一个 60 年代出生的孩子，从小生活在信息匮乏的环境中，到上了中学后偶然遇到一本书，他会如获至宝地去阅读，他阅读的兴趣可能就此建立。但一个 90 年代出生的孩子，从一出生就被各种信息刺激包围，如果他童年的大部分时间是在电视前度过，他对图像就会更感兴趣，图像占据了他的输入渠道。建立阅读文字兴趣的最好时光错过了，以后就很难对阅读产生兴趣。

现在患"电视痴迷症"的孩子太多了，这和家长的一些观念有关。一些家长虽然也希望孩子长大后是个爱读书的人，但并不在意儿童的早期阅读，把孩子的早期阅读看得可有可无。有的认为电视里也有知识，让小孩子多看电视也能长知识；有的认为孩子没识多少字之前，先看电视，等识字多了再读书；还有的认为孩子就应该活得自由自在的，只要写完了作业，他想干什么就去干什么。他们不知道这是在错失良机，这种想法让孩子与一个好习惯失之交臂，而且这种损失多半会影响一生。

"读图"取代不了"读字"的作用，"读字"之所以优于"读图"，是因为文字是一种抽象的语言符号，可以刺激儿童语言中枢的发展，并且这种符号与儿童将来学习中使用的符号是一回事，他们在阅读中接触得多了，到课程学习中对这种符号的使用就熟练而自如，这就是"读字"可以让一个孩子变得聪明的简单陈述。而漫画、电视和电脑都是以图像来吸引人的，尤其电视，这种刺激信号不需要任何转换和互动，孩子只需要坐在电视前被动接受即可。看电视当然也可以让孩子多知道一些事，但它的"读图"方式和被动接受性相对于阅读来说，在智力启蒙方面的作用微乎其微。学龄前儿童如果把许多时间都消磨在电视前，他的智力启蒙就会受到损害。从进入小学开始，他的学习能力就会低于那些经常读书的孩子。

（4）写字习惯

有研究表明，正确的握笔姿势能影响孩子的书写速度和美观。有人曾经做过一个实验:把一篇得高分的作文重新让 10 个书写水平不相同的孩子抄写一遍,又拿给教师改,发现成绩可以相差 10 分。所以,在幼儿园阶段,我们不在意孩子会写多少数量的生字,而是要关注孩子的握笔姿势。

3.物质上的准备

(1)学习用品的准备

铅笔要求。在家刨好铅笔来校,不带卷笔刀到校。因为孩子在校刨铅笔后很少会及时去洗手,容易满手沾满铅,黑乎乎的。

橡皮要求。买绘图用的较软的黄黄的那种,虽然不好看但孩子能擦得干净,不要买那种五颜六色、奇形怪状的。铅笔盒不要太花哨,越简单越好,以免成了孩子们上课时的玩具。

书包要求。不要太大,养成经常整理书包的习惯,把没用到的及时整理出来,减轻孩子的书包重量。建议不买拉杆书包,因为无法放进抽屉也无法放在椅子上,只能放在地上,书包很容易弄脏,也不利于孩子通行,孩子们有时会因此被绊倒。

(2)生活用品的准备

饮水用品要求。准备好一只水杯,水杯不要玻璃的,最好是密封性好一点的,免得孩子水没倒干净,弄得满桌或满书包是水。

卫生用品要求。准备一包纸巾,饭后擦嘴巴、擦桌子都有需要。特别是孩子大便的时候不会因没有纸巾而着急。

温馨提示:在学习、生活用品上贴上名字或标志。因为有时一天课下来,班级中就能捡到许多学习用品,又无人认领。家长会埋怨孩子总是丢笔,有时回家时铅笔已是一支不剩。有时孩子又会因认为别人拿了他的铅笔而闹矛盾。外衣尽量在内衬处做标记,写上班级姓名,以防体育课孩子将衣服遗忘在操场,丢失后无法找到。

(3)家里的物质准备

一个小闹钟,规定好起床、上学、睡觉等时间,养成作息规律;一个护眼灯,让孩子看书、学习用;一个录音机,听英语磁带用。

温馨提示:

睡前 5 分钟,看功课表整理课本和学习用具,准备好明天要穿的衣物。

教孩子看功课表,学会听各种铃声(如预备铃、上课铃、眼保健操铃等),并通过儿歌来提醒和督促。如上课铃响了,小朋友们就开始齐背儿歌"上课铃声响,快快进课堂,书本放整齐,坐正看前方。"

四、结尾的话

(一)教育要学会开放

1 月 21 日,大寒,这是日本一年当中最冷的一天! 这群孩子来自东京一所幼儿园，他们赤裸着上身，只是为了进行跑步测试。新闻中写道："这群孩子平时为了锻炼身体，大冬天也是每天打赤膊跑步。孩子们的脸一个个冻得通红通红的。教导有方，孩子们连擦汗的动作都是统一的。"

民族和民族的较量，往往是母亲和母亲们的较量。我们面对这样的事实，我们会产生怎样的念头呢？让我们做家长的在心里做好一切准备：孩子不感冒怎么长大？不经风雨，怎么见彩虹？我们的手该牵则牵，该放则放。

（二）教育要学会倾听

这是有名的管理案例"霍桑效应"。美国芝加哥郊外的霍桑工厂是一个制造电话交换机的工厂，有较完善的娱乐设施、医疗制度和养老金制度等，但工人们仍然愤愤不平，生产状况很不理想。后来，心理学专家专门对其进行了一项试验，即用两年时间，专家找工人个别谈话两万余人次，规定在谈话过程中，要耐心倾听工人对厂方的各种意见和不满。这一谈话试验收到了意想不到的结果：霍桑工厂的产值大幅度提高。

孩子在学习、成长的过程中难免有困惑或者不满，但又不能充分地表达出来。作为父母，要尽量挤出时间与孩子谈心，并且在谈的过程中，要耐心地引导孩子尽情地说，说出自己生活、学习中的困惑，说出自己对家长、学校、老师、同学等的不满。

孩子在"说"过之后，会有一种发泄式的满足，他们会感到轻松、舒畅。如此，他们在学习中就会更加努力，生活中就会更加自信！

（三）教育要学会自律

2007 年，日本人三浦展发表了一份教育调查报告：《阶层是会遗传的：不要让你的孩子跌入"下流社会"》。

1.孩子的成绩与父亲的阅读量成正比。

2.成绩好的孩子，母亲比较有条理又有趣。……有条理却也有趣的母亲，比较能养育出成绩好的孩子来。

3.成绩好的孩子，妈妈通常是有计划且动作利落的人。

4.父亲越认真、越有条理、越有礼貌，孩子成绩就越好。

5.成绩不理想的孩子，饮食状况也比较混乱。……成绩越差的孩子，越依赖便利店的食物。

（四）教育要学会创造

一位母亲与她的家长会会给我们很多启发。第一次参加家长会，幼儿园的老师说："你的儿子有多动症，在板凳上连三分钟都坐不了，你最好带他去医院看一看。"回家的路上，儿子问她老师都说了些什么，她鼻子一酸，差点流下泪来。因为全班30位小朋友，唯有他表现最差；唯有对他，老师表现出不屑。然而，妈妈表现出超人的智慧，她告诉儿子："老师表扬你了，说宝宝原来在板凳上坐不了一分钟，现在能坐三分钟了。其他的妈妈都非常羡慕我这位妈妈，因为全班只有宝宝你进步了。"那天晚上，儿子破天荒吃了两碗米饭，并且没让她喂。

儿子上小学了。家长会上，老师说："全班五十名同学，这次数学考试，你儿子排第四十九名。我们怀疑他智力上有些障碍，您最好能带他去医院查一查。"回去的路上，她流下了泪。然而，回到家里，她却用超人的智慧对坐在桌前的儿子说："老师对你充满信心。老师说了，你并不是个笨孩子，只要能细心些，会超过你的同桌，这次你的同桌排在第二十一名。"说这话时，她发现，儿子暗淡的眼神一下子充满了光，沮丧的脸也一下子舒展开来。她甚至发现，儿子温顺得让她吃惊，好像长大了许多。第二天上学时，去得比平时都要早。

孩子上了初中，又一次家长会。她坐在儿子的座位上，等着老师点她儿子的名，因为每次家长会，她儿子的名字总是在差生的行列中被点到。然而，这次却出乎她的预料，直到结束，都没听到。她有些不习惯。临别，去问老师，老师告诉她："按你儿子现在的学习成绩，考重点高中有点危险。"她怀着惊喜的心情走出校门，此时她发现儿子在等他。路上，她扶着儿子的肩膀，心里有一种说不出的甜蜜，她用她智慧的头脑组织智慧的语言，说："儿子，班主任对你非常满意——她说了，只要你努力，很有希望考上重点高中！"

高中毕业了。一个第一批大学录取通知书下发的日子，学校打电话让她儿子到学校去一趟。她有一种预感，她儿子被清华录取了，因为在报考时，她给儿子说过，她相信他能考取这所学校。她儿子从学校回来，把一封印有清华大学招生办公室的特快专递交到她的手里，却突然转身跑到自己房间里哭起来。孩子边哭边说："妈妈，我一直都知道我不是个聪明的孩子，是您……"这时，她悲喜交加，再也按捺不住十几年来凝聚在心中的泪水，任它打在手中的信封上……

作为"人生第一位教师"的母亲，她的智慧来源于一个"爱"字、一个"情"字。这位母亲并未受过教师职业的专门训练，也无当教师的经历，只因有"真情实感"，方法却妙不可言。这说明教育不是纯技术问题，不是一般的方法问题。那种有"真情实感"的教育才是真正的教育。我们不也可以从这位智慧的母亲那里收获一些教育的智慧吗？

载 2012 年 5 月 13 日《城南学堂通讯》

教育与志工

那天，我们在台北复兴中学校级领导的安排下，参观了台北花博园。

花博园内，争艳馆、名人馆、流行馆、文化馆、海韵——上海展区、西安院子等等错落有致且浑然一体。传统与现代的结合，自然与人文的结合，独具巧思，美轮美奂。馆与馆之间，花与花之间，没有栅栏，更没有拉绳，四通八达，畅通无阻。就这样，我想走过去就走过去，想折回来就折回来，总之是爱怎么走就怎么走，充满自由与快乐。当然"爱怎么走就怎么走"是指走在小路上，而披上小草的绿地，铺上石英的大树底下，摆上雪白鹅卵石的厅堂内等等，是不能随意行走的。话虽这么说，我与七都小学的瞿校长为抄近道还是大大咧咧自以为是了一回。

"先生，很抱歉！"一个声音在耳边响起来了，随即一个人影在眼前冒出来了，"请您借道旁边走，好吗？谢谢！"

我立马收回脚，抬头一打量：来者笑容可掬，热情大方，彬彬有礼，胸前挂了一个牌子。我推断肯定是园区管理人员。其实只猜对了一半，他是台湾一道美丽的温暖的人文风景——志工的一员。

志工又称义工，在大陆叫志愿者。他们不计报酬，服务社会。园区内，正在热心引导参观者的"花博志工"陈明霞告诉我们：参与园区运营的园区"志工"总数超过两万，轮流上岗。经网上报名而入选的志工们在上岗前，都接受过专门的培训和实习。此后，关于台湾志工，我上线查阅，他们的行为真的令我感动不已。

新闻说：台湾义工杨仿仿，放弃了近百万新台币年薪，从台湾到北京，加盟中国内地规模最大的民间骨髓库——阳光骨髓库，成为一名零薪水的全职志愿者。

新闻说：被称为"台湾阿甘"的 65 岁台湾老义工林明德，从今年 1 月 19 日启程，行脚台湾 900 天，以沿路捡垃圾的方式，盼能唤起大众环保意识的觉醒。而他早在 1998 年就已这样做，一直坚持至今。

我们也了解到在台湾的中学里,社会服务是必修课程,像台北市的学生每学期至少要做 8 小时义工,而现在在台湾某些大学也有了明确的要求,学生必须在大学期间做够多少个小时的义工才可以毕业,因此有很多学生一方面想帮助别人,另一方面由于有这样的一些规定,他们也会主动地走进志愿者这样的队伍当中,如课业辅导、病房陪伴、募集善款、导游解说、回收垃圾等。

台湾闻名遐迩的义工精神不可能是无根之木,无源之水,除了台湾社会对义工具有一定的激励机制,其背后也存在着社会舆论的引导以及当局的支持,但追溯其根其源应该是台湾民众丰厚的人文素养。台湾民众这种让人踏实的、温馨的、愉悦的丰厚人文素养哪里来? 靠教育。那么教育是什么? 教育的价值体现在哪里? 教育是养成让人在心底里为他人为社会服务的意识和习惯,感受帮扶助人的愉悦。台湾的志工同胞不就是这样?

正如我们的《礼记·大学》开宗明义:"大学之道,在明明德,在亲民,在止于至善。"止于至善,是一种以卓越为核心要义的至高境界的追求。"止者,必至于是而不牵之意;至善,则事理当然之极也。"其意为:修身育人,都必须达到完美的境界而毫不动摇。至善的教育就在于养成习惯,在于学习服务,在于唤醒良知。

一、教育就是养成习惯

俗话说:"积千累万,不如养成好习惯。"教育家叶圣陶也指出:"教育就是培养习惯。"良好的习惯是成功的钥匙,失败了的人和成功的人唯一不同的地方就在于他们的习惯不同。

教育就是培养习惯。当一种习惯经常反复地练习而逐渐变得容易的时候,你就会喜欢去做。而你一旦喜欢去做,你就愿意经常去做,这是人的天性。当你经常去做时,这就是你的习惯了。俄罗斯教育家乌申斯基说:"好习惯是人在神经系统中存放的资本,这个资本会不断地增长,一个人毕生都可以享用它的利息。而坏习惯是道德上无法偿清的债务,这种债务能以不断增长的利息折磨人,使他最好的创举失败,并把他引到道德破产的地步。"概括一下就是:你如果养成了好的习惯,你会一辈子享受不尽它的利息;要是养成了坏习惯,你会一辈子都偿还不完它的债务。

为何"台湾阿甘"行脚 900 天沿路捡垃圾,为何"义工杨仿仿"放弃年薪百万台币来到祖国大陆做零薪水全职志愿者? 这就是习惯。这习惯成了他们生活的一部分,不为不乐啊!

二、教育就是学习服务

那天陪同我们游览花博园的除了两位学校管理者之外,还有八位高中三年级的学生。我们觉得有点不可思议，再过几个月就要参加高考了，高考倒计时了，学校不能安排其他学段的学生来导游吗？我试探问："都这个时候了，你们学业不紧张吗？"他们说："也挺忙的，不过这是学校规定的，我们就要参加社会服务活动的，我们也很乐意啊！"换成是我们，就算学生同意，老师同意吗？学校同意吗？家长同意吗？社会同意吗？不要说是高中三年级学生，就是我们小学六年级毕业生，上课期间如果不让学生上课而要陪同客人逛花博园，带来的后果是什么？我做校长的不受批评也要受责备。这是教育理念的问题。我们一定要确立"学生发展至上"的观念，关注学生的现实发展、持续发展、未来发展，淡化个人功利，避免急功近利，防止肤浅庸俗，远离空洞虚伪。因而，教师不再是学生发展的"主宰"、传授知识的"权威"，而是学生前进道路上的引路人、学习研究的合作者、发展进程中的服务员、共同成长的好伙伴。

教育就是服务，不仅仅是教师为学生的发展服务，同时也是校长为教师的发展服务。只有校长真正能为教师的发展服务，教师才有可能真诚地为学生的发展服务。若能如此，就能形成"校长为教师服务——教师为学生服务——学生为社会服务"的"服务链"，就能形成"我为人人，人人为我"的良性互动。台湾志工的价值不就是这样吗？做志工能促进人与人之间相互理解，做志工能促进人与人之间更加团结，也就是说，做志工能从很大程度上润滑社会。只要一个社会人人愿做志工，那么你不必呼唤"和谐社会"，这社会也会自然和谐！

三、教育就是唤醒良知

温总理在几天前谈到房价问题，他说：房地产商的血液里也应该流淌着道德的血液。我想人类之所以美好是因为我们的内心坦坦荡荡，是因为我们快乐着身边每一个人的快乐。善良的道德，宽广的胸襟，高位的眼界，无一不是教育的结果和良好行为文化的积淀啊！我们初到台湾下榻宾馆，我出于习惯，更出于好奇，忙着想看看台湾的电视与国内的有没有区别，连着按了四个台，其内容全是"宗教信仰"的教育宣传。我认为这是一种主流文化的价值取向，想想我们自己，我们经过商品经济到市场经济的转型，我们的经济发展了，而代价是丢失了我们的信仰——我们为什么而活着。从而推知，尤其是作为教育者，我们为什么而教育？我想我们的教育要追求的是人性的光辉——真善美！教育追求的终极目标之一就是让受教育者永远追求"真"。教育总是给后来人以前人的智慧，后来人总是能够"站在巨人的肩膀上"通过自己的努力去接近自然的本来面目。这种孜孜以求、永不放弃的态度也正是教育在受教育者心灵中留下的痕迹。同时，教育给受教育者的不仅仅只是自然真实的存在，更有追求真实自然的科学态度与精神。也正是这种精神，才是追求"真"的基石。

　　教育就是唤醒受教育者的"善"。在教育的过程中,要使受教育者心灵中有"善"的流动。育人最基本的内涵就是对受教育者"善"的唤醒。在人类文明的长河中,我们已经积累了许许多多关于人性中"善"的成分,人性中也积淀了许多"善"的遗传因素,但这些隐性的"善"在每一位受教育者内心深处隐藏着,它们等待着我们的教育去唤醒,而在唤醒的同时更激发受教育者产生新的"善"。

　　教育就是唤醒受教育者的"美"。世界的美好体现在两个方面:一是身边的自然、社会中存在着美好的事物,这种事物可能不能自现,但是教育可以唤醒它们体现出美,让受教育者能真实地感受着美的存在与价值;二是美好的情感在人类中涌动,这种美好不以事物为对象,而以事物为载体,通过心灵与心灵的交流与碰撞,让人们去体验这个美好的存在。而教育就是通过唤醒的方式让人们相互之间用心灵去碰撞,从而激发出更美好的事物。

　　台湾回来已经有些时日了,不能忘怀台湾蔚蓝蔚蓝的水和天,不能忘怀志工们善良的心灵,不能忘怀八位临近高考倒计时了还陪伴我们的高中学生,他们因为曾为志工,从而发现爱,学会爱并传播爱,从而丰富了经历,充实了自己的人生,让爱和充实与志工永存!

载 2011 年 10 月《鹿城教育》

春天，让校园盛开人文之花

学校是孕育文化、传播文化、创新文化的场所，深厚优良的学校文化是学校的灵魂，是学校健康可持续发展的高品质土壤。学校精神文化则是学校文化的灵魂核心，是学校发展的无形的推动力和战斗力！

一、学校文化是什么

学校文化可以这样定义：经过长期发展历史积淀而形成的全校师生、员工的教育实践活动方式及其所创造的成果的总和。它包含了物质层面（校园建设）、制度层面（规章制度）、行为层面和精神层面（言行举止），而其核心是精神层面中的价值观念、办学思想、教育理念、群体的心理意识等。这样讲还是太抽象，不好理解，简单点说，就是"我们在这儿做事的方式，具体体现在工作和生活方式之中"。

二、精神文化是什么

精神文化是什么？我曾经遇到令我很意外很震惊的两件事。

一次在全区校园长会议上，教育局局长讲到师德师风的问题，其中举例个别学校的班级通过家委会一次性收取班会费每人 500 元人民币，家委会成员利用这些钱在节日里给相关的教师送鲜花什么的。可能大部分家长没有异议，但是个别家长还是有想法，在家长中出现不同的声音，比如，一下子收这么多干什么；班级家委会成员逢年过节用我们的钱给老师送礼物，给自己几个人做人情等。局长说尽管是通过家委会收的，但一次收那么多难免造成个别家长嘴上不讲心里抗拒，这样的事情显然不妥。无独有偶，我也就在这个会议前后，接到了家长投诉：某某班主任老师教育孩子方法简单，对待家长的态度差。班级通过班委会收取每生 500 元，到底干什么用？表面上看起来是家委会在收取，还不是经过你班主任同意的，其实是班主任要收取么。我不跟她一般见识，否则会让她很难堪的。这位家长言辞犀利，情绪愤慨，可见对这位班主任的一些做法极其不满。

还有一件事，发生在一次晨会检查中，我发现其中一个班级的一位孩子身背沉沉的书包，低着头耷拉着脑袋站在教室门口，我凑近问他怎么了？这位孩子连大气都喘不过来，可能是吓的，一脸的无助与丧气，据说是"迟到了"。而在另一个班级里，一位孩子站在座位上抽泣着，似乎也受了很大的委屈。

在一次全体教师会议上，我讲了自己对这两件事情的看法。会后，前一事件年级段的正副班主任来找我了，其中有一位班主任直接质问：校长，你明说到底是哪个班级收了500元的班会费？你在会议上这样不明不白地讲，我们年级段的每一位班主任都觉得心里不舒服。后一事件的年级段的段长来了，直接质问：校长，我们已经干得很好了，你不知道我们这些学生是怎样的一些学生。你这样做着实伤了我们的自尊心。如果你认为我这个段长不合格，那就另请高明吧。

在教师例会上最平常的就事论事，最普通的学校管理，旨在希望我们每一位教师提醒大家引以为戒，下不为例，有则改之，无则加勉。难道连这样的"批评"也算"批评"？难道连这样的"批评"都难以面对，难以正视，难以接受？难道是我过分了？我不这么认为。这是一种思维方式，一种校园文化，是一种非主流的思想意识形态，是做事的方式不一样。

至2014年，城南小学诞辰100年。学校历经将近100年风风雨雨，易名多次，迁合多次，学校大部分老师的敬业精神和专业精神都很好，令人欣慰，但也不排除非正式群体形成的非主流思想形态。后来，据我观察，学校自上而下，尤其在教师大会上像诸如此类的事情，都是我们学校领导搞得模模糊糊、笼笼统统、避重就轻、不痛不痒、不死不活，谁也不知道谁对，谁也不知道谁错，浑浊一片。对于会议精神，教师自觉的会主动反思，不自觉的一笑了之。可见，教师间的办学思想、教育理念、价值取向、思维方式等等存在很大的差异性。然而这几方面的元素，却是校园精神文化诸多元素中的重要元素。因此，我作为校长要重新审视，重整文化，营造"公平、公正、公开"的氛围，形成"正义、正气、正直"的环境，树立"积极、正面、真实、坦诚"的价值文化，这也是当前摆在我们城南行政班子所有成员面前的首要任务。

三、精神文化为什么

树立正确的办学思想、教育观念，为了什么？当然是为了育人。育人不仅仅是知识增长，还包括道德品质的形成、体质的增强，体现的是人才观。精神文化还体现在学生观、师生观上。有精神文化修养的人要树立人人都能成才的观念，热爱每一个学生，不歧视任何学生，哪怕他身上有不少缺点；师生的关系是平等的、民主的、互相理解和信赖的、和谐的。有了这样的师生关系，教育就能顺利进行。"没有爱就没有教育，没有兴趣就没有学习"，这也是学校文化建设中需要建立的教育观念。例如把"爱一切学生"作为学校文化的核心理念，学校教师头脑中就不会有差生的概念，就不会把学生分成三六九等，同学之间就会互相尊重，共同进步，也就不会出现迟到站门口，作业没有完成要站着抽泣的现象。我记得有一位特级教师对迟到的学生讲过这样一句话："你迟到了，要快点跑进来，不要在门口报告了，不要再浪费时间了。"多么温暖的话语，多么和谐的关系，多么激励和鼓舞人啊。

学校的办学思想、教育理念等精神文化元素一旦成为全校师生的共同信念，就会体现在每个师生的价值取向、期望、态度和行为之中，就会成为一股无形的力量，引导着师生的思维方式、生活态度、心理情趣和行为作风，体现在学校的各项活动之中。学校精神文化像一块学校的吸铁石，把师生员工凝聚在一起；学校精神文化又如一个大熔炉，会让一位新成员熔化在这个文化传统之中，成为团队的一部分。

我一直在想，我们要养成教师正确的教育思想、价值取向、思维方式等，形成积极向上、包容和谐、正直乐观的学校精神文化，我们工作的突破口落在哪里？当然是课堂教学！

四、我们怎么办

2010 年，我们挖掘积淀学校文化，学校教学、后勤、工会等部门以学校文化建设为内涵发展之灵魂，举办了系统的惠师活动，物质文化建设和制度文化建设稍有成绩，精神文化建设更加欣慰，我们同时努力做好几方面的工作。

1. 校长要努力学习。校长一定要努力学习，通过查阅进一步了解学校的历史，挖掘学校的优秀文化传统，学习当前的形势和教育理论，认真思考办学思路，策划学校文化建设方案。尽管学校文化建设不是校长一个人的事，但是校长的引领与示范不可或缺。

2. 带领行政人员努力学习。学习是学校文化建设的动力和源泉。今天，学习已经成为每个公民、每个组织的必需，而学校应该成为学习的典范。通过学习求学校的发展、通过学习求师生的发展，使学习成为学校滋养教师、润泽学生、发展学校的主流文化。这里的学习还包括实践，不仅要勤学善学，要学有所长，业有所精，还要实践，要学有所用，要学以致用，学用结合。每一位行政人员都要努力成为本学科的骨干，成为一面旗帜。

3. 不断加强服务意识。我们行政班子的感召力来自哪里？来自班子成员的人格魅力，人格魅力来自一种价值取向——"人"重于"物"，来自一种管理观——"情感与制度"并重，来自一种发自内心的服务意识，做到把精力放在为师生干实事上，把精力放在让师生充分得到实惠上，把精力放在谋求工作实效上，把精力放在解决紧迫问题上。

4.搭建教师成长舞台。快速建立校本研修制度和实施平台,为教师的成长提供保障。通过研修,引导教师关注自己的专业成长,关注团队合作的力量,关注走出教室主动寻找任务的动向,关注学校业务部门的作用等。改变原来的单打独斗为集体上场的姿势,改变原来的活动对话为任务单驱动,改变原来的教学方式为学教方式等。

5.切实加强特色教育。今天我们提倡学校的文化建设,不是说抛弃传统,另建一套,相反,就是要挖掘历史传统,创建学校文化特色。同时,根据现在的办学环境、时代要求,在传统的基础上创造新的学校文化。因此,学校文化是继承和创新的统一。城南小学民乐教育特色的创立为其他教育特色奠定了基础。

优良的学校文化是高雅的,是有品位的,是每一位教师所要追求的。而这种文化不是一朝一夕能够建立起来的,而是几代人的共同努力积淀的结果。这种文化说白了就是校风,是指一个学校的思维方式、治学态度。从思维方式来讲,就是学校怎么办,办成什么样子,有什么办学思路。治学态度表现在教师怎么教、学生怎么学的问题。校风表现在学校的方方面面,表现在领导班子身上就是有没有先进的办学理念,有没有人文管理的精神,有没有组织团队不断学习,不断进步的规划;表现在教师身上就是有没有敬业笃学的精神、教书育人的品质;表现在学生身上就是有没有刻苦钻研的态度、开拓进取的精神等。

最后,期待明年的春天,让人文之花盛开在我们的每一所校园!

载 2010 年 12 月《城南学堂通讯》

第三编

学科支撑：

学为主的语文课堂和学科建设

习作龙舟齐齐划

——一种组团式习作模式的教学研究

[摘要] 介绍了一种"习作龙舟齐齐划"的组团式作文教学模式，目的在于营造一种民主、自由的习作氛围，促进学生习作态度的转变，并使单一的文字习作转向能支持习作的所有方面，即听、说、谈、写、改，都能得到有效的锻炼，从而有效地提高写作水平。

[关键词] 组团式；习作模式；自主；学习

采用传统方式评改习作，教师们耗费了大量的精力，但是，大部分学生对教师在课堂上的"讲评"充耳不闻，对习作中的"批语"不屑一顾。评改方式的高耗低效严重制约习作教学质量的提高，因此必须对传统习作评改方式进行变革。实践表明，成立"习作龙舟齐齐划"，对于提高学生写作能力是一条有效途径。

一、成立"习作龙舟齐齐划"的理论背景

成立"习作龙舟齐齐划"，是基于社会建构主义理论的。该理论认为，思维是社会交往的内化，家庭、学校中的社会交往活动以及文化是认知发展的源泉。那么学生的写作行为是一种创造性的思维活动，写作能力的培养和提高也应该像其他语言获得行为一样，是社会性的而非孤立的。

但直到现在，写作教学仍倾向于"教师命题——学生写作——教师批改"这种单向的流程，写作活动被看成是学生个别化行为。教师对习作评价的目的也往往倾向于通过作文了解学生是否进行了与其年龄、年级相适应的知识积累，是否掌握

了相应的写作能力。我们认为,如果把写作不看成是考查学生掌握相应知识、技能的工具,而把它看成是促进学生学习的手段,那么写作活动不仅学生乐于参与,而且还会主动地进行写作积累,为写作提供动力和支持。"习作龙舟齐齐划"的启动,就是基于这样的思考。它不同于纯个人的静态的写作,而是在教师的指导下,由学生组成群体,采用听话、说话、阅读、写作、修改等多种活动形式来进行。

二、"习作龙舟齐齐划"形式的组织实施

"习作龙舟齐齐划"就是由五六个学生组成学习群体,每周五下午,"习作龙舟齐齐划"的成员自行组织讨论,确定周记主题及写作要点。周末学生分头独立写作,至下周一开始正式启动"习作龙舟"。其主要形式是"习作龙舟"内每位成员轮换阅读、修改、评价其他成员的习作,一天一篇,四天一个轮回,周五上交老师评改,并在组内讨论下周习作主题。一周的时间,每位成员阅读、修改、评价了四五篇文章,自己的习作也被组内成员阅读、修改、评价了四五次。

这种形式的习作有什么特点呢?

1.多维交流,多元评价

交流,是"习作龙舟齐齐划"的基本特征。"习作龙舟齐齐划"的多维交流、多元评价,使学生、教师和家长成为习作旅途中的的伙伴。

传统作文评价是教师独立完成,带有很强的个人主观色彩。这种全新的评价理念,能充分发挥写作者、评价者的主体性,真正实现语文教学评价改革的理念与方向,即语文课程评价一方面要尊重学生的主体地位,指导学生开展自我评价和促进反思;另一方面要鼓励同伴、家长等参与到评价之中,使评价成为学校、教师、学生、同伴、家长等多个主体共同参与的交互活动。

(1)学生间的交流——齐心协力推动"龙舟"启程

问卷调查表明,对学生习作影响最大的因素,不是权威的课文,也不是名家名篇,而是伙伴的习作。教科书上名家的文章虽好,但学生感觉离自己太远,虽敬仰却无法追求;同伴的习作虽然稚嫩一些,但因为是同伴,各方面都十分接近,他们更愿意从同伴的优秀习作中汲取营养。由于同龄学生之间思维方式与表达方式比较接近,所以会更易于互相理解与接受。通过交流,学生不仅获得了习作的帮助,而且得到锻炼分析、表达等能力的机会。

在"作文准备"阶段,每位学生都会在"习作龙舟齐齐划"组内进行写作讨论,包括对作文题的多角度审视,抓住文题关键词展开不同联想,进行构思,讨论采用什么方式才能更好地表达个人对构思的理解等等,从而形成第一层次的自主交流。

在"作文修改"阶段,则通过阅读对方的文章,评议文章的内容和形式是否合适、有无新颖之处等等多种形式来进行。在平时的习作中,我们经常发现学生在习

作完成后基本不做修改,即使修改也是以词语、句法为重点,目的是为了达到书面整洁和无病句、无错别字的效果。而优秀的作家却甚至可能是对初稿的结构、立意角度推翻重来进行修改,以使文章达到近乎完美的境地。因而我们认为,对学生学习写作来说,写作后的修改与写作前的素材剪辑、构思交流同样有举足轻重的作用。在"习作龙舟齐齐划"里,学生不仅是一个被评的客体,更是评价的积极参与者,学生通过互相评价不仅可以了解他人的长处和自己的进步,还能发现存在的问题,养成修改文章的良好习惯。

(2)教师与家长、学生之间的交流——为"龙舟"行驶敲响齐心鼓

新课程倡导平等、民主、和谐的师生关系。作文教学中教师应该以一个与学生对话者、合作者的身份出现,以亲切自然的态度与学生共同探讨,在讨论中加以引导、点拨。孩子的每一篇习作,都是他们独立创作而成,自然会很在乎老师对作品的评价,怎样把握教师评价的导向作用,发挥教师评价的教育功能和激励功效呢?在评价中,我们强调学生个体的纵向比较,避免用横向比较苛刻要求学生。对优秀学生习作或取得明显进步的学生进行表扬,并当众朗读作品。使这种激励作用在学生内心深处形成强大的心理推动力,在潜意识中产生向表扬目标努力的追求。

如此,教师在阅读孩子的习作、家长的评语,并写下自己感受时,便是在与学生交流,或与家长交流。这样,"习作龙舟齐齐划"呈多维交流状态,学生在多维交流中习作,形成了推动"习作龙舟齐齐划"快速前进的巨大动力。

(3)家长与学生的交流——为"龙舟"行驶保驾护航

家长是孩子成长过程中的第一任老师,家庭教育的影响是巨大的。在"习作龙舟齐齐划"中,家长不再是孩子写作的旁观者,而是积极的参与者。孩子把自己的或同伴的文章读给家长听,家长也经常阅读自己孩子和其他孩子的习作。此举不仅使家长了解了孩子的很多思想问题、心理状态,也为家长搭建了与孩子交流沟通的桥梁,而且也使家长横向了解其他孩子的习作水平,从而对自己孩子的习作能力有了更加客观的认识。除此之外,家长在孩子习作后附上的感言,既能指导孩子作文,也能引导孩子做人。

2.自主写作,自主表达

《语文课程标准》指出,教师要"为学生的自主写作提供有利条件和广阔空间",在"习作龙舟齐齐划"这个自主表达、交流的平台中,学生写作时有几个自主:

(1)自主确定内容。"习作龙舟齐齐划"提倡写自由作文,引导学生注重学习别人的方法,拓宽自己的思路,从自己的经历来感受生活,去获取自己生活中有意义、有价值的"碎片",抒发自己真挚的情感和表达自己对生活的态度。

(2)自主选择文体。学生可以根据自己的习作内容和喜爱选择体裁。如有的爱写科幻文,有的爱写童话故事,有的喜欢写观察日记,有的喜欢作诗,还有的爱写抒情性的散文或说理性的杂文。

（3）自主发表评论。每一个学生既要在"习作龙舟齐齐划"中写作，又要阅读其他同学的作文，发表自己的看法。学生在表达时，鼓励学生用个性化的语言，采取适合抒发内在激情和想象的表达方式，采用灵活多变的形式表达。

正是因为有了这种轻松、活泼、民主的习作训练氛围，学生主体得到充分的尊重，他们觉得写作不再是负担，而是一种满足的倾吐，一种自我的实现。学生的写作能力和语文素养都获得较大的提高。

3. 良性竞争，良性循环

学生在"习作龙舟齐齐划"中习作水平的提高，一个很重要的原因是这种新型习作过程中创造了生机勃勃的竞争环境，刺激学生的竞争心理。这里的竞争包括同组学生与学生之间，全班组与组之间的各种竞争。由于每一周的习作都要与大家见面，同学的中肯评价又很快反馈给本人，这样，每一个轮到的学生都会竭尽全力去写、去改，力争写出最高水平。竞争中，学生不断吸取别人的长处，弥补自己的不足，写作能力便也不断提高。而家长们看到其他家长热情的参与，也会激发他们认真地为自己孩子写评语。

三、"习作龙舟齐齐划"中教师的指导原则

在"习作龙舟齐齐划"写作形式的实践中，教师要发挥的主要作用就是为学生的习作创造适宜的条件。具体说来，教师应致力于以下几个方面的工作。

1. 创设有益的学习环境

环境对学生的学习起着不可或缺的作用，一个积极主动的学习者总能有效地开发和利用周围的环境资源。为什么乡村里的孩子在作文中总是写碧绿的稻田、袅袅的炊烟和母亲那布满老茧的双手，而城里的孩子在作文里总少不了热闹的公园、可爱的宠物和父母精心的呵护，这都是他们的生活环境在他们的心灵上留下了抹不去的印迹。教师要善于开发和利用周围的环境教育资源，让学生有意识地去留意身边的人和事、主动地去关注周围世界的变化，在观察中思考，在思考中学习。比如一年四季的物候变化、清晨和日落带给人的不同感受，这些学生早已司空见惯的景象，可引导学生从不同角度进行观察，培养他们对事物的敏感和热情。

2. 促进学生的有效合作

合作学习是"习作龙舟齐齐划"作文教学的一个重要学习方式，从确定习作主题、搜集写作材料、交流阅读信息到成文后的修改评价，都离不开合作。因此，教师要善于采取各种方式促进学生的有效合作，比如帮助学生组建成员结构较合理的"习作龙舟齐齐划"；在日常的教学中也尽量采取小组活动的形式，引导学生发挥团队的优势，在评价时加强对团队合作情况的评价。

3. 提供恰如其分的帮助

美国心理学家、教育家罗杰思认为教师就是学生学习的促进者，他在教学中的作用不是指导而是帮助，他们把每一个学生都当作是具有自己独特经验和情感的人，而不是等待接受某些知识的容器。在"习作龙舟齐齐划"写作形式的实践中，教师所要做的只是帮助学生澄清自己想要写什么，与学生一起通过各种活动寻找写作所需的素材，在学生思维混乱的时候帮助学生理清思路，自始至终维持某种有益于学生体验、合作和交流的心理氛围。

四、有待继续研究的问题

(1)将单元作文与"习作龙舟齐齐划"融合后，怎样避免学生习作时的雷同，对于不适合在这里写的文体形式，如"建议书"、"书信"等，如何处理这样的教材，都等待我们进一步地思考。

(2)这种交流式习作深受学生喜爱，一个很重要的原因是家长热情地参与评价工作，他们的指导、鼓励，不但让孩子提高了写作兴趣，也有力地促进了孩子写作水平的提高。是不是所有的家长都有精力和能力参与评价呢，对于一部分家长有没有强人所难，增加了他们的压力？ 这个困惑也将是我们继续探讨的一个方面。

著名语文教育家叶圣陶先生，曾针对习作修改教导我们："教师修改不如学生修改，学生个人修改不如共同修改。"实践证明，采用"习作龙舟齐齐划"的形式进行习作练习，能有效地促进师生、生生之间的良性互动，拓展学习资源，创新习作课程，改变传统教学中师传生受的单向交流模式，在整体提高学生习作能力的基础上彰显学生习作个性，使习作教学更富生机与活力，从而促使学生主动全面协调发展，为其终身发展奠定良好基础。对于实践中遇到的困难和产生的困惑，我们会怀着炽热之心继续在实践中不断完善。

载 2010 年 1 月《上海教育科研》

说话写话训练要广开"材"路

　　小学低年级说话写话训练的传统方式是看图说话、看图写话。诚然,看图说话、看图写话这种训练方式有许多优点,如:为儿童提供了现成的说话、写话题材;静止的画面便于儿童反复观察,比较适合低年级儿童的心理特点……然而它毕竟只是诸多训练方式之一,如果将低年级的说写训练囿于这种传统的训练方式之中,那就势必会带来一些副作用。

　　首先,我们应当看到,看图的认识功能是有一定局限性的。图画只是事物的模拟形象,而不是事物本身。由于它是在模象的作用下形成的,所以同实际的事物总是有一定的距离。教育心理学告诉我们,低年级学生往往难以把模象知觉或表象同真实的对象相联系,甚至产生不应有的曲解。苏联心理学家加尔金娜的研究表明:一年级学生不能正确联系的次数占 79.5%,如认为"熊比马高一些,马比骆驼高些",等等。有位老师利用挂图让学生认识蚜虫,为了让学生看得清楚,图上的蚜虫是放大了的。当老师带学生到受了虫害的棉花地里去寻找蚜虫时,大多数学生竟视而不见。原来在孩子们的心目中,蚜虫应当像图上画的那样有碗口大。

　　其次,这种单一的看图作文训练方式不利于促进说写训练与实践活动的结合。学龄初期的儿童应当有较多的机会去接触大自然,接触社会。马克思主义认为,人的发展是在不断地建立与扩大个人跟周围世界的相互关系中,在积极参与社会生活的活动中实现的。如果我们把小学生封闭在教室里,不给他们提供广泛接触大自然、接触社会的机会,只是一味让他们纸上谈兵,图上神游,那就势必局限了他们的视野。

　　再次,单调的训练方式也不利于激发儿童的学习兴趣。佳肴虽美,如果天天不换样,吃多了也会腻味。同样道理,如果每次作文训练都是看图说话、看图写话,那么久而久之,儿童的新鲜感也会逐渐消失,其学习情绪也就会随之而低落。

叶圣陶先生说："生活就如泉源，文章犹如溪水，泉源丰盛而不枯竭，溪水自然活泼泼地流个不歇。"叶老的这段话形象地说明了生活和作文的关系。我们要抓好说写训练这个"流"，就必须抓好生活这个"源"。叶老揭示的这个关系是带有普遍性的，低年级的说话写话训练自然也不能例外。所谓"生活"，包括的面是很广的。让学生观察大自然是生活；让学生接触社会，与人打交道是生活；带学生参加各种班队活动也是生活。总之，我们应当把说写训练的触角伸向儿童生活的每一个角落，亦即要广开"材"路，多角度、多途径地对学生进行说写训练。这不仅是提高说写训练效率的需要，同时也是促进低年级儿童发展的需要。

基于这一认识，我们着重从以下几个方面去开拓说写训练的领域，从而使低年级说写训练的内容更加丰富，形式更为多样。

一、说写训练与观察各种事物相结合

教师经常组织儿童观察大自然，观察社会生活，观察各种各样的事物，从而开阔儿童的视野，丰富儿童的知识，促进儿童智能的发展。低年级儿童年龄小，观察能力不强，掌握的词汇也较少。为此，教师选择的观察对象要尽量单纯，观察活动要力求与阅读课相配合，并鼓励学生在说话、写话时恰如其分地使用学过的词语。如二年级学生学了《找春天》后，教师便抓住春天的大好时机，带领儿童到校园里、到景山上去寻找春天，并要求他们尽量用上"嫩芽"、"探出头来"、"叮叮咚咚"等课文中的词语。有个学生这样说："春风拂过我的脸，暖暖的。它轻悄悄地唤醒了柳枝，柳枝高兴起来了，欢快地摆动起自己的枝条，似乎在温柔地梳理自己的发辫。小草也从地下探出头来……"这样做，不仅能帮助儿童加深理解课文，而且也能促使消极词汇尽快地转化为积极词汇。

二、说写训练与日常的语言交际活动相结合

凡是儿童实际生活中需要的言语交际活动，诸如转述、打电话、问路、借东西、挂号看病等，都按照由浅入深、由易到难的顺序列入说写训练计划。主要的训练方式是为学生创设言语交际的情境，即把每次说写训练都看成是社会生活中的一次现实的言语交际活动。如有个老师一走进教室，便对小朋友说："这节课我来画朵美丽的菊花，让小朋友一边看，一边练习说话，好吗？"说着，便伸手去拿彩色粉笔。可是粉笔盒里没有彩色粉笔了，于是他便抱歉地对小朋友说："真对不起，老师太粗心了，没有彩色粉笔了，这怎么办呢？"老师的话音刚落，小朋友便七嘴八舌地帮助出主意："去借。""去向一(2)班的郑老师去借！"可是怎么借呢，该向郑老师说些什么呢，怎样说呢？这样老师就把儿童带入情境，激发起学习的动机。老师告诉小朋友，借东西要说清楚借什么东西，借多少，还要注意使用礼貌用语。当儿童领会了

该怎么说之后,老师便在课堂上组织他们进行演练。这样做,就使得说写训练有了明确的目的,言语交际也有了明确的对象。儿童在课堂上学到的言语交际本领马上就能够在日常生活中派上了用场,所以他们都很高兴上这样的说写训练课。

三、说写训练与开展活动相结合

喜爱活动是儿童的天性。我们顺应儿童的这一心理特点,经常配合节日和中心任务,有计划有步骤地组织一些富有思想性、知识性、趣味性的活动。说写训练则适当地安排在活动之中,使语言训练成为活动的一个有机组成部分,成为活动本身的一种需要。例如,秋天是瓯柑成熟的季节,教师便可以带领学生到果园去参观,请果农在现场给学生介绍瓯柑的外形、颜色、味道,以及它们的成熟期、类别等。回来以后,教师便指导学生为瓯柑写说明,并由学生当讲解员,举行瓯柑展览会;指导学生写举行瓯柑展览的小通讯。通过活动,学生不仅认识了瓯柑,而且练习了写说明、当讲解员和写小通讯的能力,可谓一举多得。

四、说写训练与学生的课堂学习、课余生活相结合

为了扩大说写训练的领域,我们不只是把眼光局限在作文课的狭小圈子里,而是从学生的课堂学习与课余生活的各个方面去捕捉说写训练的内容和时机。例如,一次上校本课程课时,让学生糊信封。当老师得知这一情况后,便抓住这一时机,训练学生写简单的说明。开始,老师装作聊天的样子,问学生学会了糊信封没有。接着,便以请教的口吻说:"老师还不会糊信封呢,谁教教老师糊?"学生纷纷举手。老师随机提出:"说的时候要用上先、接着、再等词语,有条理地说出糊信封的工序。"学生说完了,老师又说:"别的班的小朋友还没学过糊信封,咱们告诉他们,好吗?"于是,老师又以"怎样糊信封"为题,指导学生把刚才说的内容分为一、二、三、四项写下来。由于学生亲自动手做过,而且这又是写给别的班小朋友看,让他们学着糊信封的,所以一般都态度认真,写得条理清晰,语言简练。

此外,让学生看具有思想性、知识性、趣味性的电视节目,练习口述或笔述,让学生听每天的新闻广播,练习转述,等等,也都是老师经常做的。

按照广开"材"路的思路改进低年级的习作教学既是可行的,又是必要的。教学实践证明,这样做,不仅拓宽了低年级习作训练的领域,而且加强了习作训练的教育性、使用性和生动性。

通常有这么一种看法:低年级学生的阅历浅,难以把握丰富多彩、瞬息万变的自然现象和社会现象,而图画则是经过作者提炼的,观察起来比较容易。这看法固然有一定道理,但却不全面。因为作文的难易程度并不完全取决于采用何种形式,而是取决于所写的内容。低年级的习作教学应当是广开"材"路,百花齐放:说写训

练要与观察各种事物相结合,要与日常的语言交际活动相结合,要与开展活动相结合,要与学生的课堂学习、课余生活相结合,从而形成一种更为完备、更富有生气、更适应社会需要的语言训练机制,以利于学生在低年级打好作文的基础,促进其身心的和谐发展。

载 2005 年 8 月《中国育才》

习作的个别化教学探索

一

中国和欧洲的古代学校主要采用个别教学形式。学生的知识、年龄不尽相同，老师也分别对不同的学生进行不同内容的教授。随着经济的发展、文化科学技术的进步，需要扩大教育规模、增加教育内容，欧洲中世纪末期便产生了班级教学。20世纪以来，为适应经济和科技迅猛发展的需要，工业发达国家强调培养高级科技人才，个别教育又重新受到一些教育家的重视。

本文提出的习作个别教学是相对以班级授课制为组织形式的习作教学而言的。它不改变教材规定的计划习作的篇目、内容、要求、时间诸要素，又不受其束缚和限制，要求教学的组织者从学生的生活出发，抓住一切可以诱发他们表达欲望的时机，因人而异，及时分别对个别学生实施作文教学。

叶圣陶先生指出："心有所思，情有所感，而后有所撰作。"学生生活在五彩缤纷的世界中，不断接受各种信息，时常会遇到感受深刻的事物，这些信息和事物拨动他们的心弦，在头脑中引起种种波澜，进而萌发出表达欲望。然而，任何班级中的几十名学生的个性特长、兴趣爱好、家庭环境、人际交往都不尽相同，他们的所见所闻、所经历的事，以及由此产生的喜怒哀乐的感情也不相同。因此诱发他们表达欲望的材料和产生写作动机的时间都很难统一于教材规定的习作训练计划中。两周一次的统一命题的习作训练，尽管题目要求记叙的事情是在学生生活中发生过的，但由于小学生观察生活很不全面，很不细致，认识生活和分析生活的能力也还不强，所以他们往往对生活中有意义的事情视而不见，听而不闻。有些学生也可能占有写作的好材料，这些材料也确曾激起过他们强烈的表达欲望，但由于已隔了一段较长的时间，记忆中的表象已模糊，表达欲望日趋减退，甚至消失。

再则，习作课上，由于受班级集体教学的限制，老师在立意选材、谋篇布局、表达方法上的同步指导，不能适应不同层次学生的要求，不能满足不同学生的习作心理的需求。因此，学生在习作课上常为找不到习作材料而苦恼，普遍反映："写作文时，我脑子一片空白，没有东西写。"正如叶圣陶先生指出的那样："惟初学作文，意在练习，不得已而采命题作文之办法。"因为是"不得已而采命题作文之办法"，故"苟题意所含非学生所克胜，勉强成篇，此于其兴味及推理力摧残殊甚"。习作的个别教育正是从当前的习作教学强调作题、要求、时间等一致性的现状出发，针对班级授课制作文教学之不足所采取的教学形式。

习作的个别教学包括指导、批改、讲评等环节，涉及立意、选材、遣词造句、谋篇布局等方面。而最关键的是要从内容入手，要求教师细心观察、全面了解学生生活，一旦发现学生"有所思"、"有所感"，就不失时机地激发他们的表达欲望，指导他们作文。几名学生经历的事，让这几个学生写；仅一个人占有的材料，则指导他一人写。

二

学校生活是学生生活的一个重要组成部分，有许多富有学生个性特点的、能表达他们真实情感的习作材料，老师要捕捉这些材料进行个别教学。如两位学校篮球队的学生因担心影响毕业考试成绩而拒不参加赛前训练，老师了解这个情况后，及时找他们谈心，并使他们转变了思想，愉快地参加集训。此时，语文课上已学过描写人物思想转变的课文，学生都已按照课文规定的要求写过类似作文，但这位老师仍不失时机地指导他们以《我又参加篮球队训练》为题把这件事写下来。由于他们确实"有所思"，"有所感"，所以很乐意写，写得情深意切。再如一位老师在活动课上观察到一位学生在大家的帮助和鼓励下，终于学会了跳短绳，直嚷"我会跳绳了"！下课铃声响了，还舍不得放下绳子。这位学生习作基础很差，平时很怕写作文。老师以此材料及时对他进行个别教学后，他十分愉快地写了《啊，我学会跳绳了！》这篇作文。文章富有儿童情趣，语句也较通顺。从此，这位学生对习作逐渐产生兴趣。

进行作文个别教学，老师仅熟悉学生的校内生活是远远不够的，还必须利用家庭访问、召开座谈会等方式了解学生的家庭生活和社会生活，以便掌握更多的具有个性特点的个别教学的材料。有位老师在家庭访问中了解到一位学生的外婆刚从台湾回大陆探亲。这位学生以前非常羡慕有外婆的同龄人每逢过节到外婆家团圆，现在自己终于盼来了日夜思念的外婆，不禁心花怒放。老师及时抓住这具有时代气息的个性材料对他进行个别教学。这位学生的作文《我盼来了台湾归来的外婆》立意深刻,情感真挚。又如一次家长会上,有位家长反映他的女儿有一个古怪脾气——不准杀鸡。会后,老师通过同这位学生的接触,才知道她不准杀鸡的原因。原来她家里养了几只鸡,一有空就同它们嬉戏,久之,她便对鸡产生了特殊的感情。这是一个很好的个别习作教学材料。在老师的指导下,这位学生写出了一篇以《鸡》为题的好文章。文章中写了鸡与鸡争食、鸡与鸡决斗等有趣的"鸡事"。偶发事件是学生平静生活中激起的浪花。分析一件件偶发事件的情节,在学生头脑中留下的印象格外深刻。倘若老师以此作为个别习作教学的材料,进一步启发他们的"思"和"感",一定能诱发起他们的倾吐欲望。

以上列举的个别教学的材料都来自学生的"自然生活"。叶圣陶先生说"作文这件事离不开生活,生活充实到什么程度,才会作成什么文字"。因此,还要根据学生的个性特点、兴趣爱好组织各种小型多样的课外活动,充实他们的生活。老师要细心观察学生在这些生活中的各种表现,发现他们的"心有所思","情有所感",能诱发他们倾吐欲望的材料,不失时机,因人而异进行个别教育。如参加科技小组的学生,当他克服了不少困难,终于完成某件制作后,一定无比激动和喜悦,此时老师对他进行个别教育,则很容易激起他的写作动机,写出较好的文章。在某项比赛中,某同学战胜了好几个对手而获得冠军之时,也是对他进行个别教学的有利时机。如一位老师发现班上有位学生喜欢在木块上刻字印在书本上,就把他介绍给学校的篆刻小组。这位学生在篆刻小组里勤学勤练,进步很快,不久便参加了《小主人》俱乐部,篆刻作品也得到了发展。老师见时机成熟,立即对这位学生进行个别教学,他的作文《篆刻的苦与乐》得到了师生的好评。

三

总之,学生丰富多彩的生活为我们提供了大量进行习作个别教学的材料,关键是教师要深入和关心他们的生活,善于观察和捕捉这些材料,要做到叶圣陶先生说的那样:"老师命题的时候,必须排除自己的成见与偏好,唯据平时对学生的观察,测知他们胸中该当积蓄些什么,而就在这范围内拟定题目,学生遇见这种题目,正触着他们胸中所积蓄,表达欲望被引起了。"

实践证明,通过老师个别教学的学生在写好作文之后,都有这样的体会:真没想到,这件事能写成好文章,写这样的文章觉得有劲。如此久而久之,学生观察生活、分析生活的能力会随之得到提高,真正领悟到周围生活中潜伏着丰富的写作材料,习作就是运用恰当的语言文字写自己熟悉的事物,表达自己的真情实感,学生的习作也会从"让座"、"推车"、"拾皮夹子"等千篇一律的题材中解脱出来。同时,在进行习作个别教学过程中,师生之间不仅是作文信息的交流,更是情感信息的交流,由此建立起来的师生之间的融洽感情,也是提高习作教学效益的必不可少的重要因素。

　　在教学目标上，习作的个别教学与根据教材进行的班级授课制的习作教学是完全一致的，不能片面强调个别教学而忽视班级集体教学，两者之间应该相辅相成、互相补充，以产生最佳效应。美国佛蒙特大学教授福斯特说过："个别教学和班级教学不是根本对立的，两种形式可以在相同的活动中协调地运动。"

　　　　　　　　载 2005 年 8 月《中国教育改革与教学研究》

谈生本课堂中教师的退让智慧

提到"退让",人们会很自然地联想到儒家倡导的谦逊礼让。"天地不言,万物生焉",在先民们的眼中,天地间正因为充溢着让,方使万物生生不息,运行有序。自然如此,教育亦同。当"生本理念"走入课堂,教师开始意识到唯有"退让",学生才能在广阔的知识天地间蓬勃生长。正如唐朝布袋和尚看见农夫倒退插秧时,所悟出的"退步原来是向前"的真理那般,最终因"退让"迎来秋收的艳阳天。

然而,真正走入"生本课堂",教师才发现进易退难,不得章法的"退让",使得课堂问题不断。因此,课堂中教师如何做好既进得去,又退得出,为了学生的发展进退自如,须当有灵动的"驾驭智慧",才会有十足的"退让底气"。

一、退在学生思维发散时

教学是一个动态的过程,教师在面对课堂中稍纵即逝的教学资源时,要善于捕捉利用,从而使课堂教学涌动生命的灵性。一位教师执教《窗前的气球》,反馈检查生字时,一个孩子说:"我学会了写'病'字,它是'病'字框,比'病床'的'床'的'广'字头多了一点一提。"坐在后面听课的我,心中一阵惊喜:孩子学会了通过比较来识字了!孩子继续说:"以后看到这个一点一提就会想到和'病'有关系。"我为孩子的聪明感到欣慰。原本以为"病"字学习可以告一段落,然而就是学生此"一点一提"激起千层浪,正当执教老师欲意往后检查时,突然学生 A 冒出来一句:"一点一提"像生病时流下的眼泪。学生沸腾了:学生 B 说像生病挂盐水时滴下来的药水;学生 C 说像生病做手术时留下的伤痕;学生 D 说像生病时想要飞出病房的翅膀……孩子们的想象出乎我的意料,但我清晰地知道,这是一个"牵一发而动全身"的生成点。此刻,教师退得绝妙,还引得精彩。只见执教老师微微一笑,说:"一个'病'字让你们想到了泪水、药水、伤痕，还想到了翅膀，看来生病的感觉，真——"孩子们说："难受啊！"老师就势切入："你从哪里感受到科里亚的难受呢？仔细读读课文，谈谈自己的收获。"这一问题，使得所有的学生都以最快的速度融入到课文里。听到这里，我不仅仅为学生的聪明感到欣慰，更为学生能有一位睿智的老师感到幸福。

二、退在学生矛盾困惑时

师者"解惑"，天经地义。然而生有惑又能自解，何不让学习过程自主？我们的目的也就是让学生学会学习，自食其力。因此，师者也就无须你要什么我"给"什么了，做一位清醒的旁观者，退居其次不也很美？一次本人执教《村居》，指名一孩子读诗时，另一孩子指出其错误："我觉得他读错了，应该是'草长(cháng)莺飞二月天'。"针对该读"cháng"还是读"zhǎng"，孩子们意见不一。我突然灵机一动，何不借助矛盾引学生深入？于是，我放手让学生自学、讨论，进而争辩。我对学生说："该读什么呢？争吵没有意义，去找找理由说服对方吧！"片刻，孩子们纷纷举手，有的说："我查过字典，字典里说形容物体长度的时候读'cháng'，所以这里应该读'cháng'，如果读'zhǎng'的话，应该说'长草'。"我笑着不予评论。另一个孩子站起来说："这是古诗，和我们现在说话写文章的表达有些不一样了，所以，我认为应该读'zhǎng'。"学生能够从古诗的角度来思考，我知道学生们跃进了一大步。于是，我要求他以领读的形式，朗诵了一次这首诗。然后，引导学生思考：读着这句诗，你的眼前出现了一幅怎样的画面呢？在讨论的过程中，学生们明白了草的茂盛带来了生机。不仅如此，他们还在争论的过程中理解了"草长"对"莺飞"，这是诗句中前后相对的精妙，理解了一"长"一"飞"的动态之美、节奏之美，感受到了古诗的魅力。

学生关于"病"字的认识，关于"长"字读音的争论，都不在预设之内。尽管实际课堂与预设完全不同，但是，也正是这样的课堂才是真正属于学生的，才是真正为学生的发展服务的，才是最能展示教师驾驭之智的。

三、退在学生萌发探究时

学生是主人，教师要"退让"，但并不是退出，"退让"只为学生更好地"进取"。探究式学习是高度自主、创造性的学习。孩子们在探究过程中会围绕问题自主寻求答案，发现意义。孩子们这种探究的意识和能力非一日之功，教师还真需要密切关注，时刻保护，努力培养。本人执教《唯一的听众》，引领着学生提纲挈领地理解三句老教授"平静地望着我"的句子后，小结：如果说老教授善解人意的语言是有声的鼓励，那么她平静的神态，特别是每天早晨作"我"唯一的忠实听众的举动，就是无声的激励和由衷的欣赏，这眼神使"我"最终能面对成百上千的观众演奏。不料，一位学生提出异议："我觉得作者的成功好像并不仅靠老教授的鼓励啊!"我心中暗喜,这正是文本的另一条线索。孩子提出这样的看法,说明其自学能力不错,有自己的想法。为了鼓励他,我及时调整教学流程,决定以这个问题统领接下来的学习,使课堂教学简约化、民主化。于是我让孩子们自己读读课文,找出文中描写"我"成功的句子。孩子们便逐步找到"拉琴像锯床腿的我依然坚持偷偷在每天清晨上山练琴"、"紧闭门窗"、"站得很直,两臂又酸又痛"、"汗水湿透衬衣"等词句,证明了"我"的执着,"我"对小提琴演奏的酷爱。在读读找找议议的过程中,孩子们进一步品味出,正因为这份热爱与执着,才尤其需要"耳聋"的老教授平静的目光、真诚的鼓励,它重树了"我"的信心,它对"我"的成功起决定性的作用。这样,对文本的理解、对人物的理解就更加深刻,学习也就更有意义。我们只有善于把握转瞬即逝的意外的思维火花,巧妙退让,顺势引导,才能激活学生与文本之间的沟通,唤起学生主动阅读的心态,提升他们主动探究的欲望,培养科学思维能力,锻炼问题解决能力、合作与交流能力。尽管这种探究是浅层次的,但为深层次的探究做了很好的铺垫。而教师就作为一名为学生激发探究欲望、展示探究成果、感受探究喜悦、形成探究品质的功臣而退居幕后。

四、退在学生方法习得时

没有任何习得途径比自我领悟更可贵、更令人欣喜、更让人震撼心灵的了。孩子们在学习中能够去粗取精,去伪存真,由此及彼,由表及里,突然领悟"原来是这样"概括性的、总结性的思维结果,为后续的解决问题提供了有效的方法。蒋军晶老师教学略读课文《祖父的园子》有这样一个设计:文章写法很特别,运用比喻、拟人的常用修辞手法不算特别,有一段话十分特别,读不懂的时候,我们反而会觉得很啰嗦,请你们读读找出来。此时,教师轻轻一点,孩子们自然会找到:……倭瓜愿意爬上架就爬上架,愿意爬上房就爬上房。黄瓜愿意开一朵花,就开一朵花,愿意结一个瓜,就结一个瓜。若都不愿意,就是一个瓜也不结,一朵花也不开,也没有人问它。玉米愿意长多高就长多高,它若愿意长上天去,也没有人管……此时老师说:此时如果你真的发现了写得很特别,你读个两三遍就能够背下来了。接着师生合作读后,又问:为什么我们这样轻松就背下这段话了? 一孩子说:有很多个"愿意"重复在里面。孩子们马上意识到了:特别在"重复"。在师生互动过程中,执教者一直没有明确特别在哪里,而是等待再等待,把主动权给了学习对象,做了一个很好的被动者。"这样的写法作者萧红在《火烧云》一文中也用得很多,如……""这样的写法文中还有吗?"让学生顺势而学,强化巩固。当然感悟并习得"特别的写法"是为了强调"特别的感情":让作者感到自由快乐的,不光是祖父的园子,还有慈爱的祖父。他给了孩子心灵的自由,他允许孩子随便玩闹,对孩子倾尽了爱心和耐心。他的爱放飞了孩子的天性,在他暖融融的爱的包围下,才有了孩子自由、快乐、幸福甚至是充满梦幻色彩的童年。萧红爱园子,爱童年,更爱祖父。这种看似引领的退让,却充分表现了一位优秀教师的课堂执行智慧,更为丰富学生的写作技巧,提高学生写作水平夯实了基础。

抢占课堂容易,"退让"课堂不容易;做教者容易,做"牧者"不容易。"退耕还林",退让课堂,是教育教学理念在课堂实践中的真实显现,也是我们提升教育教学智慧面临的最大的挑战。只有真正理解并体验到师生积极互动、共同发展的和谐之美,才能真实地感受"生本理念"下成为一名简单的"牧者"幸福。

载 2010 年 2 月《教学月刊》

让"家常菜"也津津有味

——对"常态课"教学的几点看法

常态课是针对非常态课提出来的。

非常态课,诸如公开课、观摩课、示范课之类。这类课其本意大体在如下三个方面:其一是研究,为大家提供一个真实的研讨情境,大家互相听课、互相借鉴和研讨,并从中找到课堂教学改革的方向;其二是示范,体现新课程理念,对新课程的推进具有引领和示范作用;其三是评优,被赋予代表一所学校或一个地区教学水平的重任,往往是这堂课会倾注全体教师及相关专业人员的集体智慧。不能否认,这样的一堂课对于促进教师专业成长,促进学科教学研究是有积极意义的。

但是这种课通过周密策划、反复试教、精致包装,已变得完美得无懈可击。可以说,这种课是用高成本烹饪出来的一道"待客盛宴"。但是我们都知道,这种看看好看的"盛宴",又岂是顿顿都能吃得到的呢?而且,课改至今,此风大有愈演愈烈之势,拿出手的公开课,都成了作秀课,成了形象工程,甚至可以说已经成了新课程改革的绊脚石,其危害性更是显而易见。第一,害学生。为了上好一堂公开课,许多教师反复彩排,就连哪几个学生发言、发言的内容是什么等等都要事先确定好。试想一下,这样的课堂教学已经没有关注到学生的个性,又谈什么以学生为本?学生不仅没有学到真正的东西,反而会在耳濡目染之中接受反面教育,学会作假。第二,害老师。真实课堂往往是朴实无华的。在假公开课披上华丽的外衣之后,那些不明底细的人,往往会被蛊惑。而那些即使知道真相的人看到搞假公开课可以尝到甜头后,便也纷纷效仿,这可能会使不明真假的青年教师误入歧途。

公开课的异化,必须纠偏,刻不容缓。如何纠偏?那就是回到根本:上好常态课——把常态课当公开课上,把公开课当常态课上;做到上常态课用公开课的心,上公开课取常态课的实。当常态课是公开课、公开课是常态课的时候，课堂教学将"柳暗花明，满园春色"。若称这劳师动众的公开课是"盛宴"，那么常态课就是学生每天必吃的"家常菜"。我们又该如何上好常态课，做好"家常菜"，让孩子们吃好长好？

一、拒绝"速食菜"

（一）拒绝"稀里糊涂拿来就吃"

名师教案固然好，因此"拿来主义"无疑是所有教师，尤其是新教师的选择。其实，"拿来主义"没有错，关键在于拿什么，怎么拿。名师的示范作用更多的是一个方向性的导向作用，只能是教学的方向性成果。在教学现实中，"拿来的好菜"是否适合我们孩子的肠胃？不管酸甜苦辣，冷暖硬软，不加甄别与取舍，拿来就吃，结果不宜吃酸的孩子泛酸，不会吃辣的孩子上火。长此以往，稀里糊涂拿来就吃，我们的孩子怎会消化吸收得好？

（二）拒绝"清汤挂面将就着吃"

常态课不是"意识流"，不是"清汤挂面"，但是课堂中"清汤挂面将就着吃"的不乏存在。譬如，教学无须费心设计导入语，无须考虑过渡语，走到眼前开始就行；无须制作课件，无须收集资料，车到山前有路就行。进入课文，随文讲讲，循环往复自圆其说就行；涉及关键语句，无须重锤敲打，无须品尝各种滋味，学生圈圈点点跟从就行；偶尔遭遇突然发问，知道的信手拈来侃侃而谈，不知道的闪烁其词忽悠避开，过了就行。在这样"清汤挂面"式的狭窄课堂里，没有积极互动，共同发展，怎能培养儿童的自主精神、创造潜能、丰富情感呢？在这样"清汤挂面"式的盲目课堂里，又怎能享受语言的美丽、思想的跌宕、精神的愉悦呢？如此将就着吃，我们的孩子失去的将是童趣、童心、童性，将会严重"营养不良"！

（三）拒绝"无时无点随意地吃"

课堂教学是一个系统工程，务必要思考如何做到课前、课中和课后一体化，并要思考我们站在哪里，要到哪里去？其实这就是要求我们树立目标意识，不能"胡子眉毛一把抓"，也不能"脚踩西瓜皮，滑到哪里是哪里"。教学目标明确是课堂教学有效性的保障。我们平常进课堂观课，有的老师上课非常清楚要干什么，重点训练什么，每一个教学环节要达到什么目的，教学思路清清爽爽，教学效果显然。而有的课堂则教学过程云里雾里，教学板块不明，教学重点不重，教学难点不难，教学特点不特，不该重磅出击的地方迂回再迂回，该深入探究之处蜻蜓点水。这就如一些人进食没有时间规律,没有正餐和点心之分,如此无时无点随意地吃,饥一顿来饱一顿,到头来终是害苦了孩子。

二、烹制"营养餐"

(一)合理取用原材料

从教师这个角度讲,我们务必要合理取用一切可以操作的有效的教学资源于课堂教学中。但是合理取用又谈何容易,这关系到教师个体前瞻的学科理论、专业知识水平、课堂教学执行能力以及态度和方法。不同的教师会有不同的取舍和运用,不同的取舍和运用又会产生不同的效果。打铁还须自身硬,加强学习,提高教师素质是有效保证常态课质量的主要因素。

从学生这个角度讲,常态课要以学生的发展为本,尊重学生,关注学生,真正为学生着想,并在尊重学生、关注学生的基础上,采取恰当的教学方式,上好每一节常态课,这样才能真正达到"轻负担,高效率",才能激发学生的学习动机,促进学生主动参与,自主探索,形成良好的知识和技能,培养学生的创新精神和实践能力。这样才能使学生形成正确的情感态度与价值观,从而促进学生全面健康发展,实现学生从"要我学"到"我要学"的转变。也只有这样,才能触及课改的灵魂,真正提高我们的课堂效率。

合理取舍原材料,从教师和学生两方面都要考虑。在课前没有充分学习思考的准备,教师要想上好常态课几乎是不可能的。

(二)准确把握火候

火候或大或小,都会使菜肴失之美味,同样,恰如其分地把握课堂生成,必会直接影响课的质量。教学水平高超的教师注重把握课堂生成,恰到好处地利用课堂生成,让学生进行"有效交流",不仅仅是让学生大胆充分表达自己的思维过程和思维结果的单向传输,而是一种对话——多种观点的分享、沟通和理解,更是多种观点的分析、比较、归纳、批判和整合的互动过程,最终形成学生对知识的理解。学生,在"有效交流"中活跃思维、增值知识;课堂,在"有效交流"中灵动生成、智慧闪耀,教学由此而精彩无限。这种"有效交流",我认为只有善于反思每一次遗憾的课堂的人,才能掌握恰当的火候。长此以往,我们因反思而将课堂预设与生成的火候把握了然于心。于是,一道道美味"家常菜"隆重登场。

(三)适时搭配调味料

方法决定效率。不同的年级段、不同的课型、不同的学生,选择正确精当的教学艺术方法,定能让不同水平的学生学习同一教学内容时都有不同层次的收获。通俗地说烹制"营养餐"时,该煮的时候,不能烧烤;该蒸的时候,不能爆炒。这份手艺,我们强调开放自己,主动与教学伙伴进行合作性地切磋和探讨,可共同分享经验,也可共同探究问题。同伴互助的活动方法有对话、协作和帮助等等,指具有丰富的教学经验和教学成绩的骨干教师(学科带头人),指导新任教师或教学能力亟待提升的教师,使其尽快适应环境和角色的基本要求。有了师傅领进门,徒弟烹制起"家常菜"来自然是得心又应手。

　　研究并设计好每一次的待客盛宴固然很重要,但我们要知道,每天实实在在的家常便饭,才是决定一个人营养构成的主体部分。难得一次的待客盛宴就算设计得再好、再精致,如果每天的家常便饭很粗糙、很不合理,甚至我们压根就没好好关心过它、研究过它,那么,我们如何能对自己的营养状况持一种乐观的期待呢? 实惠"家常菜",最为滋养人;朴实"常态课",最见真功夫,但愿我们所有的老师都能成为个中高手,让"家常菜"也能津津有味。

　　　　　　　　　　　　　　　载 2009 年 10 月《鹿城教育》

"布置"是为了"不用布置"

  怎样布置作业是一个老掉牙的话题了,当教师的都能够道出个一、二、三来。我看就是不当教师的也能够道出个道道来,因曾为学生啊。但是学生谈"业"色变,专家提"业"痛斥,可见我们对"作业"这个教学的有机组成部分还是重视得不够,研究得不够,没有很好地考虑作业内容与形式、数量与质量的关系,考虑学生共性与个性、态度与兴趣的关系。可见,我们布置的作业缺乏科学性、针对性,不够人本化。

  "教者有心,学者有益","行随心动"。本人认为我们没有把"为什么布置作业,怎样布置作业"这两个问题想清楚,就直接操作"布置什么作业了"。作业布置为了啥?"为学生!"这该是堂而皇之的答案了。我们这种不负责任的施舍,还要看看学生乐意接受不。为布置而布置,为分数而布置,为管压而布置,严重违背了布置作业的初衷。长此以往,学生对作业轻者应付,重者恐惧。作业结果直接导致师生关系紧张,父(母)子矛盾激化,既增长不了智力因素,又培养不好非智力因素。因此,对于作业布置,我们要真正树立以人为本的思想,不仅要解决好布置作业的"科学性和准确性",更要想清楚布置作业的"重要性和必要性",以及"操作性和有效性"。

  还有,从布置作业常态来看,我们过于重视布置课后作业,而忽视课前、课中作业,所以提起作业,大家想到的往往都是课后作业。本人认为我们的做法有失偏颇。我们务必要思考好"课前作业、课中作业和课后作业"三者的关系,让"前、中、后"有一个完整的系统,既未雨绸缪,又遇缺补足,让学生在作业中养成习惯,在习惯中形成心理定势,从而达到自主做作业的目的。下面本人就本校课前和课后作业布置谈些想法和做法。

一、课前作业未雨绸缪

课前作业是学习本课前的自主预习工作。我们的课前作业布置定目标,求系统,有特色,讲实效。课前作业要求从中年级段向高年级段螺旋式上升,让孩子们知道作业做什么,怎么做,为什么做。

如中段(三年级)语文课前作业具体包括以下几个部分:

(一)写课题(写下课文题目)

(二)读课文(读课文 2 遍,标自然段序号,圈出生字新词)

(三)摘录妙词佳句:

1.生字(写两遍:第一遍抄写,要求读准字音,掌握字形,了解字义;第二遍自行默写)

2.妙词(写下优美词语)

3.佳句(摘抄优美的句子 2 句)

(四)开心练笔:从妙词中引用 3—5 个词语连缀成一句话。

如中段(四年级)语文课前作业要求,在三年级的基础上有提高,具体包括以下几个部分:

(一)写课题(写下课文题目并插图进行美化)

(二)读课文(读课文 2 遍,标自然段序号,圈出生字新词)

(三)摘录妙词佳句:

1.生字(两遍:第一遍抄写,要求读准字音,掌握字形,了解字义;第二遍自行默写)

2.妙词(写下富有表现力的词语)

3.佳句(摘抄优美的句子 2 句并要求背诵)

(四)质疑(读题质疑,读文质疑)

(五)开心练笔:从妙词中引用 3—5 个词语连缀成一段话。

如高段语文课前作业要求,在中段的基础上进一步提高,具体包括以下几个部分:

(一)写课题

(二)名家名篇:名(作者)、地(出生地)、作(代表作、成名作或处女作)、时(生于哪一年)、评(评价)

(三)读课文(熟读课文,标上序号,圈出生字新词,思考课后题)

(四)摘录妙词佳句:

1.生字(两遍:第一遍抄写,要求读准字音,掌握字形,了解字义;第二遍自行默写)

2.妙词(写下富有表现力的词语)

3.佳句(摘抄优美的句子 2 句并要求背诵)

（五）质疑（读题质疑，读文质疑）

（六）开心练笔：写一写学习本篇文章的感悟或从妙词中引用3—5个词语连缀成一段话。

（七）创新选做：要求学生根据自身能力，通过各种途径查找并积累与本文有关的诗歌、故事等拓展性知识。

注：

1.在作业后面写下："老师：请您放心！我已经非常认真完成作业。"以此来勉励自己。

2.老师只批改"质疑"和"开心练笔"部分。批改"质疑"旨在了解学情，让教学建立在学生的需要上。批改"开心练笔"意在查阅学生对课文的理解程度以及学生的语文综合能力和水平。不改其他基础性作业，目的是要求绝对不能出错，让学生养成严谨的作业习惯。当然，同时也能减轻教师的工作量。

3.根据情况对作业进行美化，如插图、座右铭、各种图案等。

这种课前作业，我们要防止学生应付。学生是"郑重其事"还是"敷衍了事"，我们一目了然。为防患于未然，故在三年级起始，教师要做到引领在先，精雕细琢，步步落实，坚持不懈，从形式到内容，以至统一本子，端正书写，何时上交等等都要"严"字当头，乃至形成习惯。只有这样严格坚持才会起到事半功倍，"预则立"的效果。

二、课后作业遇缺补足

课后作业是教师在课后要求学生练习巩固基本知识、基本技能的自主作业。在常态下，课后作业是教师决定的，如果没有考虑分层次有弹性可选择的话，学生是没有选择做什么的自由，也没有选择不做的权利的。因此，学生难免对课后作业毫无兴趣，缺乏主动性与积极性。我们经常会遇到这样尴尬的场面，即在我们老师布置作业时，学生脱口而出：1.读课文三遍并签字；2.抄写生词三次并听写一次……他们对课外作业耳熟能详，同时表现出一种"事不关己，高高挂起"的态度，以至于厌学，影响学习效果。那么在课后作业中该如何体现学生学习的"主体性"，即积极性、自觉性、能动性和创造性，让学生自立、自主、自强，让学生"我的作业，我做主"？我校主张在课前作业的基础上，让学生自主作业。

如中段三年级语文下册《西门豹》课后作业布置举案如下：

学习课文《西门豹》后，学生可以给自己布置作业，但必须依据两个条件：一是结合课前作业，要进一步练习巩固的知识和技能；二、是根据自己的学习程度。于是有的选择"写"，准备把几个自己认为难写的生字再写一写，并能学以致用。如文中的"西门豹、荒芜、淹没、灌溉……"；有的选择"读"，要把课文多读一读，读到能基本背诵下来；有的选择"讲"，决定把这个故事讲给家长听一听；有的选择"演"，想与别人合作演一演；有的选择"查"，想要查一查西门豹还为老百姓做了哪些事；还有的选择"开心练笔"，想要谈一谈对西门豹的看法。在学生选定要做哪几个作业的时候，我们让学生转换作业的表达方式，然后学生根据自己的实际情况自主选择两三种作业。如：

1.我要把自己认为难写的生字写一写，如文中的"西门豹、荒芜、淹没、灌溉……"；

2.我要把课文读一读，读到能基本背诵下来；

3.我要把这个故事讲给家长听一听；

4.我想与别人合作演一演；

5.我要查一查西门豹还为老百姓做了哪些事；

6.我要谈一谈（开心练笔）对西门豹的看法；

……

这样的课后作业，紧密结合课前作业，是对课前作业的一种完善和补充，是自主学习的体现，是学习历程的深化，更是学习品质的提升。

如高段六年级语文上册第六组综合性学习《轻叩诗歌的大门》课后作业布置举案如下：

学习六年级语文上册综合性学习《轻叩诗歌的大门》后，我们的一位教师是这样布置课后作业的：以小组为单位，收集小学阶段语文课中学过的所有古诗（欢迎采纳课外古诗），一星期后在班级里"搞"一次"我爱诗歌"为主题的语文实践活动，形式不限。一组学生以诗句接龙诵读的形式来展示，声音此起彼伏，节奏清新明快，诗意浓浓，诗情融融；一组学生以歌咏的形式表达，有经典歌曲《明月几时有》、《静夜思》《枫桥夜泊》，也有自编歌曲《鹅》等，声情并茂，情动而辞发，全班学生欲罢不能，随之哼唱；一组学生以绘画的形式来演绎"独钓寒江雪"、"青箬笠，绿蓑衣"、"拄杖无时夜叩门"等优美画面。小组成员解读画意，意境悠远，情景交融，其他成员急不可耐，一首首古诗从心而涌；最有趣的是一组学生装扮自己为诗人，饮酒作诗，当场 PK 作诗，其他小组成员则猜测此诗人为哪位诗人，绝妙之极。

这样的作业令学生兴致盎然，不仅学到了古诗词及相关的知识，而且情感、价值观得到熏陶，创造性的思维也得到了培养。

这样的课后作业，除了教师在背后的引领作用外，更是取决于课前作业的基础：作业的习惯与兴趣、作业的方法与态度、作业的能力与水平，以及在作业过程中形成的自觉自动行为。

在影片《英雄》中，秦王悟剑三境：一重境界——手中有剑，心中有剑；二重境界——手中无剑，心中有剑；三重境界——手中无剑，心中无剑。同理，"教"是为了不用"教"，"布置"是为了"不用布置"。

载 2009 年 6 月《鹿城教育》

清新语文味，回归本色美

《新课程标准》实施已经进入第六个年头了，我们的语文课堂发生了很大的变化：课堂呈现出民主开放的状态，学生作为生命个体得到了应有的尊重；教师的教育思想经受了一次洗礼，教学观念进一步得以更新。但毋庸讳言，课堂上也夹杂着"虚、闹、杂、偏"的现象。于是，我们开始思索：语文课堂怎么了，语文课堂该怎么办？

一、摇曳多姿渐迷离

语文课应如水墨兰花，又似西湖龙井，清新自然，落落大方，自有一种品位、气质和境界。然而，"乱花渐欲迷人眼"，一些课堂实践渐远语文味，脱离本色美，影响语文课的教学质量。

1. 不舍万般"秀色"——太综合

《新课程标准》提倡语文教育应拓宽语文学习和运用的领域，注重跨学科的学习和现代科技手段的运用，使学生在不同内容和方法的相互交叉、渗透和融合中开阔视野，提高学习效率，初步获得现代社会所需要的语文实践能力。但语文课毕竟姓"语"，许多老师忘了语文的这一本姓，把语文课上成科学课、美术课、音乐课等。

一位教师在教《美丽的小兴安岭》时，导入后，便运用课件让学生感受小兴安岭春夏秋冬的美丽景色，然后问学生喜欢小兴安岭哪个季节，选择最喜欢的那段读读，然后采用自己喜欢的方式来汇报。10分钟后，学生交流自己的学习成果，或读、或唱、或跳或展示自己的画，整堂课热热闹闹。

文章以优美的语言描写了小兴安岭的美丽景色，教师没有引导学生去细细揣摩，去精心品读，就采取了这些"非语文"的方法。像这样离开了语言文字的品味而去搞一些与语文无关的东西,那绝不是语文课。

2.不慎剑走偏锋——信息化

许多教师认为,这是一个信息时代,现在上课,特别是公开课,不运用课件就不能体现新理念。更有甚者是还没让学生先认真阅读文本,感悟语言,展开想象,便迫不及待地出示课件。

曾经观摩过一堂《荷花》的公开课,执教者为了表现荷花"有的才展开两三片花瓣儿。有的花瓣儿全都展开了,露出嫩黄色的小莲蓬。有的还是花骨朵儿,看起来饱胀得马上要破裂似的"的姿态,在学生品读文字之前就在大屏幕上展示了几幅荷花图片。

这种"定格"顿使原本具有无穷魅力、无限张力的文学语言瞬间萎缩,限制了学生的思维空间,也冲淡了语文韵味,抑制了学生丰富的想象力。

3.不惜喧宾夺主——太人文

《新课程标准》提出,语文是人文性与工具性的统一。可我们现在课堂上提倡人文性教学过激,整堂课就是让学生情感熏陶和人生观价值观的养成,没有通过创设环境缩短文本与学生的距离,让学生好好读课文。

笔者曾执教《你必须把这条鱼放掉!》,在讨论该不该放掉鲈鱼时,学生们意见不一。于是,我将焦点引申到生活中对遵守规章制度意识的认识。结果回答五花八门,到最后还是无法达成预期教育目标。

课没有上好,留下的是思索:究竟如何处理语言文字训练和思想道德教育之间的关系?我想唯有让语文课语文些,再语文些! 本课中的问题,关键在于:汤姆违反了规定,所以必须改正。每个人,都应该自觉遵守规定,这无须商量。对于这一点,只要简单地加以引导树立就可以解决问题,而完全没有必要让学生去争论,去引申。简单的告知,有时候是必需的! 简单的也许就是最有效的。

二、删繁就简一树花

有人问一位著名的雕塑家:"你是怎样把石头雕成人像的?"雕塑家答道:"把石头上不是人像的地方去掉。"同样,语文课也要尽可能地把不是语文、不具有语文味的东西清除出课堂,可谓"删繁就简一树花"。那么,什么是"语文味"呢?

1.语文味就是善于"咬文嚼字"

语文的魅力在于语言的精确、丰富和细腻。从古至今,文人墨客无不是"吟安一个字,捻断数茎须",文学史上,许多经典的推敲典故令今人叹服再三。语文课程目标中就指出,语文要培养学生热爱祖国语言文字的感情,提高学生运用语言文字的能力,这种能力怎么形成,主要靠课堂,语文教师就要担负这样的语文任务——有目的地引导学生揣摩和体会文字的精当和准确。

2.语文味就是教给写作方法

学语文的目的就是运用语文,运用得如何全靠对文本学习得怎样。每篇课文都是最好的文本范例,教师要立足课本,渗透写作方法指导,让学生在读中学到方法,然后潜移默化地运用到自己的作文中。

三、听说读写品本色

清新语文味,幽香怎飘散?叶圣陶先生早就说过,口头为语,书面为文。口头是指听说,书面是指读写,语文也就是听说读写。如是,清新语文味,自然是在"学语习文"中进行的。

(一)动情诵读,静心默读——"读"味

语文味首先表现在"自然实在"的"读"味上。在读书中,学生用心灵去拥抱语言,与作者心灵直接交流。语文要读,但是不能死读,呆读,要读得有层次,有方法,有实效。

如教学《桂花雨》时,我采用了多种形式的读,收到了良好的效果:

1.静之读

语文课堂上适度布设"静读",亦能产生"不教胜教"的功效与价值。面对这样一篇文质兼美的散文,我决定"给学生一个静心的空间",首先让学生平心静气地去默读。在"静读"中去体验、感悟,寻找真实的"第一感觉"。揭题后,我轻声对学生们说:"故乡的桂花,故乡的桂花雨会给我们带来怎样的感受呢?让我们静静地走入文章,用心去品味。"当孩子举起那稚嫩的小手时,他们那"空白的心扉"中已存下了一份"真实的感受"。

2.悟之读

感悟是一种心理活动,又是一种情感体验,还是一种审美体验。它需要一个过程,需要推敲、斟酌,同时也需要充分感悟的时间。如教学"摇桂花"这一部分时,我注意了读中感悟,引导学生深入体会"摇桂花"时的快乐心情。我先让学生分角色朗读,再利用评读来渗透"注重抓住人物的语言和动作,从中感受人物复杂的心理活动"的学习方法。对于作者盼望"摇桂花"的迫切心情和"摇桂花"的快乐,我引导学生阅读文字,从领会对话和动词入手,让学生分角色朗读和说说这样读的理由,在阅读中体验和感悟作者的急切和快乐之情。

3.探之读

对突出课文主旨的内容或课堂生成的闪光点应"浓墨点画",教师需加以点拨、引导。如教学母亲的话:"这里的桂花再香,也比不上家乡院子里的桂花"时,范读激发情感后,追问:"为什么母亲这么说?"再抓住"桂花盛开的时候,不说香飘十

里,至少前后十几家邻居,没有不浸在桂花香里的"和"啊! 真像下雨,好香的雨啊"这两句话,让学生感受家乡的桂花香,感受母亲思念家乡的情感。这样一步步引导,使学生如身临其境,纷纷表达了自己的感受。此时,"情满于山,意溢于海"的境地已"水到渠成",学生拿起书再次诵读的时候,可谓声情并茂。

(二)品词品句,咬文嚼字——"品"味

品——品词赏句! 语文课堂因为有了品词赏句,文章才能真正被理解、感悟和鉴赏;课堂才不会显得浮华、浅薄;学生才能更好地读出味道来,才会体现语文工具性和人文性的统一。

1.抓关键词句品析

一句句貌不惊人的句子、一个个看似呆板的文字可不是简单冰冷的符号,它是有温度的、有内涵的。只有静下心来,沉入其间,才能深谙其中的妙不可言。例如《一夜的工作》一文,"花生米并不多,可以数得清颗粒,好像并没有因为多了一个人而多加了分量。""到底多加了没有? '好像'一词能否去掉?"仔细"推敲"才顿悟作者的用心良苦——一个"好像"可以想象我们的周总理在艰苦的岁月里怎样节衣缩食! 语文味在一词、一句甚至一个标点中,这就是语文的精妙之处啊!

2.在对比中品味

在比较中的品词赏句是我们常做的一个方法,因为学生在不同词语、不同句式、不同语序的比较中,能发现课文中语言运用的妙处,语文味才能得以体现。如教《泊船瓜洲》,在引导学生赏析诗句时,学生说自己最欣赏"春风又绿江南岸"。于是,我让学生思考"绿"可以换成哪些词。学生说了很多,但最后通过比较,他们很快就懂得那些词只写出风的动态而已,而"绿"字不仅如此,还写出了颜色的变化,仿佛在人们面前展现了一幅春风吹过江南,一下子变绿的画面,这充满勃勃生机的美,也尽情地表达了诗人对江南家乡的热爱和对乡美景的思念。

3.联系上下文品析

我们知道,语文中的字、词、句的情感总是统一在一起的,不是孤立的。因此,联系上下文是品词赏句的一个好方法。如《"精彩极了","糟糕透了"》有一句话:"一个作家,应该说生活中的每一个人,都需要来自母亲的力量,这种爱的力量是灵感和创作的源泉。但是仅仅有这个是不全面的,它可能会把人引入歧途。"这句话既写出了母爱所产生的效果,又暗含父爱的重要性。要让学生理解好,必须联系上下文。(1)母爱为什么可能会把人引入歧途? 联系这个句子说说"我"的看法。再联系上文说说你的看法。(2)联系下文想想"它可能会把人引入歧途",作者想说明什么? 这样一步一步地联系上下文品词赏句,学生很快就体会到母亲的慈爱和父亲的严爱对于孩子的成长同样是重要的。这时,学生对语言的理解就不再是浮华、浅薄的了,这样的语文课就上得有滋有味。

（三）圈点批注，摘抄书作——"写"味

语文课上已不再是我讲你听、我问你答、我写你记这样单一的流程。特别是小学中高年级的阅读教学，更应强调教师、学生、文本之间的对话。如教学《鸬鹚》这篇课文的时候，我就尝试了课前、课中、课后分层批注。

1.课前诱导，尝试批注

我将批注纳入课前预习，引导学生圈点勾画，凭借工具书注上生字音、生词义，画出疑难句。更重要的是，我针对课文的教学重点和难点，设计预习提纲，为学生主动学习创造良好的心理环境。预习提纲如下：

（1）鸬鹚是一种怎样的鸟？

（2）画出描写鸬鹚、渔人、湖水的词、句，评析体会，尝试批注。

2.课中指导，层次分明

（1）两次批注，逐步提升。第一次批注是在教师对文本不作任何讲解的条件下进行，防止学生产生思维依赖或定势。第二次是在师生与文本进行深度对话，师生之间、生生之间进行有效对话后进行。此时的批注由浅入深，学生的理解能力、赏析能力逐步提高。

（2）小组合作，交流互评。以四人小组形式，让学生就各人批注的内容展开讨论。学生人人动口、动手、动脑，大胆发表自己看法，然后补充、修正自己的批注，在相互交流中听说能力同时得以提高。如在教学《鸬鹚》第二段时，我设计了这样的问题：都说中国的文字是最富有情感的，这"一抹"让你感受到什么？一开始同学们的批注只关注到渔人对鸬鹚的爱。后来经过讨论，一位同学指出渔人的命令早不下晚不下，偏偏这时下，一定是他发现鱼群，怕惊动了，所以轻轻"一抹"，一看就是有经验的高手。通过交流，学生们肯定了这位同学的批注，这给了他极大的鼓励，激发他更加主动地投入到学习中去，其阅读个性得以彰显。

（3）实物投影，现批现评。对于批注时典型的偏激、片面、平淡等现象，利用多媒体展出供大家引以为戒；精辟、独到、全面、透彻的批注供大家借鉴仿效，一些重点句子，还可通过实物投影仪与同学们一起讨论、批注。这些对于阅读能力不强的同学来讲，很有利。通过检查、交流，同学们能及时反思自己批注的情况，取长补短，不断提高自己的阅读效率和批注质量。

3.利用教材，课后引导

学完了课文，教师要充分利用教材所提供的语言材料、生动情节，引导学生动笔写一写，将书中的语言内化为自己个性化的语言，使写的能力得以提高。如教学《鸬鹚》后，我对同学们说："这篇课文，有动有静、动静交替，动美静美、动静皆美。这不仅是《鸬鹚》，也是整个大自然赐给我们的一份美的礼物。同学们，拿起手中的笔，用上课文中的佳词美句把你对这些礼物的赞美写下来。"有的学生写了对水乡

景色的赞美,有的同学描写了鸬鹚的机灵,有的同学介绍了那位经验丰富的渔人。

　　"读"味,"品"味,"写"味,课堂飘散出清新语文味,如此,才是语文教学的"固本"之道。"为师不识语文味,教尽经典也枉然",在全面推进新课改的今天,我们有必要提醒自己:语文,要走在语文的路上,千万别被冗杂的跟风现象晃花了眼,莫让语文变了味。

　　　　　　　　　　　　　　　　　　载 2009 年 3 月《教育教学实践》

审视并探讨课堂"观课"

"听课"作为教学常规最基本的内容之一,听起来耳熟能详,说起来习以为常,但随着课改的深入,我们已经深刻体会到"听课"一词的使用已经不适切、不科学。因此,我建议学校管理者用"观课"替代"听课",让"观课"深入人心。

一、关于观课

与听课对"听"的强调不同,观课的"观"强调用多种感官(包括一定的观察工具)收集课堂信息。可见"听"不包含"观",而"观"包含"听"。孔子曰:"视其所以,观其所由,察其所安。"也就是说,要认识人和事物,既要看他的作为,了解他的思路,更要考察他的动机、价值追求,这样才能够更真切地认识、理解和把握观察对象。因此,观课是用心灵感悟。从这个角度讲,"观课"比"听课"有更深层次的意义。

二、关于观课位置

观课位置不同,观察到的内容也不同;观课位置不同,也反映出观课的目的不同;观课位置不同,体现观课者的教学观、师生观和质量观也不尽相同。观课位置可以分为:教室后面、教室两侧和教室前方侧面。

如果认为教学是以教师为中心,以教师讲授为主要形态的话,那么观课者关注的就是教师对教材的理解和解释方法,教师对教具和材料的运用,教师设定的教学步骤,教师运用语言、肢体和表情驾驭学生的技术。由于学生在课堂中多处于静听和回答教师提问的状态,少有自主活动的机会,也不会提出疑问或者反驳,所以,在这样的课堂里,观课者几乎没有必要去观察学生的动作、行为和表情,以及学生之间的互动。对学生的关注最多表现在学生举手发言的人数、课堂气氛是否活跃上，而这些只要站在教室后面就能感受到。

如果我们把学生当作学习主体的话，那么我们就要关注学生在想什么、需要什么，他们带着什么样的经验，教师是否应对了学生的需要，是否为学生创造了主动学习的环境，是否每个人都投入到学习中，学生在课堂里是否成为一个主体，等等。而这些都要从学生的发言、动作行为和表情来判断。

此外，以学生为主体的课堂里，学生的语言、动作和活动多了，生生之间的互动也多了，且学生的兴趣往往偏离教师预设的教学目标和进程。那么，学生在课堂中的种种表现究竟是怎样发生的，为什么是这样的，他们的行为意味着什么，他们之间在如何交互作用，如何应对才能改变他目前的状态？……这些不仅是执教教师在课后要反思的，而且也是所有观课教师必须关注并思考的。观课的教师一方面要把自己在课堂中把握的信息反馈给上课的教师，另一方面要通过其他教师的课来提升对学生的认识，积累教学的机智。

观课位置决定观课的内容、目的、教学价值观以及观课效果。

三、关于观课目的

对于大多数教师来说，观课是为了学习取经，学习别的教师的教学方法和技巧，吸取别人的教学经验，然后带回到自己的课堂中运用。

但是，教师观课不能停留于这一点。今天教师已经被看作是与律师、医生一样具有很高专业性的职业，教师是需要专门培养、不断学习的专家。日本教学专家佐藤学通过一系列的研究，指出教师的专业知识具有复杂性、不确定性、默会性、情境性等特点。这种专业知识不是通过学习教育学理论和学科知识就能获得的，而是需要像医生那样大量的临床实践和对实践的反思，需要像律师那样对大量判例的研究（即案例研究）才能逐步获得的。教师在实践中发挥实际作用的不是从大学课堂或书本中学来的知识，而更多的是在实践和研究中积累的"实践性知识"，这种知识是理论和实践高度结合的产物。为了获得这种"实践性知识"，一种方法就是教师集体要经常性地开展基于案例研究的课堂教学实例研究。

从提高教师专业素养这个角度来说，观课就是为了进行教学研究，为了提高教师的专业素养，获得专业发展。更确切地说，观课是教学研究的一部分，观课应该是一种研究性的、反思性的活动。观课时教师要带着研究的目光、带着问题意识去观察和捕捉课堂中发生的大小事件和事件与事件的关系。

在确定观课议课主题时，专家们建议：首先，主题是针对教学中的困难和问题，这样，献课就不是为了展示，而是以此为平台研究和解决教学实践的问题。其次，主题是参与者共同协商的，是大家共同感兴趣并可以参与的。第三，对主题要进行分解,使主题可观可议。在上述案例中(案例略),专家们把"如何引导学生体会这一首诗的诗情"这一主题分解成教材研究和分析、教学活动观察、教学效果观察三个方面,实际上,对于任何一次课堂教学观察,都可能涉及这三个方面。第四,在任务分解以后,参与者要做预先准备,比如在研究教材时,就应该想一想我会怎么处理。

研究思考的主题既可以来源于实践活动中的困惑和困难,也可以来源于教学实践和创新;可以来源于个体,也可以来源于群体。问题不同,分解的观察要点也就必然不同。

一方面,课堂教学的发展变化具有不确定性和流动性,另一方面,观课者对教学的理解、认识和自己的发展需求又各有差异。因此,观课议课过程中,生成新的议课主题是一种非常正常的现象。观课议课鼓励参与者用自己的眼睛观察课堂、研究课堂,并把自己对课堂教学的理解通过对话交流的方式让大家分享。有了生成的主题以后,在议课时就可以先讨论预定的主题,再讨论生成的问题,从而补充、更新自己以及整个教师集体的"实践性知识"。只有这样,教师的专业性才能真正提高。

四、关于观课境界

许多老师在观课时多多少少总会有这样的经历:坐在教室的后排,有点腰酸背疼,有时一阵疲累袭过,不免是呵欠连连。其实,假如无法做到胸有成竹,以长善救失、兼收并取的态度来对待,我们待在教室的一隅也会渐感茫然,以至于觉得索然乏味。怎样才能使观课活动变枯燥无味为让人乐此不疲呢?我们在观课时要用心灵感悟,观课过程要做到以情激情、以智启智的境界。

(一)以情激情

教学就是即席创作。观课就是艺术批评与鉴赏,是一种充满情感的活动。然而反思我们平时观课的状况,更多是机械的感观录入,而不是思维与精神的主动参与;更多是对师生交流活动的监视与裁决,而不是心灵、情感融通的见证与欣赏;更多是把观课当成与己无关的任务,而不是提高专业素养的良机。

叶澜教授提出"让课堂焕发生命活力"的观点,并认为:"上课是师生生命共享、精神相遇的弥足珍贵的一段人生经历。同样,观课也要作如是观。只有将自己的情感诚心投诸课堂,你才会为自己培植更丰厚、更美好的情感;只有把心浸入课堂,你才会为教材中的内容感动不已,对教师的教学智慧羡慕不已,对学生的感悟赞叹不已。需不断吸取来自课堂深处的营养和反躬自问。"从这个意义上讲,所有伟大的教育家及优秀的教师都是在观课中诞生的!

(二)以智启智

在许多老师的眼中,观课似乎无须以更多的智能与灵感参与,只要耳聪目明、全神贯注、走笔如飞,你就是一个观课好手。然而,这些都是体能操作与外部感官的运动,其结果,观察所得到的不过是一些零乱芜杂的课堂表象,那些深蕴着教育意味的细节与环节很可能会与观课者失之交臂。如果不讲求观课的方法与智慧,那么,收效甚微,就像徐志摩的诗中所写的:"轻轻地,我走了,正如我轻轻地来,我挥一挥衣袖,不带走一片云彩。"没有经过智慧之光照耀的课堂,无论是上课还是观课都无法在生命深处留下印痕。多年课堂观察的实践中,我得出这样的结论:观课是一种智慧的探求!

许多观课者力求将课堂中所有的枝枝叶叶、藤藤蔓蔓都纤毫不失地实录下来。其实,这样面面俱到的结果往往是全盘皆输。我的做法之一是取其一点不及其余。进入课堂之前,谁都不是真正意义上的"白板"(洛克),而是带有自己鲜明的个人印记:受教育的经历、生活的阅历及对教育的看法。首先要学会询问自我,最关注的问题是什么,然后带着问题来考察课堂。唯有聚焦某个方面的问题,才能有所思考并有所收获。如现今某些课堂上充斥着欢呼雀跃、热热闹闹的景象,这时,我们可能要反思老师们对让"课堂焕发生命活力"这一观点是否有简单化理解的倾向。曾经在很长的一段时间里,我一直观察、计算着每一个课堂中学生安静读书、沉静思考的时间长短。结果发现,课堂中师生沉思默想的时间太少了,表面上的活蹦欢跳无法掩饰骨子里的思维贫乏与教学创造力的疲软。这就是观课中"智"的参与结果。

观课应是以情激情、以智启智,融会贯通,浑然一体,绝不能厚此薄彼或顾此失彼。唯有如此,我们才能探获到真实生动、深入人心的教育教学的真谛,获得教育智慧的滋养!

载 2009 年 4 月《新校园》

《临死前的严监生》学案设计

教学目标

1.读准多音字,能正确流利地朗读课文。

2.抓住描写严监生动作、神态的词句,在品读中感受严监生吝啬的形象。

3.揣摩作者语言表达的特点,学习作者抓住人物的神态、动作描写人物的方法。

课时安排　1 课时

教学过程

一、见文

(一)读题

今天,我们一起学习一篇描写人物的课文,谁来读课题?

1.师指"监"字。这是个多音字,在这里读第四声,这个字也比较难写,第三笔是短撇,最后一笔要长一些。在课题旁边写一个。

2.课题右上方有一个①,到文章下面看看,你发现了什么? 这位古代读书人姓严,我们叫他——

3.在《儒林外史》中,严监生是一个怎样的人物? 请你快速浏览课题下的自学提示。

(二)读文

4.今天我们学习的文章有的用字与现在不同,下面请你自由朗读课文,要求:

(1)一字一字地读,借助注释或联系上下文读通读懂课文。(2)文章描写了严监生的什么事?

二、见形

(一)交流难读处

PPT:严监生喉咙里的痰响得一进一出,一声不倒一声的,总不得断气,还把手从被单里拿出来,伸着两个指头。

1.我们先来看看这个句子,比较长,谁能读? 齐读。什么叫"一声不倒一声的"? 从何得知? 用注释学课文,很好啊。

2.像这样的语言现在不常用了,但在课文中还有很多,找出来读读,有注释的可以借助注释,没有注释的你能不能读懂?

3.交流:有没有读不懂的?

(二)交流文章主要写了什么事

4.读准音,读懂意了,课文写了严监生的什么事?(课文写了临终前的严监生因灯盏点了两茎灯草,伸着两个指头总不断气,直到赵氏挑掉了一茎,才一命呜呼的故事。)你能把这一段文字读成一句话,不容易。同桌把这件事说一说。

(三)交流"严监生"的状态

5.让我们再来读这个句子,请你用一个词来形容此时严监生的病情?(奄奄一息、气若游丝、病入膏肓……)

6.请你把这种理解送到句子中,并把这种理解读出来。

7.读着这句话,你有什么疑问吗?(心事未了)

8.是啊,我们就很自然把目光聚焦到在被单里伸出来的这两个指头上。

板书:两个指头

三、见心

(一)深入学习细节描写

1.对于这两个指头,诸亲六眷是怎样想的,大侄子猜什么,二侄子猜什么,奶妈猜的又是什么?

板书:两个亲人、两笔银子、两位舅爷

2.这三个人有没有猜对? 我们从哪些句子一读就明白?

PPT:他就把头摇了两三摇

他把两眼睁得滴溜圆,把头又狠狠摇了几摇,越发指得紧了。

他听了这话,把眼闭着摇头,那手只是指着不动。

3.回到课文中与同桌合作读两次。

4.师检查读。有句话说,你读好了就说明你读懂了。我想听听,你们是不是读懂了?(1)谁能够读给大家听听? 他把哪里读好了? 你认为还要把哪里读好?

(二)比较学习细节描写

5.读着读着,我们就会发现,在这里作者紧紧抓住严监生的一个动作(摇头)来写。请问这样写好不好?(只表达一个意思:诸亲六眷没有猜对而已)

他就摇了摇头。他又摇了摇头。他还是摇了摇头。

6.请你比较朗读,课文中这样写,妙在哪里? 把你的体会和感受写在课文的空白处。(抓住动作和神情的细节写具体,写形象了,这样读起来更加生动有趣)

7.请把这种理解放到句子中读一读。

8.师生合作读。

四、见性

(一)突破中心

1.严监生彻底绝望了,知夫莫如妻啊,还是赵氏懂其心。引读"赵氏慌忙揩揩眼泪,走近上前道"。

2.刚刚是"总不得断气",现在是"登时就断了气"。原来严监生在临死前念念不忘的只是两茎灯草。

板书:两茎灯草

3.你说,此刻,在自己将要死去的夜晚,多点一茎灯草让家里光亮点。过分吗? 可在严监生的心里,这灯油就是他的____,这灯草在吱吱燃烧,仿佛就在燃烧着他的____。

4.各位还记得吗? 严监生是一个怎样的人?

这是《儒林外史》中描写严监生的家财的一段话,请你读读。套现在的话讲,他简直就是一位富翁。

5.恰恰是这么一个人,因为多点一茎灯草而咽不下最后一口气。可见,有钱的严监生,绝对是一个吝啬鬼、守财奴。

(二)学习写法

6.是啊,以后我们提到吝啬,就会想到一个人——严监生,就会想到一个动作——摇头,就会想到一个情景——两个指头。

作者吴敬梓就是紧紧抓住这些细微的动作和神态的描写,让我们看到了严监生的心情、性格。这个片断堪称人物描写一绝,成为千古绝唱。

PPT:《儒林外史》是我国古代最伟大的讽刺小说。在这部小说里,作家吴敬梓用讽刺的手法，描写了封建读书人对功名的追求，以及他们的生活状况。其中还有许许多多形形色色的人物和故事，有空找来读一读。

本文写于 2010 年 11 月

【课例点评】

一、从"非本体性知识教学"向"本体性知识教学"转变

2011 版课标指出语文课程是一门学习语言文字运用的综合性、实践性的课程，语言文字的习得是语文教学的主要任务。判断一节语文课是否纯正，要看是否引导学生进行语言文字的学习，内容的选择是否正确，内容假如差之毫厘，目标将失之千里。不少老师教《临死前的严监生》一课时将体悟严监生吝啬的人物形象作为教学的主要目标，课堂上越引导学生体会严监生吝啬的人物形象就越远离"语文"了。而金老师这节课在快速梳理了主要内容之后直指语言文字的表达，引导学生通过句子比较体会细节描写的好处，通过朗读进一步体会神态、动作等细节描写的作用，指导学生扎扎实实地学习动作、神态等细节描写对表现人物特点的作用，而将非本体性知识的"严监生吝啬的特点"品悟轻轻带过。这样以学习语文本体性知识为主要目的，实现从非本体性知识教学向本体性知识教学的转变，从教课文向教语文转变。

二、以"讲为主"向"学为主"转身

以生为本的课堂注重学生自主学习，关注学生学习难点，注重学生自主发现。金老师的课注重学生自主学习，如：初读阶段让学生自己借助注释或联系上下文读懂课文；品读语言的表达方式时老师将句子改了之后让学生自己来发现细节描写的作用；课文中有不少难读的长句子和难理解的词句，老师让学生找出来自己借助注释解决；等等。课堂上学生学习时间充分、时机得当，将课堂还给学生，让学于生，将以"讲为主"的教学向"学为主"课堂转身。

三、从"线性教学"向"板块教学"转型

传统的线性教学注重前后的逻辑理路，课堂结构相对严谨，思路比较清晰，但灵活度不够，课堂往往会形成一问一答式，教师满堂问，学生满堂答。金老师的课堂板块式教学颇有特色，见文、见形、见心、见性四大板块简洁明了、层层递进、螺旋上升又独立成块、块块衔接，有利于学生自主学习，扩大学生学习的空间。

总之，这是一堂品味言语表达的语文课，是一堂学生与文本自主对话的生本课。

点评者：浙江省特级教师　吴孔裕

《拉萨古城》学案设计

教学目标

1.运用第一单元习得的学习方法,自主欣赏,提升阅读能力。

2.把握课文主要内容,欣赏课文选景典型、对比穿插等写法,感受作者描写八廓街等景点时抓住最具有地方特色景物,把古城这份浓浓的佛教气息传达出来的写作手法。

3.积累语言,初步感受西藏的民族文化。

教学流程

一、联系学习,方法再现

1.在我国的西南部有一个古老而又神秘的地方,它是西藏的心脏,它是人们心中的圣地。

板书:拉萨古城

这篇课文是选学课文的第一篇,学习这篇课文,我们要运用第一单元习得的方法自主阅读。

2.请你翻到第1页,看单元提示的第三小节。

3.梳理学法。

板书:把握主要内容、联系上下文体会含义深刻的句子、质疑解疑

今天就让我们按此要求来学习课文。

二、疏理课文,把握内容

1.自由朗读课文。请大家翻到第 168 页,自由读课文,在读准字音、读通课文

的同时,想想课文主要写了什么?

2.检查反馈

正音:有一个字,不知道你是否读正确了。板书:宝幢 chuáng

这篇课文里有一些比较难读的词组,但是读好了却能读出节奏感和韵律,试试看。(略)指名读、齐读。

3.概括主要内容

(1)这篇课文主要介绍了古城的哪几个地方?

板书:民居、大昭寺、八廓街

(2)你是从哪些句子中看出来的?

出示:

A.走进拉萨古城,首先映入眼帘的便是那极富特色的藏族民居。

B.坐落在古城中心的大昭寺在民居中鹤立鸡群。

C.环绕着大昭寺的八廓街,像合拢的双臂捧托着大昭寺。

这篇写景的文章结构上非常有特点,发现了吗? 这些句子分别是每一段的(引)——总起句。它在文章中起着引领和过渡的作用,我们只要把这三个总起句的主要内容并在一起,就成了这篇课文的主要内容了。谁来试着说一说?

像这样概括课文主要内容的方法,我们叫它"合并法"。

板书:合并法

三、自主阅读,欣赏写法

接下来,让我们跟随作者的脚步,去欣赏更多精彩的写法。

1.选择其中的一处景点,好好读一读,把你觉得写得最精彩的句子画出来,读出自己的理解。

2.交流第一部分(一、二自然段)。

(1)学生自主交流一、二自然段。

让我们跟随作者的脚步先来看看拉萨的民居。作者对民居的描写有什么特别之处?

预设一:色彩鲜明。

走进拉萨古城,首先映入眼帘的便是那极富特色的藏族民居。平顶的白色楼房一座挨着一座,黑框的门窗上装饰着条条漂亮的短皱帘,家家的楼顶上五彩经幡飘飞……古城民居的建筑风格独特,色彩鲜明,无论是颜色还是造型,都给人留下深刻的印象。

(学生通过读的方式来汇报,你为什么喜欢这一句? 这个词你读得很有感情,为什么这么读?)

预设二：比喻生动。

正月里，我们登楼远望，但见鲜艳的五彩经幡四处飘扬，整座拉萨古城，像一支正要启航的漂亮而庞大的舰队，布达拉宫则是无与伦比的旗舰。

（欣赏图片：布达拉宫被称为"世界屋脊的明珠"，它不仅是拉萨的标志，它还是西藏曾经的政权中心。作者把它比作无与伦比的旗舰真是恰如其分。）

预设三：插叙到位。

爸爸曾对我说，把经幡插在楼顶，是为了祈盼新的一年人们健康长寿，万事如意。多么有意思啊！

（拉萨是人们心中的圣地，经幡在拉萨乃至西藏随处可见。作者巧妙地利用插叙，引用爸爸的话向我们介绍了经幡的涵义，突出了它在藏族人民生活中的重要地位。）

3.交流第二、三部分，欣赏课文精彩的写法。

第三自然段：出示图片，补充六张图片以及说明，感受佛教文化。

（藏传佛教和我们中原的佛教不太一样，而大昭寺是藏传佛教的代表建筑之一，作者选取了大昭寺最富有佛教气息的景物，很有代表性。）

第四自然段：作者运用对比的写法，从独特的观察角度描写了弥漫在八廓街周围的气味、声音、旋律。

四、循学而导，质疑问难

1.这篇文章写得很精彩，请问有没有读不懂的地方？ 学生质疑……

只要解决了"矛盾和统一"的问题，你们所有疑问自然迎刃而解。

2.请你联系上下文，找一找矛盾体现在哪里？

交流出示：

大昭寺内庄严肃穆	街上商店、摊点星罗棋布，热闹非常
人们的诵经声	讨价还价的嘈杂声
香炉中吐出的桑烟香味	外国香水的气味
古老质朴的藏戏唱腔	节奏激烈的迪斯科乐曲
……	……

3.男女生对比读，师生对比读

读一读，读着读着你有什么感觉？

请联系上下文找一找从哪里可以看出大昭寺的庄严肃穆？

但是，它们真的是对立的、水火不相容的吗？ 从哪里看出它们是统一的呢？

出示：

人们的诵经声和讨价还价的嘈杂声混在一起；

香炉中吐出的桑烟香味与外国香水的气味混在一起；

古老质朴的藏戏唱腔与节奏激烈的迪斯科乐曲混在一起……

还有什么混在一起？

4.这些看似矛盾的因素却那么自然地混在了一起，齐读：

佛教与尘世，宁静与喧哗，虚无与真实……这就是拉萨古城，在这里，古老的宗教文化与现代的生活气息融为一体，宗教就是生活，生活中处处有宗教。

难怪作者感叹，齐读：这一切使圣地拉萨富有魅力，使古城拉萨成为人们心目中的神秘之地，神圣之地，幸福之地。

五、总结课堂，布置作业

读万卷书，行万里路，很多问题需要亲身到拉萨去走走，相信会有更深的体验。在这里我向大家推荐何马写的一整套《藏地密码》，有兴趣你们可以去看一看。

本文写于 2011 年 11 月

【课例点评】

一、正确处理好必读与选读的关系

此文可必读，可选读。金老师选择了必读，其实就是对教材的正确定位。这篇课文是五年级下语文选学教材中的第一篇，文质兼美，结构分明，是培养学生阅读能力的一篇好文章。而且此文与第一单元有紧密的联系，于是"运用第一单元习得的学习方法自主阅读，自主欣赏"开展学习活动就显得非常合适。

二、正确处理好精读与略读的关系

此课例，对教材的取舍，即如何正确选材，非常精妙。教学的第三个板块——自主阅读，欣赏写法，应该说比较简约。本人觉得最精彩的是第四个板块——循学而导，质疑问难。这个教学过程，精心琢磨，重锤敲打，用略读法，迅速抓住阅读材料中的主要内容，确定阅读重点；最后用精读法，有创见地理解阅读材料，从而让学生达到自己的阅读目的。即引导学生欣赏文章中"篇章结构的妙处"、"选取景物的典型"等，凸显了五年级学生的年段特点。作者在课例设计时是费了脑筋的，也是需要这样做的。

三、正确处理好内容与方法的关系

一堂课能带给学生什么，让学生习得什么，这直接指向课堂的有效性。我认为

151

在这个课例中,学生的主要收获就是阅读能力的提高。这种提高得益于内容与方法的融合,得益于对教材的运用,即如何正确习得。

(一)方法习得

1.用"合并法"归纳文章的主要内容。

2.用"比较法"学习"既矛盾又统一"。课文中哪些内容写到大昭寺与八廓街的矛盾? 从哪里看出他们又是统一的呢? 矛与盾的比较描写,矛盾与统一的比较描写,让学生深深感受到传统的宗教文化与现代的生活气息既是矛盾的又是统一的,宗教就是生活,生活中处处是宗教。

3.用"联系上下文理解法"解决"大昭寺的庄严肃穆"。"庄严肃穆"很抽象,联系上文的描写,那色,那型,文字中透露出来的圣洁与庄严,只可意会不可言传。

(二)语言习得

主要是通过朗读法习得。如:读词组,"读好了,能读出节奏感和韵律"。如:好好读一读,读出自己的理解;这个词读得很好,你为什么这么读? 读着读着,你有什么感觉?

给学生充分阅读的时间,让学生自己用心读课文,调动各种感官,读出感觉,读出味道,读出情趣。因为,学生只有在良好的个性化阅读氛围中,才会有"心理安全"和"心理自由"的感觉,于是,才能积极地思考,去把握、分析和赏析课文,使阅读成为个性化的行为,只有学生主动、自由地个性化阅读,才能在其中形成自己独特的阅读感受。

点评者:浙江省语文特级教师　吴孔裕

"教师与文本有效对话的策略研究"结题报告

第一部分：课题的提出

一、课题研究背景

在新课程理念的指导下，我们的语文课堂显得百花齐放、异彩纷呈。但通过深入课堂观察，我们也发现许多语文教师在对文本的解读过程中存在着一些与学科不和谐的现象：一是肢解文本，忽视了文章的整体性；二是浅尝辄止，忽视了文章的艺术性；三是脱离文本，忽视了文章的主体性、本源性；四是曲解误读，忽视了文章的原生性、主旨性。

新的《语文课程标准》中明确表示：语文课程应致力于学生语文素养的形成与发展。所谓的语文素养是指学生能够正确地理解和运用语文，丰富语言的积累，培养语感，发展思维。教师解读文本的能力高低，决定着语文教学达到怎样一种状态。要使学生有所感悟，教师自己得有感悟；要使学生能体验，教师自己得能体验；要使学生受感动，教师自己得受感动。只有当教师对文本深情投入、真情流露的时候，学生才能受到真正的熏陶和感染。如何才能在新课标理念的指导下，使语文教师的文本解读能力得到进一步的提高，从而真正提高语文课堂中教师行为有效性，这成了语文教师迫切需要研究解决的问题，正是在此背景下，我们确立了此课题。

二、课题的价值和意义

（一）理论价值：《语文课程标准》指出语文课程丰富的人文内涵对学生精神领域的影响是深远的，教师应该重视文本的熏陶感染作用。本课题立足于学校语文课堂教学的实际情况，试图通过研究，探索出提高我校语文教师有效对话文本的策略，从而最终提高语文课堂中教师行为的有效性，促进课堂中有效对话的生成。

（二）实践意义：提高语文教师与文本有效对话的能力，是改变本校教育教学现状,提高教学质量的需要。就语文教师而言,只有掌握了与文本有效对话的方法,教学任务才能落到实处,语文课堂教学才会更生动,更精彩,教学效果才会达到最优。学生也才会在教师的正确指导下,对感兴趣的人、物和事件有自己的感受和想法,并乐于与人交流,关心作品中人物的命运和喜怒哀乐,与他人交流自己的阅读感受,敢于提出自己的看法,作出自己的判断,才能获得更正确地认识,有着与众不同的生活阅历和心灵历程。

三、课题界定与理论导向

(一)概念界定

1. 文本:指教学文本,是教学内容的载体。由课程标准、教材、教学资源三部分组成。教学所用的一切材料,包括课程标准、教师用书、教科书(亦称课本)、讲义、讲授提纲、教学参考书、实验手册、练习册、课外习题集、课外读物以及教学挂图、卡片、幻灯片、投影片、录音带、录像带、社区课程资源(文化、人力、物资环境)等都属于本课题文本的范畴。

2. 对话:在本课题中是指教师进行学习及引导学生学习的一种方式,存在于教师钻研文本、理解知识的课前预设环节及引导学生细读文本、掌握知识技能的课堂教学环节。包括教师与课标对话,与教本对话,以及引导学生与文本的对话。

(二)理论导向

1. "对话理论"认为作者与读者的关系,就其本质而言,体现了人与人之间的精神联系,阅读行为也就成为人与人之间一种对话与交流的过程,这种对话与交流是双向的、互动的、互为依存条件的,阅读成为思维碰撞和心灵交流的动态过程,是主体与主体之间的关系。

2. 新课程理论:新课程的教学观指出,教科书是知识的载体、是用来教的媒介,不是教教科书,而是用教科书来教。教师、学生、教材、教学环境四因素不断进行着对话和交流。《全日制义务教育语文课程标准》两次提到"对话":"语文教学应在师生平等对话的过程中进行","阅读教学是学生、教师、文本之间对话的过程"。作为教师,要指导学生"对话",必须先与文本对话,取得亲身体验,然后才能再借助文本与学生"对话",指导"对话"。

3. 建构主义学习理论:建构主义学习理论认为学习过程不是学习者被动地接受知识,而是积极地建构知识的过程;学习不单是知识由外向内的转移和传递,更是学习者主动地建构自己的知识经验。基于这种对学习的理解,建构主义学习理论非常强调主体与周围环境的交互作用,认为这种交互作用对于学习内容的理解,即对知识意义的建构起着关键性的作用。

综上所述,实施本课题的研究,有着丰厚的理论指导和支持,更是本课题实施研究可借鉴的理论依据。

四、同类课题研究综述

(一)国外

关于教师与文本对话国外研究者已经有诸多的研究,并形成了一些有影响的观点。其中,以认知心理学为基础形成的认知理论,代表了对阅读活动的最新的、最有建树的研究成果。认知心理学的一个基本假设是,人是以思维重现周围世界的。人的阅读、写作、听说等行为方式,本身就是一种思维加工过程,它使人原有的思维结构产生变化,不断形成高一级的思维结构,从而不断与外部世界相适应。著名认知心理学家雷斯尼克对阅读又一个堪称为经典性的定义是:"阅读是一种构造过程,在这个过程中,读者的推断能力与他原来的知识起关键性作用。"国外关于对话教学理论的研究成果,给了本课题研究很大的启发。

(二)国内

在语文课堂对话教学方面,广东省特级教师孙建锋可以说是一个开拓者、一个代表人物。他自新课标颁布以来一直潜心研究语文对话教学,形成了"诗情演绎"的对话教学风格。他认为要搞好对话教学,矛盾主导方在教师;没有教师的真诚与深刻,就没有精彩的生成。这说明对话教学关键不在于对话教学本身,而在于教师的"矛盾主导能力"与"真诚深刻",这就是针对教师行为而言的。除孙建锋老师外,语文教师与文本对话方面的研究成果和相关文献资料也很多。这些实践成果或重于理论建构与探讨,或致力于单学科全方位的研究,或注重多学科立体化的规模性研究,对本课题的研究有着重要的借鉴价值。

第二部分：课题的研究设计

一、研究目标

1.探索出一套在新课程理念下,语文教师与文本有效对话的实施策略。

2.引导我校语文教师创造性地使用教材,提高语文课堂中教师行为的有效性,促进学生自主发展。

3.更新我校语文教师教育观念,培养具有先进教育教学理论和创新精神的学科骨干教师队伍。

二、研究内容

1.与课标的对话:解读《语文课程标准》,增加教师目标意识的策略研究;

2.与教材的对话:教师与文本有效对话的策略研究;

3.与课堂的对话:文本有效对话的运用研究(含子课题)。

(1)小学语文课堂"对话教学"语言情境的创设与实践

(2)小学语文教学引导学生与文本对话的实验研究

(3)小学语文课堂师生有效对话的实验与研究

(4)小学语文课堂教师引导生生有效对话的实验和研究

三、研究对象、方法

本课题研究对象为温州市少年游泳学校全体语文教师共 20 人。主要采用的研究方法:

1.行动研究法。所谓行动研究,就是"行动者"主研教师用科学的方法来研究并解决实践中所遇到的问题的一种方法。精选教材,针对不同课文,设计各具特色的对话教学方案,然后在课堂教学中加以实践,组织听课、评课,分析教师与文本对话的课堂实效性。

2.个案研究法:选取某些典型的材料片断,从教学设计到课堂实践,再到课后评价,进行全程地跟踪分析评价,筛选我校教师成功与文本对话的案例,为课题研究提供实践依据。

3.文献研究法。对近几年来发表的关于教师与文本对话的文献资料,特别是有关对话成功经验的文章进行系统归类,并作比较性研究,在此基础上,筛选出有效经验为本课题所借鉴。

四、研究原则

1.互动原则:教学过程中的三个主要要素(教师、学生、文本)所构成的互动关系,即教师、学生结合自己的生活经验阅读文本、深入文本内部,与文本对话,从而对文本产生超越字面意义的理解,然后通过教师与学生对话、学生与学生对话,将"理解"汇拢、交流,这样既对文本进行修正、补充和丰富,也使教师、学生群体、学生个体在对彼此"理解"反思的基础上,加深对文本的理解,提高阅读理解能力。

2.对话原则:教师与文本充分对话,从而促使教师与学生的有效对话,激励并促成学生与文本的对话、与自己及他人的对话,通过对话,双方都能达到一种经过相互交融而形成的新的精神境界。

3.实践性原则:研究重视教师在认知过程中的直接经验的获得,使学习、实践有机结合,相互作用,使研究个体得到更好地发展。

五、研究步骤

阶段	任　务	策　略
准备阶段	确立课题方案,建立管理制度。	1.编写实验研究方案,对教师进行调研,通过广泛收集有效资源,为课题研究打下良好的基础。 2.问卷调查:建立问卷调查机制,分阶段、分时间、分层次向我校教师发出调查表。 3.教师学习:定期组织教师参加此类课题的学习与培训,通过校本培训、个人反思、同伴互助、专家引领实现教师综合素质的提高。
实施阶段	1.解读《语文课程标准》,增加教师目标意识的策略研究。 2.深度对话语文教材的策略研究。	1.聘请专家做有关课程标准精神的讲座,内容包括了解课程标准的内涵、课程标准的特点、课程标准与教学大纲的联系等。 2.以教研组为单位,组织教师在理解总的课标精神的基础上,准确把握所教级段的课程标准要求,深入钻研其中的每一部分,与课标的前言、课程目标、内容标准、课程实施建议等部分逐一对话。 3.依托学校校本教研,开展"以目标为导向,提高语文教学有效性"的主题式研讨活动。 4.为了使教师与教材深度对话,学校在制度上予以保证:规定每周三为语文学科说课、集体备课日。活动中要求做到"三个有",即有主题、有中心发言、有活动记录。组织上到位:教研组是开展校本教研的中间力量与基本组织。明确各教研组长的职责,加强对教研组的指导与考评。行为上跟进:要求教师主动参与各类教材研讨活动,主动与同事交流研究中的成功与失败。 5.通过同课异构的教研活动,进行同课题教学设计的比较研究,从而处理好教学用书、课外读物、习题作业等课程资源与教学设计的关系。 6.要求每位教师活动后形成反思。
	1.小学语文课堂"对话教学"语言情境的创设与实践。 2.小学语文教学引导学生与文本对话的实验研究。 3.小学语文课堂师生有效对话的实验与研究。 4.小学语文课堂教师引导生生有效对话的实验和研究。	1.通过个案分析以及课题组成员集体研究交流等方式,探讨并总结、交流教学经验。 2.通过课堂教学研讨,发现和解决研究过程中出现的问题。 3.组织课题组相关成员进行课堂教学观摩活动,对教学过程的总体设计、实施过程和实际效果进行评价,并商讨改进方法,探讨、总结一套行之有效的教学方式。 4.分阶段对课题做好阶段性小结,并不断修正课题实施过程中出现的问题。
总结阶段	1.汇集各种研究材料。 2.撰写研究报告。 3.申请结题评审验收。	本阶段属于课题的总结阶段,必须系统全面地整理课题研究成果,坚持实事求是的原则,得出实验结论。

第三部分：课题的实施过程

一、与课标对话：解读《语文课程标准》，增加教师目标意识的策略研究

（一）工作思路

实施教师有效对话文本，首先要了解文本中所讲的知识，放在知识的整体中去认识，进行全方位、多角度分析研究，以正确掌握它的内容，认识它在整个结构中的地位，认识它与其他知识之间的联系。

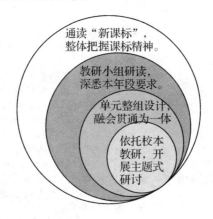

通读"新课标"，
整体把握课标精神。

教研小组研读，
深悉本年段要求。

单元整组设计，
融会贯通为一体

依托校本教研，开展主题式研讨

（二）研究内容

策略一　通读"新课标"

任何目标都不是一蹴而就的，均是按照一定周期、一定规律，循环往复，螺旋推进的。于是，我们首先要求教师们通读"语文新课标"，贯通教材体系，弄清所学课文在内容、语文知识和技能、学习方法和能力、思想和情感等方面在前后教材中的联系。在此基础上，再根据"新课标"精神，把每学年分为上下两册，对教学目标进行分层，形成了《小学语文课程标准细化》，使同一个知识在不同年级教学时，有对应的不同的要求，自然也就需要教师考虑不同的教学方式。如此，教师讲课时便做到了前呼后应，前边可以做好铺垫工作，后边可以做到逐步整理，使已学的知识得以再现，便于学生形成认知结构，也较为有效地避免了语文教师课堂上出现的拔高现象、零起点现象和走回头路现象。如识字，一年级要识字，六年级也要识字，如果我们仅仅停留在引导学生会认会写几个生字，那无疑是低效的。于是，课题组老师在对话了"新课标"之后，抓住教材内在联系，教学中通过适当的点拨，启发学生自已去发现拼音与生字、生字与生字、生字与插图、生字与文章之间的有机联系,学生掌握起来就容易了,同时也便捷地从已知走向了未知,提高了教学的效率。

以下是课题组成员整理的《小学语文课程标准细化》:

年级	感受	积累	技能
一年级上册	1.喜欢阅读,感受阅读的乐趣。 2.喜欢学习汉字,有主动识字的愿望。	认识常用汉字 400 个,写其中 100 个。	汉语拼音 1.能读准声母、韵母、声调和整体认读音节。能准确地拼读音节,正确书写声母、韵母和音节(书写即抄写)。 2.能借助汉语拼音认读汉字。学习说普通话并能朗读课文。 识字、写字 1.掌握汉字的基本笔画,能按笔顺规则写字。 2.初步养成正确的写字姿势和良好的写字习惯。 阅读 学习借助读物中的图画了解文中的主要内容,了解词和句子的意思。认识逗号、句号、问号和感叹号。 口语交际 1.能认真听别人讲话,努力了解别人讲话的主要内容。 2.学习与他人交流的能力。与别人交谈,态度要自然大方,有礼貌。 3.积极参加讨论,对感兴趣的话题能发表自己的意见。
一年级下册	1.喜欢学习汉字,愿意主动识字。 2.初步感受汉字的形体美。喜欢阅读,感受阅读的乐趣。 3.感受语言的优美,积累自己喜欢的词句。	1.认识 550 个生字,会写其中 250 个。 2.掌握字的基本笔画和常用的偏旁部首。 3.认识大写字母,熟记《汉语拼音字母表》。	汉语拼音 继续复习巩固汉语拼音,能借住汉语拼音识字正音,阅读。 识字、写字 能按笔顺规则写字,注意间架结构。 阅读 1.学习用普通话正确、流利地朗读课文,切实过好认读关,体会文中的感情和语气。 2.借助图画阅读,了解课文的意思,乐于与人交流自己的感受和想法。 3.对写话有兴趣,在写话中乐于运用阅读和生活中学到的词语。 口语交际 1.能较完整地讲述小故事,能简要讲述感兴趣的见闻。能认真听别人讲话,努力了解讲话内容。 2.听故事,看音像作品,能复述大意和精彩情节。 3.根据表达的需要,学习使用逗号、句号、问号、感叹号。

续表

年级	感受	积累	技能
二年级上册	1.阅读浅近的童话、寓言、故事,向往美好的情境,关心自然和生命,对感兴趣的人物和事件有自己的感受和想法,并乐于与人交流。 2.诵读儿歌、童谣和浅近的古诗,展开想象,获得初步的情感体验,感受语言的优美。 3.认识课文中出现的常用标点符号。在阅读中,体会句号、问号、感叹号所表达的不同语气。	1.认识常用汉字450个,会写350个。在阅读中积累词语。 2.积累自己喜欢的成语和格言警句。背诵优秀诗文30篇(段)。课外阅读总量不少于3万字。	**识字、写字** 1.要求认识的字能读准字音,结合词句了解意思,不作字型分析,不要求书写;要求会写的字要能读准字音,认清字形,理解意思,正确书写,练习在口头和书面表达中运用。 2.掌握汉字的基本笔画和常用的偏旁部首,能按笔顺正确书写、默写生字。能按字的结构把字写端正、匀称。 3.养成正确的写字姿势和良好的写字习惯,书写规范、端正、整洁。 4.会使用音序能用音序和部首检字法查字典,学习独立识字。 **阅读** 1.继续学习正确、流利、有感情地朗读课文;能背诵指定的课文;能复述课文;会分角色朗读课文;学习默读,做到不出声,不指读。 2.借助读物中的图画阅读。结合上下文和生活实际了解课文中词句的意思。 3.能借助语言文字理解课文内容,想象课文所描绘的情境,知道课文的大意。 **口语交际** 1.能认真听别人讲话,听懂别人说的一段话和一件简单的事。 2.能在看图或观察事物后,用普通话说几句意思完整、连贯的话。 3.说话做到口齿清楚,语句完整,有礼貌。 4.有表达的自信心。积极参加讨论,对感兴趣的话题发表意见。 **作文** 1.能运用学过的词语写句子,能理顺次序错乱的句子。 2.学习按一定的顺序观察图画和简单的事物,写几句连贯的话。 3.学会"祝贺"、"购物"、"待客"等方面的言语交际的本领,能用几句连贯的话把有关的内容写下来。 4.学习使用逗号。 5.学习借助读物中的图画入情入境地阅读,对写话有兴趣,能把看到的、想到的写出来,在写话中乐于运用阅读和生活中学到的词语。了解日记的格式,学习写日记。

续表

年级	感受	积累	技能
二年级下册	1.有主动识字的愿望。 2.对周围的事物有好奇心,乐于观察大自然,热心参与学校、社区活动,并能表达自己的感受。 3.喜欢阅读,对阅读有兴趣。	1.能背诵指定的课文和自己喜欢的课文片段。 2.在阅读中主动积累词句、自己喜欢的成语、对联、古典诗词和格言警句。	汉语拼音 1.巩固汉语拼音,能借助汉语拼音识字、正音。 识字、写字 1.认识400个字,会写300个字。要求认识的字能读准字音,结合词句了解意思,不作字形分析,不要求书写。 2.要求会写的字能读准字音,认清字形,理解意思,正确书写,练习在口头和书面表达中运用。 3.养成学生良好的写字习惯,书写规范、端正、整洁。 4.熟练使用两种查字方法,借助它独立识字,理解词语意思,选择意思。 阅读 1.学习用普通话正确、流利、有感情地朗读课文。 2.初步学习默读,做到不出声,不指读,一边读一边想,思考简单问题。 3.能联系上下文和生活实际,了解课文中词句的意思。 4.能阅读浅显的课外读物,喜欢阅读,对阅读有兴趣,完成阅读练习,参加学校的学科竞赛。能与他人交流自己的感受和想法。 5.认识课文中出现的常用标点符号。学习使用逗号、句号、问号和感叹号。 口语交际 1.逐步养成讲普通话的习惯和愿意与人交流的意识。 2.能认真听别人讲话,听懂主要内容,能主动与别人交谈,讲述简短的故事和见闻。说话时态度自然大方,有礼貌。 作文 1.对写话有兴趣,能把看到的、想到的写下来。 2.在写话中乐于运用阅读和生活中学到的词语。在写话中,学习使用逗号、句号、问号和感叹号。 3.对周围事物好奇,乐于观察,并能表达自己的感受。

续表

年级	感受	积累	技能
三年级上册	1.对学习汉字有浓厚的兴趣,养成主动识字的习惯。 2.能初步感受作品中生动的形象和优美的语言;与人交流自己的阅读感受。 3.关心作品中人物的命运和喜怒哀乐。在阅读中能展开想象,获得初步的情感体验,感受语言的优美,并在思想品德方面受到熏陶感染。 4.对于感兴趣的人物和事件有自己的感受和想法,乐于与人交流。	1.积累课文中的优美词句,以及课外阅读中获得的语言材料。 2.养成读书看报的习惯,收藏并与同学交流图书资料。	**识字写字** 1.认识200个字、会写300个字。 2.会使用字典、词典,有初步的独立识字的能力。 3.能使用硬笔熟练地书写正楷字,用毛笔临摹正楷字帖。书写规范、端正、整洁。 **阅读** 1.用普通话正确、流利、有感情地朗读课文。初步学会默读、学习略读、诵读优秀诗文,尝试运用多样的形式读书。 2.结合上下文和生活实际了解课文中词句的意思,体会课文中关键词句在表情达意方面的作用。 3.能初步把握文章的主要内容,复述叙事性作品的大意,体会文章表达的思想感情;能对课文中不理解的地方提出疑问。 4.在阅读中体会句号、逗号的不同用法,了解冒号、引号的一般用法。 **作文** 1.留心周围事物,乐于书面表达,增强习作的自信心。 2.在习作中运用平时积累的语言材料。 3.根据表达的需要,学习使用冒号和引号。 4.能用简短的书信便条进行书面交际(运用习作解决实际问题)。 5.能不拘形式地写下见闻、感受和想象,注意表现自己觉得新奇有趣的或印象最深、最受感动的内容(这要求学生在习作中对材料进行初步处理)。 6.学习修改习作中有明显错误的词句。 7.愿意将自己的习作读给人听,与他人分享习作的快乐。

续表

年级	感受	积累	技能
三年级下册	在语文学习中，感受大自然的美好和家乡的可爱；了解周围环境，为保护家乡环境出谋献计；感受童年生活的丰富多彩，激发学生对生活的热爱；理解亲情、友情的可贵，受到关爱他人、助人为乐的思想品德教育；留心科学技术的最新发展，增强探索和创造的意识；具有宽广的国际视野，体会各国人民之间的友好情谊；阅读神话故事和民间传说，了解传统文化，丰富想象能力。在发展语言能力的同时，启迪学生的思维，培养学生留心观察、善于思考、有所发现和创造的能力。	1.积累课文中的优美词语、精彩句段，诵读优秀诗文。 2.继续培养读书看报的习惯，收藏并与同学交流图书资料。	识字、写字 1.认识 200 个字，会写 300 个字。累计认识 2200 个字，会写 1600 个字。 2.会使用字典、词典，有初步的独立识字能力。继续练习用钢笔书写正楷字，用毛笔仿影。 阅读 1.用普通话正确、流利、有感情地朗读课文。 2.继续学习默读，能对课文中不理解的地方提出疑问。 3.学习联系上下文或其他方式，理解词句的意思，继续体会课文中关键词句在表情达意方面的作用。 4.初步把握文章的主要内容，体会文章表达的思想感情。 5.继续学习略读，粗知文章大意。 6.练习复述课文。 作文 1.留心周围事物，乐于书面表达，增强习作的自信心。不拘形式地写下见闻、感受和想象。愿意将自己的习作读给人听，与他人分享习作的快乐。 2.能用普通话交谈。在交谈中能认真倾听，并能就不理解的地方向人请教，就不理解的意见与人商讨。继续具体生动地讲述故事，努力用语言打动他人。能逐步清楚明白地讲述一件事情。 3.结合语文学习，观察大自然、观察社会，书面与口头结合表达自己的观察所得。

续表

年级	感受	积累	技能
四年级上册	1.体会文章表达的思想感情 2.初步感受作品中生动的形象和优美的语言,关心作品中人物的命运和喜怒哀乐,与他人交流自己的阅读感受。	1.累计认识常用汉字2500个,其中2000个左右会写。 2.积累课文中的优美词语、精彩句段,以及在课外阅读和生活中获得的语言材料。 3.诵读优秀诗文,注意在诵读过程中体验情感,领悟内容。背诵优秀诗文50篇(段)。 4.养成读书看报的习惯,收藏并与同学交流图书资料。课外阅读总量不少于40万字。	识字与写字 1.对学习汉字有浓厚的兴趣,养成主动识字的习惯。2.会使用字典、词典,有初步的独立识字能力。3.能使用硬笔熟练地书写正楷字,做到规范、端正、整洁。4.用毛笔临摹正楷字帖。 阅读 1.用普通话正确、流利、有感情地朗读课文。 2.初步学会默读。能对课文中不理解的地方提出疑问。 3.能联系上下文,理解词句的意思;能借助字典、词典和生活积累,理解生词的意义。 4.能初步把握文章的主要内容。 5.能复述叙事性作品的大意。 6.在理解语句的过程中,体会句号与逗号的不同用法,了解冒号、引号的一般用法。 7.学习略读,粗知文章大意。 口语交际 1.能用普通话交谈。在交谈中能认真倾听,并能就不理解的地方向人请教,就不同的意见与人商讨。2.听人说话能把握主要内容,并能简要转述。3.能清楚明白地讲述见闻,并说出自己的感受想法。4.能具体生动地讲述故事,用语言打动他人。 习作 1.留心周围事物,乐于书面表达,增强习作的自信心。2.能不拘形式地写下见闻、感受和想象,注意表现自己觉得新奇有趣的或印象最深、最受感动的内容。3.愿意将自己的习作读给他人听,与他人分享习作的快乐。4.能用简短的书信便条进行书面交际。5.尝试在习作中运用自己平时积累的语言材料,特别是有新鲜感的词句。6.熟练地根据表达的需要,使用冒号、引号。7.学习修改习作中有明显错误的词句。 综合性学习 1.能提出学习和生活中的问题,有目的地搜集资料,共同讨论。 2.结合语文学习,观察大自然、观察社会,书面与口头结合表达自己的观察所得。 3.能在老师的指导下组织有趣味的语文活动,在活动中学习语文,学会合作。 4.在家庭生活、学校生活中,尝试运用语文知识和能力解决简单问题。

年级	感受	积累	技能
四年级 下册	1.体会课文中关键词句在表达情意方面的作用。 2.初步感受作品中生动的形象和优美的语言,与他人交流自己的阅读感受。	1.累计认识常用汉字2500个,其中2000个左右会写。 2.积累课文中的优美词语、精彩句段,以及在课外阅读和生活中获得的语言材料。 3.诵读优秀诗文,注意在诵读过程中体验情感,背诵优秀诗文50篇(段)。 4.养成读书看报的习惯,收藏并与同学交流图书资料。课外阅读总量不少于40万字。	识字与写字 1.对学习汉字有浓厚的兴趣,养成主动识字的习惯。2.会使用字典、词典,有初步的独立识字能力。3.能使用硬笔熟练地书写正楷字,做到规范、端正、整洁。用毛笔临摹正楷字帖。 阅读 1.用普通话正确、流利、有感情地朗读课文。2.初步学会默读。能对课文中不理解的地方提出疑问。3.能联系上下文,理解词句的意思。能借助字典、词典和生活积累,理解生词的意义。4.能初步把握文章的主要内容,体会文章表达的思想感情。5.能复述叙事性作品的大意,6.在理解语句的过程中,体会句号与逗号的不同用法,了解冒号、引号的一般用法。7.学习略读,粗知文章大意。 口语交际 1.能用普通话与人交谈。在交谈中能认真倾听,领会要点,并能就不理解的地方向对方请教,就不同的意见与人商讨。2.听人说话能把握主要内容,并能简要转述。3.能清楚明白地讲述见闻,并说出自己的感受和想法。4.能具体主动地讲述故事,努力用语言打动他人。 习作 1.留心周围事物,乐于书面表达,增强习作的自信心。2.能不拘形式地写下见闻、感受和想象,注意表现自己觉得新奇有趣的或印象最深、最受感动的内容。3.愿意将自己的习作读给人听,与他人分享习作的快乐。4.能用简短的书信便条进行书面交际。5.尝试在习作中运用自己平时积累的语言材料,特别是有新鲜感的词句。6.根据表达的需要,使用冒号、引号。7.学习修改习作中有明显错误的词句。8.课内习作每学年16次左右。 综合性学习 1.能提出学习和生活中的问题,有目的地搜集资料,共同讨论。 2.结合语文学习,观察大自然,观察社会,书面与口头结合表达自己的观察所得。 3.能在老师的指导下组织有趣的语文活动,在活动中学习语文,学会合作。 4.在家庭生活、学校生活中,尝试运用语文知识和能力解决简单问题。

续表

年级	感受	积累	技能
五年级上册	1.能够体会汉字的优美。 2.在阅读中揣摩文章的叙述顺序,体会作者的思想感情,初步领悟基本的表达方法。 3.能联系上下文和自己的积累,体会课文中含义深刻的句子。	1.累计认识常用汉字2700个,其中2200个左右会写。 2.积累课文中的优美词语、精彩句段,以及在课外阅读和生活中获得的语言材料。 3.诵读优秀诗文,注意在诵读过程中体验情感,背诵优秀诗文50篇(段)。	识字与写字 1.认字200个,会写150个,会使用字典、词典,有一定独立识字的能力。 2.能用钢笔书写楷书,行款整齐,并有一定的速度,能用毛笔书写楷书。 阅读 1.能用普通话正确、流利、有感情地朗读课文。 2.默读有一定的速度,并能抓住文章的大意。 3.阅读说明性文章,能抓住要点,了解文章的基本说明方法。 4.学习浏览,根据需要搜集信息。 5.养成读书看报的习惯,课外阅读总量不少于25万字。 口语交际 乐于参加讨论,敢于发表自己的意见。学习辩论、演讲的一些基本方法。 习作 1.能写简单的记实作文和想象作文,内容具体,感情真实。 2.能修改自己的习作,书写规范、整洁。 3.学写简单的读书笔记、学写内容梗概。 综合性学习 能初步了解查找资料,运用资料的方法。并能策划简单的社会活动,学写活动计划。

年级	感受	积累	技能
五年级下册	1.默读课文,有初步感受。 2.阅读诗歌,大体把握诗意,想象诗歌描述的情境,体会诗人的情感。	1.积累课文中的优美词语、精彩句段,以及在课外阅读和生活中获得的语言材料。 2.诵读优秀诗文,注意在诵读过程中体验情感,背诵优秀诗文 50 篇(段)。 3.养成读书看报的习惯,收藏并与同学交流图书资料。课外阅读总量不少于 50 万字。	**识字与写字** 1.认识常用汉字 200 个,写字 150 个。 2.读写由识写字组成的词语;读记由认读字组成的词语。 **阅读** 1.朗读课文,要有感情。默读课文,有初步感受,并有一定的速度(每 5 分钟不少于 300 字)。 2.能用多种方法(借助词典,联系上下文,利用生活经验等)理解词句,能辨别词语的感情色彩,体会词句的表达的效果。 3.阅读叙事性作品,能把握主要内容,体会思想感情,理清叙事顺序,领悟表达方法。阅读说明性文章,能读懂内容,了解基本的说明方法。 4.略读文章,粗知大意。学习浏览,能根据需要搜集信息。课外阅读不少于 25 万字。 **口语交际** 听,能抓住要点;说,有条理,语气、语调适当。乐于交际,敢于发表自己的意见。稍作准备,能当众作简短的发言。 **习作** 1.能写简单的记实作文和想象作文,内容比较具体,感情真实。练写书信,表扬稿及简单的研究报告,注意格式。能根据需要分段表述,使用常用标点。40 分钟完成约 400 字的习作。 2.修改习作,做到语句通顺,正确,书写规范。 **综合性学习** 积极参与语文综合性学习,在制订计划、开展活动、进行展示交流中发挥作用。学习运用获取的资料,写简单的研究报告。

续表

年级	感受	积累	技能
六年级 上册	1.能在书写中体会汉字的优美。 2.初步领悟文章基本的表达方法。 3.阅读诗歌,大体把握诗意,想象诗歌描述的情境,体会诗人的情感。受到优秀作品的感染和激励,向往和追求美好的理想。 4.诵读优秀诗文,注意通过诗文的声调、节奏等体味作品的内容和情感。	1.累计认识常用汉字 3000 个,其中 2500 个左右会写。 2.利用图书馆、网络等信息渠道尝试进行探究性阅读,扩展自己的阅读面。	识字与写字 1.有较强的独立识字能力。本册教材没有安排识字,要求会写 120 个字 2.硬笔书写楷书,行款整齐,有一定的速度。能用毛笔书写楷书。 阅读 1.能用普通话正确、流利、有感情地朗读课文。联系上下文和自己的积累,推想课文中有关词句的意思,体会其表达效果。 2.在阅读中揣摩文章的表达顺序,体会作者的思想感情。在交流和讨论中,敢于提出自己的看法,作出自己的判断。 3.阅读叙事性作品,了解事件梗概,简单描述自己印象最深的场景、人物、细节,说出自己的喜欢、憎恶、崇敬、向往、同情等感受 口语交际 1.能根据交流的对象和场合,做简单的发言。 2.交际中注意语言美,抵制不文明的语言。 习作 1.懂得写作是为了自我表达和与人交流,养成留心观察周围事物的习惯,有意识地丰富自己的见闻,珍视个人的独特感受,积累习作素材。 2.内容具体,感情真实。能根据习作内容表达的需要,分段表述。 3.学写读书笔记和常见应用文。 4.修改自己的习作,并主动与他人交换修改。 综合性学习 1.策划简单的活动,对所策划的主题进行讨论和分析,学写活动计划和活动总结。 2.对自己身边的、大家共同关注的问题,或电视、电影中的故事和形象,组织讨论、专题演讲,学习辨别是非善恶。

续表

年级	感受	积累	技能
六年级下册	1.能用毛笔书写楷书,在书写中体会汉字的美感。 2.体会作者的思想感情,初步领悟文章基本的表达方法。 3.受到优秀作品的感染和激励,向往和追求美好的理想。 4.诵读优秀诗文,注意通过诗文的声调、节奏等体味作品的内容和情感。	1.会写80个字,累计会写2500个,会认3000个。 2.在阅读中不断积累语言,增强语感。 3.背诵优秀诗文10篇(段)。 4.扩展自己的阅读面,课外阅读总量不少于25万字。	**识字与写字** 1.有较强的独立识字能力。 2.硬笔书写楷书,行款整齐,有一定的速度。 **阅读** 1.能用普通话正确、流利、有感情地朗读课文。 2.默读有一定的速度,默读一般读物每分钟不少于300字,养成边读边思考的习惯,并能从中捕捉信息。 3.能借助工具书、联系上下文,理解课文中有关词句的内涵,体会其表达效果。 4.在阅读中,进一步学会把握课文主要内容(尤其是概括能力),了解文章的表达顺序。在交流和讨论中,敢于提出自己的看法,作出自己的判断。 5.学习浏览,扩大知识面,根据需要搜集信息。 **习作** 1.懂得写作是为了自我表达和与人交流。 2.养成留心观察周围事物的习惯,有意识地丰富自己的见闻,珍视个人的独特感受,积累习作素材。 3.能写简单的纪实作文和想象作文,内容具体,感情真实,详略得当。 4.能根据表达需要,使用常用的标点符号。 5.能修改自己的习作,并主动与他人交换修改,做到语句通顺,行款正确,书写规范、整洁。 6.40分钟能完成不少于400字的习作。 **口语实际** 1.与人交流能尊重、理解对方。 2.乐于参与讨论,敢于发表自己的意见。 3.表达要有条理,语气、语调适当。 **综合性学习** 1.策划简单的校园活动和社会活动,对所策划的主题进行讨论和分析。 2.初步了解查找资料、运用资料的基本方法。

策略二　级段研究

系统梳理,从整体上了解"新课标"还是不够,仍需要停下脚步,细细感悟现时所走的路。于是,打磨本学段的教学目标就显得尤为重要。

打磨程序:

第一层次的打磨基于本教研组之内。

内部打磨

教研组内教师互相听课,然后对照梳理出来的年段教学目标,就年段目标定位合理性进行交流,从而进一步横向完善本年级段教学目标的科学性,也完善课堂教学行为。

第二层次的打磨要在邻近教研组之间进行:

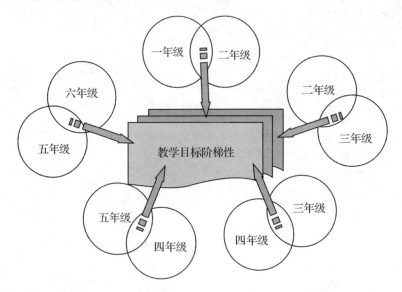

一、二年级交流碰撞,二、三年级交流碰撞,三、四年级交流碰撞,等等。在这样的交流中,前后年级组进行纵向比较、补充、完善,从而使教学目标阶梯性更清晰。

策略三　单元整组设计

单元整组设计的目的是让教师在对话文本时,有整体意识,有呼应意识,有承接意识,使教学的每一步设计都能够互为呼应,互为促进。我们以教研组为单位,在集体备课时,进行单元整组设计。下面以三年级第七单元的一组课文的整组设计为例,阐述操作过程。

教材分析：

这组课文以思想方法为专题,将导语、课文、语文园地、课后练习等内容系统、完整地组织在一起。这组安排了《矛和盾的集合》、《科利亚的木匣》、《陶罐和铁罐》三篇精读课文和《狮子和鹿》一篇略读课文及一个语文园地,这几篇课文告诉了我们应该怎样看问题、想问题,要学会善于动脑筋,用科学的思想方法思考问题。选编这组课文的意图,是通过默读和朗读,学会联系上下文理解词句,读懂课文内容,初步受到科学思想方法的教育。与此同时,要培养学生学会边读边思考,积累语言的习惯。

总体构想：

整个单元的教学分为三个模块：

模块一——单元导读

模块二——聚点探究

第一板块　以变化看发展,教学《刻舟求剑》、《科利亚的木匣》

第二板块　以变化对优劣,教学《陶罐和铁罐》、《狮子和鹿》

第三板块　以变化求整合,教学《矛和盾的集合》

模块三——整体提升

实施说明：

这个教学设计注重整体性,各个模块之间有着必然的联系。单元导读课利用"学习单",引导孩子从整体上了解本组课文的内容及所传达的道理。在聚点探究模块中,我们首先考虑到三年级的学生在阅读上有了一定的积累,他们大多读过《刻舟求剑》这个成语故事。从学生熟悉的内容切入,符合学生认知规律。其次,《刻舟求剑》这个故事告诉我们的道理是要用变化的眼光看待事物的发展,与《科利亚的木匣》这个故事所要传达的道理不谋而合。因此,将这两个内容整合在一个板块内进行教学。第二个板块重点教学《陶罐和铁罐》,并以精读课文带略读课文,学习《狮子和鹿》。因为这两篇文章都是在告诉人们要着眼变化对待优劣。而当学生懂得了正确对待事物的优劣长短后,再引入课文《矛和盾的集合》进行学习,使孩子们懂得只有正确对待优劣,并有效整合,才能取得最后的胜利。最后安排的整体提升模块,通过完善"学习单"来有效整理本单元的学习,整体提升认识,进一步积累语言。这样的课时分配更加符合学生的认知规律,便于三年级学生的理解。

整个单元整合教学围绕主题内容,将听说读写等语文实践活动有机结合起来。各种活动之间相互联系,密切配合。前面有布置,中间有铺垫,后面有拓展、交流,让学生经历和体验了整个实践的过程,使学生各项语文能力的培养整体推进,协调发展。

策略四 主题式研讨

我们的目光再聚焦,将视角缩小到一堂课进行研究。于是,我们依托主题式校本教研活动,探究一堂课的目标定位。以下是我们学校教科室举行的一次以《七律长征》为课例,以"目标为导向,提高语文教学有效性"为主题的校本教研活动。

研究思路

```
              ┌─ 集体研读《感悟:灵动语文》、《以目标为导向优化
              │   课堂教学结构全面实施素质教育研究实验报告》、《教
  ┌──────┐   │   学目标是课堂教学有效性的关键》等相关书籍和文章。
  │理论学习│ ─┤
  └──────┘   │
      ⇓       └─ 分析《语文课程标准》里五、六年级学段目标。

              ┌─ 每一位老师都事前自己对这首诗进行研读分析。
  ┌──────┐   │
  │课堂实践│ ─┼─ 组内教研时,分别阐述自己的备课思路和教学设计。
  └──────┘   │
      ⇓       └─ 执教老师整理整合,以丰富和扩充教案。

              ┌─ 课堂上,观课者观点热情碰撞。
  ┌────────┐ │
  │反复修改再实践│─┤
  └────────┘ │
              └─ 下课后,手机、电话、QQ、电子邮件随时随地进行。
```

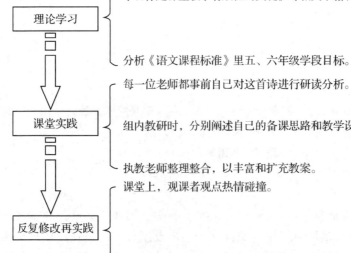

在活动研究中,经过理论学习、课堂实践、反思修改、再实践几个循环,老师们意识到目标的制定对学习来说是至关重要的,直接影响到学习是否有效,并且对教学目标的设定和达成有了进一步的认识。

二、与教材的对话:教师与文本有效对话的策略研究

(一)工作思路

教师与文本有效对话是一种技术,既然是技术,就一定有一些操作的方法或策略。它虽然强调沉入言语、逐字逐句的解读,但这种解读并非漫无目的、毫无重点的散步式细读,而是有目的地对文本的关键处进行重点细读。因此,我们的研究思路如下:

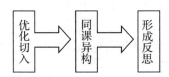

(二)研究内容

策略一 优化切入

阅读教学是学生、教师、文本之间对话的过程。在语文学习的过程中,阅读不但是因文得意的心智技能,而且是缘文会友的对话行为。学生和教师都是文本的读者,都要与文本背后的作者对话。而与文本对话,如同庖丁解牛,切口的选择十分关键。为了使课题组教师能准备找准切口,有效对话文本,学校教科室主任张盈老师深入研究,向大家作题为“优化切入,细读文本”的专题讲座,并组织课题组教师进行了细读文本的训练。

1.紧抓关键处,准确切入

文本的关键处,就是那些能够牵一发而动全身的字词句段。抓住关键点巧妙切入,就会成为“读进”和“悟出”的桥梁,往往有事半功倍的效果。

①抓文题切入。题目是文章的眼睛,凝聚着作品文义之精华。从文章的题目的特点入手,进行分析,由此入手展开与文本的对话,往往会有意想不到的收获。如《称赞》、《难忘的一课》、《将相和》等等课文的题目,就带有鲜明的感情色彩。我们在阅读时若能准确地抓住题目中题眼的特点,推敲品味其间的意义和含义,就可以直达作者的心灵。

②抓重点词切入。重点字词,是文章的关键之所在。在教学中充分依据这些重点字词,积极对话。例如在教学《北京亮起来》一文时,就可以抓住文章中的重点

词语来展开对话,如写环形路的部分用"道道"、"一座座"等词语写出了立交桥的特点;写王府井、西单商业街上时,"明亮"、"绚丽多彩"等词可以使我们感受到商业街的"繁华"……从这些词句中,我们能够领略到北京夜晚景观的明亮、辉煌。

③抓重点句切入。课文中有一些牵一发而动全身的句子,这些句子是文章的重点。我们从这些重点句子入手进行对话,可以有效地感悟文章,快速地探究文章的主旨。

我们可以尝试从总起句切入:有的文章在开头用了一个概括性的句子,我们常称之为总起句。这是我们对话切入的最佳点。从中心句切入:在一些文学作品中,往往有一些揭示课文中心的句子,这些句子在文中有着非常重要的作用,抓住这些句子就抓住理解文本主旨的关键。从总结句切入:总结句是结穴之语,由此入手,或追根溯源,或拾级而上,即可登堂入室。从重点段落切入:重点段是文章的重心之所在,能集中地表达文章的中心思想。从重点段入手来渗透思想教育,应反复品味,仔细推敲,认真思考,在深刻理解文章意思的基础上,明了作者的意图之所在,进而领会作者的思想感情,悟出字里行间蕴含的思想意义。

2.把握文本特点,巧妙切入

小学语文教材中入选的课文,风格多样,文笔优美,文本的特点百花齐放,与文本对话,应依据文本的特点,巧妙切入。

在与文本对话时,从文本的细节切入,可以事半功倍地把握文章的主旨。还可以从文体特点处切入。文体是文本解读途径中的一个强制性规范,它与文本对话必须按文体规范来展开。不同文体有不同的语言方式、结构方式、形象类型和表现手段。我们不能用读诗歌的方式来读小说,用把握散文的方式来把握剧本……因此,与诗歌的对话应以感受情感意境为主,对小说的把握应从人物入手,而对于剧本的欣赏则需要从矛盾冲突入手。再者就是从作者思路切入。思路就是作者思想感情发展的轨迹,是维系字、词、句、篇的线索,是它把结构文章零散的材料连成一个有机体。"作者有思路,循路识斯真。"因此,从作者思路的特点切入对话,用思路来统帅字、词、句、篇,指导听、说、读、写,这不仅有利于理解课文的内容,而且也有利于领会作者的思想感情。

3.从文本空白处切入对话

"空白"是指作者在创作中,有意无意地造成的隐蔽、残缺、中断、省略的部分,是留给读者通过有形部分而进入想象的艺术空间。发现创作空白,就找到了与文本对话的窗口。

首先可从省略处入手切入对话。文本中有形或无形的省略,都是读者介入文本的艺术空间。有形的省略往往用省略号表示。其次可从中断处入手切入对话。连续叙述的中断,戛然而止的结尾,隐含着的悬念,都会给读者留下想象的空间。还可以从作品的空白入手切入对话。对课文中出现在其他地方的某些"空白"的填补,往往也能很好地起到同样的作用。

总之,教师通过与文本之间的对话,必须充分利用教材的特点,深刻挖掘其内在的表现力和形象的感染力。如此,才能在具体的教学中,针对教材中课文的特点,运用不同的方法,使学生读文悟道而有所知,如境激情而有所感,由情导理使学生有所悟、有所行。这样,才会使语文教学趋于工具性和人文性的最优化境界。

策略二　同课异构

同课异构是指同主题的内容,由不同的教师设计不同的教学方案,在不同的教学班级进行教学系列活动,体现出不同的教学风格,能够带给听课教师更多的思考和感悟。这种教学方式能够充分发挥每个教师的不同优势,形成"个性化"教学。在活动中各执教者通过相互比较,取长补短,寻找最佳的教学方案。

实施流程:

理解教材　▷　独立设计　▷　年段说课　▷　课堂实践　▷　比较创新　▷　总结提升

通过同课异构,丰富了学校语文教师教学设计方案,并在具体的课堂实施过程中,验证不同教学方案的有效性;通过竞争、比较,激励教师创新,启迪教师思维,发挥教师的聪明才智;在汲取各种方案优点后,通过比较整合,对教学方案进行再设计,寻找最优方案;通过备课、说课、上课、听课、评课等教研活动,让教师踏踏实实地经历其过程,并在研讨中取得共识,达到资源共享,促进教师专业发展。

例如,对教《称赞》一课时,二年级教研组的两位老师设计出了不同的教案,各有千秋,也各能给人以深思。下面截取两份教案在导入环节的两个细节做对比:

细节一:板书课题

师板书"称":见过它吗?

生1:见过,我在市场里见过,广告里写的"一定让你称(chēng)心如意"。

生2:不对,那是读称(chèn),这是多音字。

师:你们真会学习! 是啊! 这是多音字,在课文里读称(chèn),一起读。

生3:我在"你"字里面见过它,"你"换去单人旁,加上禾字旁就是"称"。

老师接着写"赞":写这个字要注意什么呢?

生:上面两个"先"不一样,第一个"先"的最后一笔写成竖提,我知道它是为了谦让,不然第二个"先"就写不下,要打起来了。

……

细节二:初读质疑

师:读了课题,你有什么想问问作者的吗?

生1:到底是谁称赞了谁?

生2:为什么要称赞他呢?

生3:是怎么称赞的呢?

(质疑后引导学生自学,圈生字、读词语、思考质疑)

师:读了课文,哪些问题你已经找到答案了呢?

生:我知道小刺猬称赞了小獾,小獾也称赞了小刺猬。

教师出示小刺猬、小獾的图片,并贴在黑板上。师:让我们亲切地和他们打打招呼吧!

细节一:课前自己先学学

学习新课之前,我布置了前置性学习任务:

1.读读题目《称赞》,你想知道些什么?

2.熟读课文,哪些生字,你已经会写了,哪些字特别难写?

3.读了课文你知道了些什么,还有什么不懂?

细节二:课始反馈先聊聊

1.独立学习:课前咱们自学过,大家一定学会了不少吧! 老师都急着想听听了。不过,别急! 还是再读读课文,先准备准备吧!

2.小组学习:把你已经学会了的知识和小组里的同学分享一下吧!

3.全班交流:都学会了什么词,学会了哪个字,从故事里知道了什么,赶快说给大家听听。

·朗读方面

生1:我学会了"粗糙",就是很不平的。

师:是嘛! 真厉害! 比如,可以说粗糙的——

生1:粗糙的脸　　生2:粗糙的地面……

师:那就请你读读这一节课文吧!

生3:我也学会了一个词语"泄气"。

师:"泄气"是什么样子啊?(学生立即做了个泄气的样子)请你读读这一段!

·生字方面

生1:我会写"采"。师:你来写写看。(实物投影里直接显示)大家来评价一下吧!

师:这些生字和新词,你们一定都会读了,咱们开动火车——隆隆隆。(出示生字新词开火车读)

师:觉得哪个字特别难写,容易写错呢?

生1:我昨天写"清"的时候,下面的"月"老也写不下。

师:哦! 那问题在哪里呢?

生2:左边上面的三横都不在横中线上,往上点,下面"月"的横折钩在横中线上,就不会写不下了。

师:对啊! 大家都试试看!(学生自己写字)……

·阅读理解方面

生1:我知道课文里小刺猬称赞了小獾,小獾也称赞了小刺猬。

师:是嘛!(教师出示小刺猬、小獾的图片,并贴在黑板上)让我们亲切地和他们打打招呼吧!

师:那你找到他们称赞的句子了吗? 真不错,还划上横线了! 真会学习。咱们都像她这样把小刺猬和小獾称赞朋友的话划上横线,再读读。(学生快速读课文划句子读句子)

生2:我知道小獾做的板凳一个比一个好。

师:哦! 一个比一个好,就是很好了,对吧?

生3:不是,是第二个比第一个好点,但还不好。

(顺势引导学习"一比一"词组,并做练习,使学生明白小獾进步了,但板凳还是粗糙的,进而再通过想象,理解"粗糙")……

课后,课题组老师们坐下来对两节课的细节处理进行了比较、反思,从而进一步把握了年段学生的特点,同时也更好地突破了本课的教学目标。教师们的讨论如下:

针对师1的评价——

1."读了课题,你有什么想问问作者的吗?"学生们回答的正是你想要他们问的。可是,这些是真质疑吗? 课前孩子们都预习过课文,怎么会不知道谁称赞了谁? 明明不是第一次读课文,为什么要让孩子们装得好像都没有读过呢?

2.在读了小刺猬的称赞之后,你让孩子们仔细看一看图,希望他们质疑什么? 如果有既定的答案,那么质疑的权利是老师的,不是学生的。

针对师2的评价——

1.给予学生充分的信任尊重。

2.学生的潜能是无限的,教师相信并尊重每一个学生,最大限度地发挥学生的积极性、主动性和创造性,让他们成为学习的主人。如此,具有生命色彩的动态生成才能真正地活跃在教学过程中。

3.遵循学生学习的实际需要。

4.教师在制定具体的课堂教学目标时,应切合学生的实际,课前要善于做学情调查,了解学生的思维特点,尊重学生的智慧,倾听学生的声音,爱护学生的好奇心和求知欲,以此作为确定语文教学目标的依据。

策略三　形成反思

教学反思是教师的一种智慧性的自我挑战行为,它可以促使教师在看问题时有新的视角和新的理解,促使教师努力去弥合教育理论与教育实践之间的鸿沟,促使教师减少教学行为中的盲目与冲动。于是,我们充分搭建平台让教师们学会反思,学会自我提升。

实施课题研究的过程中,我们在学校教科室的牵头下积极撰写教学反思,并形成《教学反思报》,在这基础上还集结成书,出版了《走在反思的路上》一书。同时,我们还鼓励教师撰写个人教育教学反思集。

三、与课堂的对话:文本有效对话的运用研究

(一)工作思路

教师与文本有效对话的运用是课题研究的最终目标,教师在与文本有效对话后,如何引导学生走入文本,是研究的重点。因此,我们分设子课题进行研究。

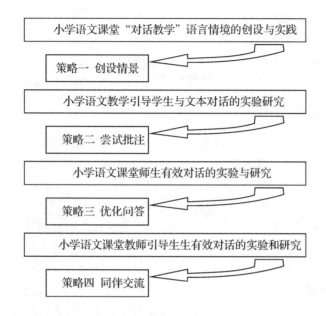

（二）研究内容

策略一　创设情境

1.创设情境，实行体验性课堂教学模式线路图：

创设情境 ⟶ 积极引领 ⟶ 积蓄情感 ⟶ 延伸整合

2.操作流程

①创设情境，生成体验

情境是手段，体验是目的，情境与体验生成互动。在教学中，我们充分利用多媒体等各种教学手段，创设生动形象的情境，调动学生多种感官参与学习，引导学生获得具有生命灵性的内心体验，激发其产生强烈的探索欲望。学生置身于一个充满诱惑的特定环境中，内化文本的语言，生成与情境一致的认识体验。

例如：在执教老舍先生的《猫》时，在课的结尾处创设了这样一个情境：

师：老舍先生笔下的猫，充满了灵性，真是惹人喜爱。有个同学也想在家里养只猫，可是他妈妈不同意，说猫叫起来太难听，又会把家里踩得到处都是脏脚印——大家能不能帮他一起来说服妈妈？为了使你的说服更有力，建议你用上课文中的语言。

一石激起千层浪。孩子们的神情激动极了，一只只小手举得高高的。

生：妈妈，你应该换个角度来看，猫在我的作业本上踩得不是脏脚印，而是漂亮的"小梅花"！

生：妈妈，你仔细地听听，猫在叫的时候，可是长短不同，粗细各异，真是变化多端，好好欣赏，像音乐一样。

生：妈妈，猫捉起老鼠来可尽职了，它闭息凝神，非把老鼠等出来不可！

生：我的好妈妈，猫比我还要温柔可亲，它会向你撒娇，用身子蹭你的腿，把脖子伸出来，要求给抓痒，你说可爱不可爱？

生：妈妈，满月的小猫更可爱，一根鸡毛，一个线团，它们都会耍个没完没了，它们的头撞在门上、桌腿上、彼此的头上，就算撞疼了也不哭，多勇敢哪！

师：孩子们，怎么同样的话，在你们的嘴里说出来，怎么就那么美呢？

生：因为我们都非常喜爱猫，说出来的话当然就不一样了！

[教学反思]

《猫》一文是著名作家老舍的经典之作。作者通过观察猫的神态、动作，倾听猫的叫声，以及对猫的一片喜爱之情为主线，把猫的古怪性格及小猫的可爱形象描写得栩栩如生。让学生读懂领悟名家名作有一定的难度，教师泛泛的讲述、分析对学生来说，只不过是浮于浅表的被动接受，仍无法体会、领悟文章的经典和独到之处。

记得有位特级教师说过："教学理念决定教学设计，教学设计决定课堂呈现。"在课堂上建构一个情境，带领学生进入情境中，他们才会愉悦地感受，美妙地联想，从而获得知识，获得审美体验，才会出现"小眼发光，小脸通红，小手直举，小口常开"这样的教师梦寐以求的理想课堂状态。

②积极引领，丰富体验

由于学生缺乏人生和社会的阅历及深厚的艺术修养，很多时候，他们的感悟是肤浅、片面的，甚至是偏激、错误的。这时，教师要充分发挥自身的主导作用，通过多向互动的对话交流，引领学生的体验向纵深发展；通过多维触动，引领学生的体验向多方向、多维度发展，使体验趋于立体化。

例如，在学习第九册课文《赶花》时，尝试设计了三个教学环节，让学生通过读课文，了解文中介绍的科学知识来体会"真"，体会文中的人文情怀来感悟"善"和"美"，再让学生通过作诗来表达这种"真、善、美"（出示辅助句式如下）：

如果花开的时候，＿＿＿＿＿＿。那么花落的时候，＿＿＿＿＿＿。

这时课堂中仿佛吹来了新鲜空气，学生个个兴味盎然，心中原始的诗情开始萌动，固有的灵性得以迸发，潜在的悟性也被唤醒。学生有了独特感悟和切身体验后，表达的空间得以舒展开来。

生1：如果花开的时候 / 蜜蜂不去采蜜 / 那么花落的时候 / 它将后悔莫及。

生2：如果花开的时候 / 我们嬉闹不停 / 那么花落的时候 / 我们将一无所获。

生3：如果花开的时候 / 我们不去珍惜 / 那么花落的时候 / 我们将痛哭流涕……

这些诗句，尽管有的很稚嫩，有的太夸张，有的尚缺了点韵味，但充盈着孩子们阅读学习时的不同感受与体验。课堂学习因此变得生动活泼,激情洋溢起来。于是,生命体验性课堂所追求的人格心灵的完整、个性的发展和情感的满足得到了更好的实现,学生也获得了更多的人生体验。

③积蓄情感,表达体验

根据学生年龄的不同,课文内容和形式的不同,把"读、评、写"等行之有效的活动形式作为一种情感的外显手段引进课堂,使学生有活动的时空,有选择的权利,有展示的舞台,也因而有了更多感知、观察、思考和探索的机遇。从而使他们在一种动态、开放、主动、多元的学习环境中,积蓄情感,表达体验。

④延伸整合,升华体验

这是教学活动的情感延伸阶段,要求根据学生的认知水平,结合学生从学习中获得情感体验的程度,通过课堂教学内容的有机延伸,使学生的情感体验也随之延伸整合,强化体验的效果。从而,让语文的人文内涵在学生多向的富有个性的情感体验中获得延伸、综合、重组与提升。这样的延伸整合既可以在课内进行,更可以将其延伸至课外。

比如一些学生在学了课文之后所编辑的手抄报:

策略二　尝试批注

真正有效的阅读,必须依靠阅读者全部的心智和情感意向活动,才能通过对书面符号的感知和理解,把握其所反映的客观事物及其本质。研究中,课题组教师积极对话学生已有的知识、技能、经验等,努力为学生营造一个有利于情绪化的"场",让学生直接面对文本,主动地读,专注地阅读,兴致勃勃地阅读。批注阅读,就是我们采取的主要策略。现结合《鸬鹚》一文,谈谈我们在课堂内的操作步骤。

1.课前诱导,尝试批注

我们将批注纳入课前预习,重视一般批注方法的指导,让学生尽快养成批注的习惯。在学生朗读课文时,诱导他们尝试在书上圈点勾画,凭借工具书注上生字音,注上生词义,将疑难词句画出来。更重要的是,针对课文的教学重点和难点,设计预习提纲,诱发学生批注的意向,为学生主动学习创造良好的心理环境。教学《鸬鹚》时,设计的预习提纲如下:

(1)鸬鹚是一种怎样的鸟?

（2）画出描写鸬鹚、渔人、湖水的词、句，评析体会，尝试批注。

学生在尝试批注的过程中，初步明白了课文写了什么事，是怎么写的。

2.课中指导，层次分明

（1）课内阅读一般分两次批注。第一次是在教师对文本不作任何讲解的条件下批注，防止学生产生思维依赖或思维定势，人云亦云。如一位学生在学习第三段时，首次批注是这样写的："渔人这一抹，抹出了鱼，抹出了浪花，还抹出了渔人的忙碌。"这个理解本来已经比较全面，但是经过师生对文本及批注的探讨，学生进一步与文本对话后，再一次作批注："渔人这一抹，抹出了一个波光粼粼、浪花四跃的小湖。多么令人陶醉呀！抹出了渔人的忙碌，抹出了一派鲜鱼满舱的喜人景象，多么令人激动呀！这一抹抹出了幸福，抹出了喜悦，也抹出了希望。它打破了原来平静的画面，使整个画面显得生机勃勃，使整个画面都动起来了。"两次批注由浅入深，学生的理解能力、赏析能力逐步提高。

（2）小组合作，交流互评。以四人小组形式，让学生就各人批注的内容展开讨论，变课堂为学堂。学生人人动口、动手、动脑，积极参与，大胆发表自己看法，然后补充、修正自己的批注，在相互交流中，听说能力同时得以提高。其间教师小组巡视，及时点拨。在这个基础上，再由各小组派代表走上讲台汇报批注内容，并提出疑难问题。这时教室里会不时迸发出学生思维的火花，教师应及时予以鼓励性评价，而对学生提出的疑难问题，则应指导学生多读书，联系上下文求解。如在教学《鸬鹚》第二段时，设计了这样的问题：都说中国的文字是最富有情感的，这"一抹"让你感受到什么？一开始同学们的批注只写出了说明渔人很爱惜鸬鹚，渔人对鸬鹚训练有素，鸬鹚很听话之类的内容。后来经过讨论，一位同学指出渔人早不下命令，晚不下命令，偏偏这时下，一定是渔人发现了一群鱼，他怕惊动鱼群，让鱼跑了，所以用轻轻"一抹"，多么自信，一看就是有经验的高手。通过交流，学生们肯定了这位孩子的批注，这给了他极大的鼓励，激发他更加主动地投入到学习中去。看到他专注的样子，我们对批注阅读法更有信心了。

（3）实物投影，现批现评。批注写在页眉页侧，利用实物投影仪，调节好焦距，全班可马上看见某位同学的批注，全班共评，发表见解。对于批注时典型的偏激、片面、平淡等现象，展出来供大家引以为戒，精辟、独到、创新、全面、透彻的批注供大家借鉴和仿效。一些重点句子，教师还可以通过实物投影仪与同学们一起讨论，一起批注，这对于一些阅读能力不强的同学来讲，非常有利。通过检查、交流，同学们能及时反思自己批注的情况，取长补短，不断提高自己的阅读效率和批注质量。

3.利用教材，课后引导

学完了课文，教师要充分利用教材所提供的语言材料、生动情节，引导学生动笔写一写，将书中的语言内化为自己个性化的语言，使写的能力得以提高。如教学《鸬鹚》后，我对同学们说："这篇课文，不仅让我们感受到了水乡的平静之美，这是一种柔和安宁的静态美；也让我们感受到了水乡的活跃之美，这是一种生机勃勃的动态美。有动有静，动静交替，动美静美，动静皆美。这不仅是《鸬鹚》，也是整个大自然赐给我们的一份美的礼物。同学们，拿起手中的笔，用上课文中的佳词美句把你对这些礼物的赞美写下来。"有的学生写了对水乡景色的赞美；有的同学描写了鸬鹚的机灵；有的同学用生动的语句，介绍了那位经验丰富的渔人。

课前诱导，课中指导，课后引导，尝试批注，使学生真正成了学习的主人。批注式阅读的开展，丰富了学生的情感体验，形成了他们的阅读个性，让读书不再是处于一种被动，不再成为一种负担，相反读书已经变成了他们的一种精神需求。在这个过程中，学生得到的不仅是知识的增加、能力的提高，更为重要的是，他们在批注式阅读中找到了读书的乐趣，得到了健全的心智，形成了独立的思想，拥有了自主的精神。因为有了批注式阅读，他们的个性得以神采飞扬。

策略三　优化问答

课堂教学"成"与"败"的关键因素之一是师生对话的策略。当前课堂教学中存在着"表扬泛滥"、"满堂问"、"简单低效评价"等现象，其关键因素也是师生教学的对话策略不当。于是，我们从小学语文课堂师生对话的特点及教师的行为出发，从提问、叫答、理答等三方面提出了师生教学对话的策略改进。

1. 提问——激发学习兴趣，提升思维价值。提问是教学过程中教师和学生之间常用的一种对话教学技能，课堂提问是通过师生相互作用，检查学习、促进思维、巩固知识、运用知识、实现教学目标的一种教学方式，它将直接影响课堂学习活动的展开，也直接影响教学活动的效果。首先，提问要给学生留有探索的空间，从而增加学生探索的空间，增强其思维的纵深发展。其次，提问要有针对性。课堂提问的目的是评价学生、检查学生、体现学生的主体地位，因此，设计课堂提问要有针对性，即要依据每节课的教学要求，针对教材的重点和难点，以及学生原有认知结构设计问题。再者，要根据学习进程及时追问，将学生的理解引向纵深。

2. 叫答——利于学生发展，提高其实效性。首先，叫答要有代表性。课堂上学生高高举起的小手往往会遮挡了学生真实的掌握水平。因此在叫答对象上要尽量的全面，更要重视后进生。于是，我们采取分层叫答，灵活性较强的问题就先请一两个能力较强的学生回答，起到一个示范作用，再请能力较弱的学生来回答。对于较直观的问题，就直接请后进生来回答，让他们在知识探索过程中同样获得成功感，不断提高他们学习的自信心。其次，叫答时机要恰当。即提问后，让学生思考，在学生的思维处于激活状态时叫答，这有助于学生认知的提高和发展。

3. 理答——提倡鼓励为主，促进学生再思考。现在课堂上常用的"好！""你真棒！""你真能干！"这样的理答已变得生硬、程序化，也激不起学生的兴趣。改用一些富有语文味的理答，效果就要好多了。首先要杜绝错误和无效的理答，其次要避免简单确定性理答,再则要增加引导鼓励学生提问的理答,最后提倡发展性理答。

总之,课堂教学师生对话的策略有多种多样,如果在平时的课堂教学对话中进行尝试,相信对提高课堂教学效率、促进学生的全面发展一定会有帮助的。

策略四 同伴交流

同伴交流的有效性主要体现在合作学习时是否全员参与上,在组长的组织下,每个成员都有具体的分工,人人有活干,没有旁观者。其次,要看学生是否积极主动地参与。为了有效地进行生生对话,使生生同伴之间真正交流起来,我们应重点注意以下三点。

1.恰当把握交流学习的时机。产生疑难问题时与人交流,可以起到释疑、解难的作用;在辨析知识时与人交流,可以使学生明确事物的本质特征、相近概念的联系与区别;众说纷纭时与人交流,可以使学生养成从不同角度思考问题的习惯,从而促进创造性思维能力的发展;总结概括时与人交流,有利于在总结概括时抓住事物的本质属性,去粗取精,去伪存真,进行科学地总结归纳。

2.做好四个准备:

(1)角色准备。教师在组织课堂讨论时不但要扮演好自己的角色,还要善于营造浓厚的研讨氛围,学生在心理上才会有更大的自主空间,思维才能敏捷,讨论才能真实有效。

(2)问题准备。为了使讨论更有效,有必要在讨论前做好问题准备。问题准备一般应有两种情况:一是课前提问,课上讨论;二是即兴提问,即兴讨论。

(3)观点准备:在讨论前教师给学生一定的思考时间,让学生带着自己的观点参与讨论,这样才能真正体验到讨论给人带来的挑战性及与他人分享思想的快乐。

(4)技巧准备:要提高合作学习的有效性,还必须做好合作技巧的准备,包括:认真倾听别人的意见,不插嘴;表达自己的想法要清楚;纠正他人的错误要诚恳;等等。

3.采用《对话记录卡》,有效地改变存在于生生对话中的低效现象。

《对话记录卡》的具体内容如下:

班级		记录人		日期	
课题					
讨论问题					
发言内容					

具体做法:记录人、日期在课外填写,讨论问题在提出后及时填写,发言内容由每位学生在独立思考时先写在草稿上,再由记录人在课外将每人的观点收集好粘贴在发言内容处。讨论前,小组成员先独立思考,把想法记下来,再由小组长安排,

各个成员各自说出自己的想法,其他人倾听,然后讨论,形成集体的意见后由记录员将其整理出来。然后,由汇报员汇报,记录人、汇报员轮流安排。这样,每个人都有了思考的机会和时间。

小组讨论交流时,教师不是等待,不是观望,也不是干自己的其他事情,而是深入到小组讨论中,了解学生合作的效果、讨论的焦点、认知的进程等,从而灵活地调整下一个教学环节。当学生的思路与他人重复时,必须引导与众不同;当学生的思路偏离教学重点时,必须引导转向;当学生的思路受阻时,必须进行点拨指导。当学生在合作学习之前,教师应把内容、要求交代清楚;当学生在学生合作学习之中,加强巡视,捕捉有效信息,及时辅导学习困难生;当学生在合作学习之后,教师应引导学生进行反馈、整理与提升。

我们可以看到,在合作的氛围中,生生对话迅速生成。来自他人的信息为自己所吸收,自己已有的知识被他人的视点所唤醒和激活,各自生成自己的认识与知识。

第四部分:实践研究的结果

一、课题研究的成效分析

课题实施以来,在有关专家的指导、帮助下,我们严格按照课题实施计划开展实践研究,取得了一些令人欣喜的成绩。

(一)教师的专业水平得以提高

实验前后,我们均对学校语文教师进行了关于《教师解读文本现状的调查问卷》,并将实验前后进行了数据比对。

	阅读过12册教材	对现成教案的依赖度	课前充分对话文本	对自己解读文本能力满意度	一学年阅读2本以上教育专著
实验前	32.1％	87.3％	32.5％	26.8％	22.7％
实验后	87.4％	46.1％	76.4％	83.2％	80％

从教师的问卷调查结果来看:日常化的研究方式,有效地改变了教师的学习方式、实践方式和思维方式,改变了他们的教学观与学生观,增强了教师解读课程、解读教材、解读学生的能力。在实践过程中,教师素养得到提升,课程理念、教学方法得到更新,研究能力得到增强,关注重心从过去的"教",转到了"学",由"师"转到了"生",由单纯的知识转到了丰富的情感。更重要的是,在实践过程中,教师会用一种反思的方式审视自身的教育教学行为,或者说用思辨的方式拿自己的实践对同伴的实践活动进行比较与分析,从而作出理性的判断和积极的重建。

以下,是我们取得的一些成绩:

团队成绩	2010.5	集结反思稿,出版《走在反思的路上》一书	
	2009	学校语文教研大组被区教育局评为首批区先进教研组	
金子翔	2010.1	《上海教育科研》	《习作龙舟齐齐划 ——一种组团式习作模式研究》
	2010.2	《教学月刊》	《胸藏丘壑而不发—— 论在生本课堂中教师的退让智慧》
	2009.3	《教育教学实践》	《清新语文味　回归本色美》
	2009.4	《新校园》	《谈谈课堂观课》
黄影	2010.9	荣获"温州市语文学科骨干教师"称号	
	2009.9 —2010	撰写个人反思集《走在反思的路上——黄影个人反思集》	
周阳	2009.11	荣获"鹿城区教坛新秀"称号	
		在温州大学作《三年级上册单元整组设计之朗读教学》讲座	

(二)"与文本有效对话"教学模式初步形成

"与文本有效对话"教学模式的一般结构呈现为:

课前:教师与新课标有效对话——教师与文本有效对话——教师与课程资源有效对话

课内:引导质疑,为有效对话准备——对话文本,个性化求解——师生对话,引导感悟体验——生生对话,实现同伴互助

从上述的教学程序可以看出,语文课堂无时不在学生个性化的学习活动中进行,学生的个性化学习活动随有效对话深入。

(三)学生的综合素质明显提升

我们在不同的研究阶段,采用观察、检测、问卷调查等方法,从学生的学习态度、问题意识、课内外阅读量等方面测评学生的综合语文水平,并与过去进行了比较。下面是各项测评统计结果。

1.学习语文的态度和体验(依据教师平时记录及学生自我评价记录)

班级	态度和体验
实验后	实验后的98%的学生爱学语文,没有发现厌学、畏学的现象,普遍具有轻松、愉快的情感体验。
实验前	约有25%的学生缺乏愉快的情感体验,主要表现为完成学习任务的被动性。

此项统计说明:实验后,学生在语文学习中的态度和体验好于实验前。

2.问题意识与解疑能力(依据教师平时记录及学生自我评价记录统计)

班级	问题意识与解疑
实验后	50％—80％的学生具有自学问题意识,并能积极解疑。学生们养成了积极思考、大胆提问、积极解疑的习惯。
实验前	20％—40％的学生具有问题意识,多数学生是在教师的要求指导下质疑、解疑。

此项调查表明:实验后,学生思维活跃,质疑、解疑能力得到很大发展。

3.课内外阅读量(问卷调查,包括学生本人问卷和家长问卷)。

		二年级	三年级
人均阅读数量	实验后	10 万字	90 万字
	实验前	8 万字	60 万字
	超出率	25％	50％
最多阅读数量	实验后	30 万字	170 万字
	实验前	25 万字	150 万字
	超出率	20％	13.3％

此项调查表明:实验后,学生课内外阅读量有了较大提高。

通过以上统计对比可以看出,教师与文本的有效阅读,引发了课堂状态的变化,使学生初步形成了自觉学习的意识,掌握了一定的学习方法,提高了个性化学习的能力,培养了创新意识,实现了学生在学习过程中的自我调控、个性评价、个性发展,使学生在知识、能力、情感、态度、价值观等方面都得到了发展和提高。

二、课题研究的问题思考

(一)骨干教师辐射作用的机制研究

由于扎扎实实地开展课题研究,我们欣喜地看到一个素质优良、高效精干的教师集体正在我校逐渐形成和完善。在学校工作中,教师群体共同的努力、良好的规范、正确的舆论和协调的人际关系等方面都出现了积极向上的局面,一批有名望的专家型教师、科研型教师崭露头角,脱颖而出的青年教学新秀正在涌现。但是,在部分骨干教师逐渐成长的同时,我们也发现仍有教师停滞不前,墨守成规。如何让已经成长起来的骨干教师发挥其辐射作用,带领更多的教师走上教、研一体的道路,形成骨干教师辐射作用的机制,是接下来我们要进一步研究的重点。

(二)"与文本有效对话"教学模式中如何体现教学个性的研究

通过课题研究,我校已经形成了有效的"与文本有效对话"的教学模式。但是"语文教学个性"应是一个语文教师在多年的教育教学实践与探索中逐渐形成的带有明显个人色彩的教学特点与风格。它是教师个人知识结构、思想认识、文化底蕴、生活阅历、性格气质、兴趣爱好、教育能力在教学活动中的反映和表现。教学个性因其为"个",所以它应是一个教师授课区别于他人的非模仿性的风格。因为教师对教材的理解、把握、处理不同,对教学方法的选择、使用不同,对施教对象的感受、情感期望不同,自然生成独一无二、各具特色的教学个性。如何在"与文本有效对话"教学模式中体现教学个性的研究,是继续课题研究的重点之一。

(三)学生与文本有效对话能力的循序渐进研究

通过课题研究,我们清晰地看到学生与文本有效对话的能力在逐步提高。但是,如何均衡不同学段的阅读能力的有序发展,使各级段之间、使每个学生能力发展的各个阶段之间,都可以依照一定的规律循序渐进,也是本课题继续研究的重点。

此文获温州市 2010 年度教学研究课题优秀成果二等奖

第四编

情怀写真：

学做智慧的教育者

教育要"以生为本"（一）

　　"以生为本"，就是为了学生的一切，一切为了学生，把学生的发展作为最根本的追求。"以生为本"是最根本、最自然、最永恒的教育理念；是朴实无华、经久不衰的教育理念；是放之四海皆准、超越时间和空间的教育理念。"以生为本，返璞归真"才是教育的本质。

　　张雪龙校长说：不要让教育违背教育的本质。这个问题，张校长是想过的，也是想透了的，但是老虎没有。

　　作为百兽之王的老虎回顾前半生，喜忧参半：喜的是前半生生活得还像模像样，好歹也是个王，且是百兽之王；忧的是最受人尊敬的角色——校长没当过。老虎决定后半辈子什么事都不做，就当校长。于是老虎投资办了一所民办学校——森林动物学校，并获得有关主管部门立项批准。

　　招生的时候，家长问老虎一个问题，把孩子交给你跟把孩子交给其他校长，哪儿不一样？ 老虎说：我们要培养的是样样都会的动物！ 森林里的动物家长也望子成龙，家长想：送到其他学校只会一两样，送到森林动物学校样样都会，自然是要送到森林动物学校了。所以，森林动物学校第一年的招生盛况空前。

　　可惜，好景不长，一个月以后，出现退学的了。首先申请退学的是鸭子。鸭子说："我的腿又短又细，决定了我到水里行，到岸上就不行了，怎么能跑步呢？"老虎校长脸色严肃地要求："到我这里，就让你水里行，陆地上也行。每天给我老老实实跑五公里。"鸭子说："我不可能样样都会。我爸爸也没样样都会，他就会在水里游，不也活得挺好、挺自在？"于是鸭子退学了。第二个退学的是兔子。兔子退学的原因是："遗传基因决定一切，我一见到水，腿就抽筋。现在你逼着我游到河对岸，我还没游到河中央就会沉下去。命重要还是学本领重要？ 没有了命，还谈什么样样都会呢？"于是兔子退学了。鹰是第三个退学的，鹰说："我实在受不了了，学会爬树对我有什么用？我张开翅膀一下就可以飞上去！"对于鹰的一飞上树，老虎狠狠地批评："上树，动作要规范，重来！标准的上树动作应该是沿着树干爬上去。"鹰说："爬着上树的应该是松鼠，我是鹰呀！"于是，鹰退学了……由于森林里没有一个动物能样样都会，结果开学三个月以后，最后一只动物也退学了。森林动物学校黯然关门的时候，一个媒体记者采访老虎，问他当了三个月的校长有何感受时，老虎一言以蔽之，说："校长这个活，不是人干的！"

但是，校长这个活还得有人干，只要老虎好好研修教育法、教学法和教育学、心理学以及新课程标准，重返江湖的机会还是有的。所以，借此机会与老虎兄共同商榷：

一、办学目标

我们的办学目标要"面向全体学生，培养学生全面发展"，这与"面向全体学生，培养学生样样都会"是有质的区别的。"全面发展"是指基于"元素"，发展"元素"，是指让每一个孩子都在原有的基础上得到充分发展。我们要求兔子争取 50 米短跑拿冠军，是合乎科学的，但要求兔子精通游泳、飞行、打猎，那就脱离现实了。显然，森林动物学校的办学目标定位不妥。

二、课程结构

课程是指学校提供给学生学习内容的全部。课程分国家课程、地方课程和校本课程。任何一类课程都重要，都不可缺。森林动物学校的课程设置是一刀切的：学游泳的时候大家都要学，学爬杆的时候大家都要学。课程面向全体动物，都要学，都要会，那就出大问题了。

看来上海的课程内容与结构可以供虎兄借鉴：上海二期课改在课程结构上强调体现基础性、整体性和选择性。规定小学以综合课程为主，初中和高中以分科和综合课程相结合的形式设置课程；构建以功能型课程为主干的多维度的课程结构，即以基础型课程、拓展型课程和研究（探究）型课程为主干的课程结构，其中，基础型课程体现国家对公民素质的最基本要求，即共同基础。拓展型课程着眼于满足学生向不同方向与不同层次发展的需要以及适应社会多样化的需求，体现不同的基础；而研究（探究）型课程主要着眼于改变学生学习方式，使学生学会学习。应该说，拓展型和研究型学科为实施素质教育作了非常有利和有力的补充。专家说，对于学生的发展应该走"圈养"为主，"放养"为辅的路子。"圈养"出规范，"放养"出个性。森林动物学校更应该注重"放养"课程的开发，以创设适合所有动物发展的教育。

三、教学原则

因材施教，既是教学策略，又是教学中必须遵循的原则。德国诗人海涅说："每一个人就是一个世界。"英国哲学家罗素说："参差不齐是幸福的本源。"遵循了因材施教的原则，就是遵循了学生的身心发展规律，就是教育生命化了。如果老虎尊重生命的个体差异，注重个性特长的发展，根据学生本人的需要，发展强势智慧的相关学科（游泳是鸭子的强势智慧学科，飞行是鹰的强势智慧学科），做到"哪壶先开提哪壶"，学校也不至于倒闭得这么快。

但是，在我们现在的教育中，过于重视数理逻辑智能和语言智能的教学，忽视了其他方面智能突出的学生的培养，其结果往往是埋没了人才。比如桌球选手丁俊晖，被界内专家称为 300 年才能出一个的亚洲奇才，但他没有完成九年义务教育，初二时五门功课总分才 100 分。如果按照我们的培养模式为其补短，丁俊晖能否成功应该是个疑问。

四、评价机制

老鹰已经会飞行，飞上树比爬上树更安全、更迅速，动作优雅，效果显著。老虎何苦还要求鹰爬的动作要"规范"，难道鹰"只会飞，不会爬"就不予以鹰毕业了吗？这样的评价机制，给鹰等动物带来的痛苦是可想而知的。他们不得不退学啊。

我们把主要目标都放在满分教育上，我们培养的模式都是按照学生考取满分来设定的。须知道，有这样能力的学生只占同年龄学生的 20％左右。为了考虑20％学生的利益而牺牲了 80％学生的利益，这不是以学生为本的做法。

"以生为本"这句话，我们是挂在嘴上了的，"以生为本"的教育理念，我们也是认同了的。但是在教育实践中，我们还是没有做到把理念转化为有效行为，还是没有做到体现理念的固有价值。

我们一定要牢记张雪龙校长的一句话："想过了不一定想透了，说过了不一定做过了，做过了不一定做对了。"我们要经常想想：什么是"以学生为本"，为什么要"以学生为本"，怎样做才能"以学生为本"？既要明白科学性和准确性的问题，搞清楚重要性和必要性的问题，又要解决操作性和有效性问题。

2008 年 5 月于上海

教育要"以生为本"(二)

只要心中装有学生,一心一意为学生的发展着想,理念是容易转化成行为的,而且是比较容易转化的。下面这两个小故事,尽管发生在中学,但是仍然具有借鉴意义。

一、要约束,还是要自由

学校二楼走廊的上方有一块几十年前的木制标识物,每一位从此经过的男生都要跳起来摸一下。久而久之,这块具有文物价值的标志物就有点污秽不堪了,而且走廊的一端有几层台阶,学生跳起来再落下去有可能一脚踩空,存在安全隐患。于是后勤主任向李校长建议:能不能将这段走廊围起来,既可以保护标识物,也不用担心事故的发生。李校长当即反问:学校是要促进学生的发展,还是要保护这个标识物,凭什么把属于学生的活动空间变成禁区? 经过校委会讨论,明确了问题的关键不是学生的跳跃和抚摸,而是要改善跳跃、抚摸的条件和目标。随后学校将台阶去掉,换上平整结实的木板,将标识物用玻璃罩子罩起来,玻璃罩分成十个区域,上面写着:理想、友爱、真诚、创新……经过的学生依然会跳跃,会抚摸,每一次的跳跃让肢体得到充分舒展,每一次的抚摸暗示了他们对真、善、美的渴望和需求。

二、要钢琴,还是要音乐

学校大厅里有一架十几万元的三角钢琴,还有一圈舒适的沙发。课间经常有一些学生跑过来,在沙发上摸爬滚打。学过钢琴的会弹上一段在同学面前卖弄一下,不会弹的也要混乱地拨拉几下,发出"嘣嘣……"的噪音。每当这时,学校的管理员就会跑过来训斥一番,然后学生一哄而散,但下一次还是外甥打灯笼——照旧。校委会讨论：是要保护这架十几万元的钢琴，还是保护学生对音乐的欣赏和向往？随后，学校将所有想到大厅弹琴的同学登记在册，排出时间表，将每天下午3：30—4：30定为钢琴演奏时间。每一位钢琴演奏家都会精心挑选自己的拿手曲目，勤奋练习，认真表演。当大厅传来优美的音乐，李校长就会从繁忙的工作中抽身出来，端上一杯茶，走下楼来，坐在沙发上，闭目欣赏钢琴曲。慢慢地，学校的其他领导走过来，一些老师赶过来，许多的学生也围过来。没有嘈杂，没有喧嚣，没有压力，有的是对音乐魅力的景仰，对弹琴同学的赞许。

现在，每天下午的3：30—4：30已经成为这所学校自己的钢琴演奏音乐节。

理念到行为还会远吗？还会难吗？思想决定行动，角度改变理念，如果学校是站在为学生发展的角度来看待问题的，那么学校的一草一木必须是为学生提供服务的，解决问题的出发点和落脚点就有了，解决起来也就容易了。无可厚非，学校要创造条件和机会，挖掘学生的潜能，发展学生的个性，努力让学生学会感动，让学生学出意义，让学生学有思想，让学生学得快乐。教育也就会真正成为一种富有智慧和生命的事业。

2008 年 5 月于上海

提升教师专业成长的策略（一）

记得《中国教育报》曾经发表讨论文章——"35 岁不作为"：教师职评的尴尬。文章说，一位大学本科学历的中学教师，如果职评之路顺利的话，这位大学毕业生经过 10 年就可以成为中学高级教师（副高职称）。假设该教师大学毕业时的年龄为 24 岁，则其获得中学高级职称的年龄就是 34 岁。这样在其以后的教师生涯中，来自外部的发展动力严重不足，如果个人又没有明晰的发展目标，则很容易出现"35 岁不作为"的现象，职称到手，革命到头。中学如此，小学呢？本科生毕业一年考核合格后即可评审小学高级职称，岂不更早，更糟？

优质的教师队伍，是学校可持续发展的最重要的软实力元素之一。从某一角度讲，职称高低所占的百分比意味着教师队伍质量的优劣。但教师队伍现状使一部分得到小学高级职称的年轻骨干教师，发展意识淡漠、发展动力缺失、专业成长疲劳、专业提升受阻，可谓处在专业发展的高原期、平淡期。如果这部分教师管理不好，势必会影响学校教师队伍整体的可持续发展，甚至会产生负面消极的影响。

外部动力为何不足？我想是职称再晋升太难了！内部诱因为何缺失？小高是大部分教师的目标，我达到了，不落伍，不丢人！家境也富裕，何苦？何怪之有啊？因此，我们要认真审视教师职称评审的固有价值。有专家阐述：教师职称评定是对教师专业技术水平和能力的确认（基本公正），也是对教师劳动优质优酬的体现（基本做到）。它是撬动教师工作活力的杠杆（没有达到），是推动教师专业化发展的动力之源（没有达到）。括号中的内容是我对职评结果的评价，不一定对。现实中，校长不也无奈，《中国教育报》调查显示不也有"35 岁不作为"现象？显然，职评违背了教育主管部门的初衷，但也总不能因违之而废止啊。我们扪心自问，这件事怪不得这些教师本人啊！特别在今天，做教师的不容易，一天忙到晚，除了忙还是忙，加上社会、家长、学校施加的压力又很大。再说了，教师这个职业是没有"悬念"的，早早就可以看到最终的结果,没有波澜起伏,没有惊天动地的作为。"我的职称已经评好了,何必还这样劳心又劳力啊?"我们按照这样的思维习惯去理解这个世界,理解我们的职业,也许真的就不想改变了,因为所有的改变可能都是枉然。如果没有令人欣喜的情况出现,我们的教师难免会产生职业的惰性。但是35岁的教师就真的是死心塌地地不想追求?没有期待?不再做梦?不是的。任何一位年轻的教师说自己不想进步了,那是违心的。他们只是在等待。等待什么?等待组织能够提供一个明确的、可望亦可及的目标。

因此,如何建立相应的管理机制,让我们的教师有更多更好的发挥、展示、提升的舞台,并从中亲历、体验到职业的幸福,是摆在我们学校管理层面前亟待解决的迫切问题。

言归正传,对于提升教师专业成长,上海曲阳四小校长有何策略?学校开展"教坛新秀"、"特色教师"、"骨干教师"的评比,不失为好策略。于是《教坛新秀、特色教师、学科骨干教师评审细则》出台:

1.评审流程:宣传发动→个人申请→公开教学→成果展示→现场答辩→民主推荐→命名颁证。

2.基本要求:师德修养和自身形象;工作激情和合作精神;公开教学和教学效果;教育科研和科研成果;学历层次和执教年龄。

3.主要任务:教育教学和教育科研两方面16项内容。严格执行区"师德一票否决制",每学期进行考核一次,考核评定分"完成"或"未完成",如有3项未完成视作考核"不合格",取消有关称号和待遇。如有1至2项未完成视作"须努力",将减少有关津贴。

4.奖励政策:学校将在业务进修、课题研究、晋级培养、福利待遇等方面都给予尽可能的政策倾斜。

学校通过这样的举措,不仅仅是培养和造就了一批能自觉应用先进的教育理念和方法,能学习、能实践、能研究、能反思,学有专长、业有专精、教有特色的骨干教师,更是营造了积极向上、不断进步的氛围。

关于平台,我们要想深想透以下四个点:搭建平台的动力点是教师成长的内驱力和学校发展的领导力;搭建平台的落脚点是提升教师的专业水平和能力;搭建平台的支撑点是经济实力;搭建平台的持续点是有一批校外专家的援助。

2008 年 5 月于上海,载 2009 年 12 月《鹿城教育》

提升教师专业成长的策略(二)

骨干教师是学校持续发展的核心力量,学校如何提升骨干教师的品牌效应,如何让骨干教师成为学校学习研究和教师成长的排头兵? 又正遇上新一轮课改,老师们认同了新课程理念,但实践与理念之间还是有很大差距的。学校骨干教师的教学经验相对成熟些,但缺乏提供给骨干教师既作展示又可研究的舞台。怎么办?这是校长要思考并要为之解决的问题。"骨干教师校内开放课堂"的实践与探索呼之而出。

骨干教师校内开放课堂"三部曲"

目的:引导骨干教师研究课堂、研究教与学,激发骨干教师自主发展意识,让他们实现从理念到行为的转变,实现从行为到理念的感悟,提升教育智慧。

形式:骨干教师自愿课堂开放。

对象:课堂开放自愿先行小组的成员是动态的,对象不定,人数不定,每学期由教师自愿报名,最初只限于校级骨干教师以上,后调整为 5 年教龄以上。

过程:"三部曲"。

(一)成立课堂开放自愿先行小组

自愿报名:教师自愿报名成立课堂开放自愿先行小组,率先进行课堂开放。小组成员可以互相交流在实践中碰到的问题和困惑,并根据自己的教学现状和学生实际,确定一个专题作为开放课的重点,进行针对问题解决的教学设计与实践。

运行方式:校长室主要策划,教导处具体落实。教导处的主要工作是按教导处工作计划确定开放课的课题、研究专题、教研组研修活动及学校层面教学研讨的组织，课堂开放的日程安排与相应要求等等。

相应要求：学校还对这些教师提出了相应的听课要求：数量上，全体教师听课量不少于志愿者开课总数的 50%，职初教师的听课量在 100%，提倡跨学科观课；质量上，要求教师作好观课记录，填写好课堂信息采集表，通过观、听、评他人的课，思、学、改自己的课。职初教师完成一篇观课心得。

［骨干先行，带动全体，为营造学习研究提供了环境，为提升研修品质，促进教师专业发展提供了抓手。同时，通过开放课堂，也为其他教师（尤其是新手教师）搭建学习、观摩、研讨的平台，形成全校性、开放式的研修氛围。］

（二）教研组介入课堂开放

合作研究：我们反思自愿先行小组课堂开放活动，在明确教师个体任务，强调教师个体规范时，忽略了学科组的集体作用。一个教研组的教师常常有着共同的关注点，有着同样的问题或者对一件事情的热情。虽然，集体的教学研修对教师个体如何解决问题可能不采取任何行动，其结果依然是每个人自己的决定，但是，通过集体支持个体的反思、质疑个体的假设，个体可以变得更有智慧、更有力量。教师的教学实践应该是在集体智慧下的个体决策。

重新定位：强调学科组的作用，强调开放课与学科组建设的整合，并要求做到三个结合——课堂开放与新课程标准的学习研讨结合，课堂开放与学科组的教研活动结合，课堂开放与课例研究结合。

［面对新课程改革，面对教育教学中出现的新问题，教师个体的经验、视野、水平都是十分有限的，只有加强合作研究，在对话交流、思维碰撞的过程中才能提高自身。］

（三）有主题地开放课堂

部门支持：为了给学校教师的实践研究搭建更高的平台，创设更强有力的专业成长的动力机制，提升学校的研修品质，在鹿城区教育局、教师培训和科研中心领导的大力支持和帮助下，学校着手实施面向全区的课堂开放方案。

主题研究：这不是简单的观课、评课，而是一个理论学习、问题研究、行动跟进相结合的活动过程。学校围绕"实施有意义教学"这个主题，要求各学科组针对教学实际，根据教师专长以及学科组现有的研究基础，确定本学科的研究主题，开展教学研究。为使活动开展得更有针对性和实效性，学校和学科组制订两级实施方案，分别明确了教导处、学科组、执教教师、观课教师在整个活动过程中的任务，合理分工，规范要求，并把教师的执行情况与年终的综合考绩挂钩，注重突出教师的主体地位，激发教师的主体参与意识。教导处负责对活动进行过程管理，定期组织学科组长和骨干教师进行交流与研讨，及时反馈与总结，加强监督与调控，提高研修质效。

　　[得到行政和业务部门的支持,以及制定出台科学合理的实施方案和激励机制,都是持续深入、切实有效地开展这项工作的有力保障。]

　　骨干先行,以点带面,不失为一个好点子,一条好思路,一种好策略。一位骨干教师能够发挥自身的价值,为别人走近教育艺术起到榜样引领的作用,同时使自身教育修养在磨炼中不断提高,总是倍感幸福的!

2008 年 5 月于上海

提升教师专业成长的策略(三)

如果我把学校以骨干教师"课堂开放"为抓手来培养学科能手,比喻成是在缔造金字塔"塔尖",把学校以评审"教坛新秀、特色教师、骨干教师"为抓手来培养研究型教师团队,比喻成是在塑造金字塔"塔身",那么学校以"教研组研究"为抓手来培养全体教师,可以比喻成是在锻造金字塔"塔基"了。

上海市卢湾第一中心小学开展的"短、平、快"教研组教研活动,可谓教师专业成长的"塔基"工程。"短"是指作研究课时间只有 20 分钟(抽签来定作课者,机会均等,所以设计的"课"就是集体智慧下的个体行为了);"平"是指参与个体均是同年级组同学科教师;"快"是指说课评课时间只有 3—5 分钟,活动过程紧凑不冗长。这是最基层、最本色的教研活动,是最富针对性、有效性、可操作性的教研活动,也是最智慧型的"教研组"的教研活动。这活动,挂职的小龚校长曾多次介绍过,小潘校长也阐述过,小陈校长也提到过,我颇有一睹为快之感。那天,我有幸目睹实况,想法就更多了,还是一吐为快吧,尽管可能一吐难明晰表达心中的所感所悟。

那次,卢湾第一中心小学校教学研讨月的主题是:有效课堂与生成教学。具体要求做到:备课环节中如何设计,促成有效生成;上课环节中如何调控,实现有效生成;评课环节中如何分析,变"即时生成"为"有效预设"。下面是同组成员对课例《小壁虎借尾巴》的评课。评课教师个体紧紧围绕评课具体要求,主题发言 3—5 分钟。

教师 1:关于"小鱼、老黄牛、小燕子"不借尾巴是什么原因。学生用上了"因为",老师建议再用上"所以",然后连起来讲。开始举手学生 5 位,后来 12 位,再后来 16 位,渐多。学生能够运用"因为……所以……"是课前预设到了的,在这里得到很好的生成落实。可见这个预设是有效的。

教师 2:关于填"小鱼……(　　)着尾巴"括号里的一个字。第一位学生站起来填了"摆",老师并没有否定,而是把"摆"在黑板上写了下来。这是我们在课前没有预设到的,但老师不慌不忙,问:还有没有别的意见？这时学生报出"摇"字。师生通过比较区别"摆"和"摇",认为在这里"摇"字更为确切,于是板书"摇"。可见"即时生成"很有效。

教师3:关于"小壁虎很有礼貌"表现在礼貌用语即生字"您"和用"商量的口吻"。学习中,如果只抓住"您"来体会小壁虎很有礼貌,还是不够的。这里老师太急了,我看到还有好几位学生举手要求发言,但没有给机会,便自己点了。我想后面那几位学生里面肯定有想到的。感悟有个过程,需要多次引读、练读的过程。这环节有预设,而且课堂中有生成,但是课堂中没有让精彩生成变成有效预设。

教师4:关于"爬呀爬"的朗读问题。我们在备课的时候,归纳出小壁虎爬得慢有两个原因。一是因为小壁虎断了尾巴,向前爬行的协调性不够了,所以慢了。这是在自然科学书里查到的。二是因为心里难过。老师在创情景领读的时候,一定要组织好语言。当时我们在文本分析的时候已经预设到,但操作不理想,课堂中的即时生成不能变为有效预设。

教师5:关于运用手势动作来帮助理解小燕子"摆"动尾巴飞行的问题。老师做到位了,但学生还不会。手掌为小燕子,手腕为燕尾,手指为燕头。燕尾右摆,燕头向左;燕尾左摆,燕头向右。分析时已经预设的,课堂中的即时生成也还是没有变为有效预设。

……

到这里,评课老师已经很见水平了,但好戏还在后头。那天卢湾第一中心小学的程校长很不满意,要求年级组长重点聚焦与主题有密切关联的1—2个问题,进行深究问题产生的价值,深究问题解决的策略,还要求参与教师把此问题写成文章。

我想,这样的活动遵循一条成长原则:把想到的说出来,把说到的做出来,把做到的写出来。"想"是前提,"做"是关键,"写"是提升。"想"与"做"固然重要,但"写"才是落脚点。只有通过"写",才能让活动过程有"量"的积累,让活动结果有"质"的飞跃,让教师个体真正求取活动价值,真正提升反思的水平和实践的能力。

2008年5月于上海

也谈细节决定成败

　　"泰山不拒细壤,故能成其高;江海不择细流,故能就其深","千里之堤,溃于蚁穴",所以大礼不辞小让,细节决定成败。学生在小学阶段,是养成良好习惯,奠定一生发展的时期,我们更要把小事做细。记得上海曲阳四小只有 15 个教学班,以语文教师为例,也只有 15 位,各年级段只有 3 位。因此,学校以组建学科教研大组为宜,由教导处分管语文学科的主任任组长。各年级组设一位组长,负责协调、落实工作,这样的组织与分工比较科学。我久闻上海的小学教育教学工作很细,但真没想到会如此细。下面列举曲阳四小语文教研组的作业管理。

　　1.预算作业。学期初,各年级组学习本学期教学目标,由组长在上学期基础上,调整与统一每一课语文的作业内容、形式和数量,并填写好作业登记表交教导处备案,继续强调利用激励措施,实施分层作业。

一年级语文作业设计(二至五年级略)

作业本编号	内容	格式	数量	分层方法
写字本(红)	抄写每课 4 会字	按印刷的	按印刷的	红星标出好的字
写字本(蓝)	抄写每课 4 会字	按印刷的	按印刷的	红星标出好的字
1 号本	抄笔画、生字	写一个字空一个	每字 4 遍	
课外阅读积累本	积累好词		每两周一次	

　　2.建错题本。错题订正以班级学习小组为单位建立错题本,主要内容为易错的字词和易错的各种练习。

　　3.规范批改:

（1）语文作业要求生字、词语逐行批改，特别好的书写用星标出。

（2）作文三分之一详改，有眉批和评语。文中的好词好句用波浪线划出，错别字标出并订正。

（3）对进步较大的作业，在作业等第评分旁，可创造性地画上笑脸、翘起的拇指或额外加一颗星，以示鼓励。

（4）组长要完成两次检查，开学初检查组内作业统一的情况，期末检查作业批改的情况。

单就作业，便这样以文件的形式下达到年级组。如此大处着眼，小处着手，自然还有：常规建设——备课管理、课堂研究、教研活动、质量监控、课题研究、学困生辅导；拓展管理——课外阅读、壁报布置、教学比武、出题比赛、抽样成绩、语文节活动。谁管，谁负责，真正做到各司其职，各负其责；做到时间、地点、责任人、任务、要求一一落实，看到方案就看到了效果，看到了目的。没有细节就没有教育，教育是实实在在的事，做了才有，不做就没有。当你面对孩子，然后一件事一件事去做的时候，教育就存在了。工作如此落到实处，使教师在学期初就非常明确自己要做什么，教研组要做什么，该怎样做。教研组成员捆绑式工作多，合作意识日益增强。"入乎其内，故有生气；出乎其外，故有高致。"共事的感觉自然特别好。

教研组是学校最基础的行政单位，是学校课程改革和实施的最基本的单位，是学校战斗团队的先遣部队。有专家把教研组建设的意义归纳为：学校课程资源开发的基地；教学活动组织落实的舞台；学校教学质量保障的阵地；学科教学经验积累的源地；促进教师专业素养提升的平台。可见，组建一支支好的教研组队伍意义深远，价值重大。

如何才能顺利开展教研组活动，我认为需要两个支撑：一是组长做好引路人。"教研组长不只是教研活动的主持人，还应是平等中的首席"，也就是说，教研组长是教研组的领头羊，对教研组活动的顺利开展至关重要。这就要求教研组长在平时工作时要模范带头，在执行学校各项决定时要身先士卒，在开展教研活动时要顾全大局，在研究问题时要一针见血。同时，学校要赋予教研组长对教学业务的行政指挥权、学科教学质量的评估权和教师的评价权，突出教研组长在"同伴互助"中的核心地位和引领作用。二是健全制度求保障。制度是一个群体共同遵守的办事规程或行动准则。教研组制度能有效保障教研组各项活动的正常进行，同时制度也是教研组快速、健康发展的必然的内在要求，是全组教师意志努力的集中体现。制度的根本目的是为了规范教师的行为，整合多方的力量形成合力，以发挥最大的积极效能。

石本无火，相击而生灵光；水尝无华，相荡乃成涟漪。在教研组捆绑式工作细节中，我们的思维遇到击荡，必将释放无穷活力。

2008 年 5 月于上海，载 2008 年 6 月《鹿城教育》

从不同的层面观课评课（一）

　　一位幼儿园老师开展教学"认识小动物"主题活动。

　　课件出示各种小动物图片。随着课件的动画演示，老师讲述："早晨，小动物们出门了，互相打招呼（复习了动物的称谓）。大家一起劳动，收果实，欢声笑语。突然天暗下来，要下雨了，小动物们赶紧跑回家。"

　　老师摸出一个小动物图像，问："这是谁？"

　　孩子们回答："小兔子。"

　　老师引导说："小兔子的家在哪里呢？大家一起说'小兔小兔快回家'。"

　　孩子们一起喊："小兔小兔快回家。"

　　"这是谁？"老师又摸出一个小动物问，"小乌龟的家在哪里？"

　　孩子们正要回答，这时一个小朋友举手了，说："老师，小乌龟不怕水，他不用跑回家的。"

　　老师愣了一下："天冷了，小乌龟也要回家。"

　　小乌龟回家了，老师还在继续讲课。

　　以上这个案例是顾教授在讲座中讲到的。这样的课，评课老师会给出多少分呢？

　　5月14日下午，我有幸聆听了上海市浦东教育学院院长、上海市名师名校长培养的负责人顾志跃教授的一个报告，题为《学校教学质量的管理与检测》。这样的报告，是本人近几年来听过的最精彩的报告了，当时没有写出来，或许是认为"他的话永远不会忘记"，或许是认为"过些日子再写会理解得更好些"。可今天拿出备忘录想重温震撼心灵的情景时，没想到"已经不能了"。欣慰的是弥留在心底的讲不出来的东西还是沉甸甸的，总还算是收获。

　　"有思想、懂业务、会管理"是顾教授给校长的角色定位。有思想是指：改革理念,改革目标,改革想法。懂业务是指:理论指导,学科专家,全面指导。会管理是指:管人管事,建制用人,经营发展。顾教授认为,校长在教学方面,对课堂教学的指导和评价是最重要的。校长对全校所有老师都应该做到:走得进课堂,听得懂课,做得出评价。

观课评课可以分通识性(指对课的状态和质量要素作评价)和专业性(涉及学科知识本身)评价。

观课评课可以从形式学习水平和有意义学习水平两个层次,进行四种分析——教学现象分析、教学技术分析、教学质量分析、教学价值分析。

而下面的观课评课,是从更加宏观的角度评价一堂课的整体状态和教学境界:上对? 上好? 上全? 上活? 上实?

1.“上对”是指教师能按照教材和教学参考书提供的教案,准确完成教学任务,没有知识性、方法性(比如这个知识应该是用实验来证实,可是老师却用传授式直接告诉学生)和过程性错误(比如定义、定理的推理过程不能省略)。

这一点对新教师来说非常关键。要“上对”课不仅需要教师有扎实的学科知识,而且要善于表达,能把想要讲的东西讲清楚、讲明白,让学生能听懂、能接受。

2.“上好”是指教师在把握教材与教参的基础上能对其中的部分内容或活动做修改,使之更加符合实际需要。

这里的“好”是一个相对概念,指相对于教材与教参中原有的内容来说更加好一点。这需要教师有一定的教学经验积累和创新能力,能发现教材与教参中的不足(这也是一位老师专业成熟与否的标志)。

3.“上全”是指教师在课上能兼顾“三位一体”或学生全面发展的多种目标,不仅有知识与技能要求,还要关注过程与方法,情感、态度与价值观。

目前在实施二期课改新教材中,这是一个令教师把握不住的问题。一节课能否照顾到方方面面,评课标准是否必须是全面的,需要我们做进一步思考探索。

4.“上活”是指教师不拘泥于教案,能根据课堂教学的实际情况活用教案。

预设与生成是课堂教学面临的一对矛盾,教师上课不能没有预设,没有准备。但预设与实际之间肯定会有不一致,需要教师在课堂里随时作出调整。这就是课堂教学的生成性。

5.“上实”是指课必须上出实际效果。实施素质教育的课堂教学改革不是简单的形式改革,而是要关注实际效果:

①提高学生主动学习的程度,加强对学生学习过程的了解——备课备学生,训练学生参与课堂教学的能力(会提问、会讨论)。

②提高学生有效学习的程度,增强驾驭课堂教学的能力,实施开放性教学。

由于各学科教学功能定位不同,在知识与技能、过程与方法、情感态度与价值观方面的侧重点是不一样的。“上实”必然要求课能体现学科特征,所以评课的重点也应有所不同。

如果基于以上宏观角度评价，结合"上活"这个层面中的"预设和生成"来思考，"案例欣赏"中这位老师的课堂，我们该给多少分呢？

其实，我们首先要搞清楚老师上课的目的是什么。是为了上完预定的教案，还是为了让学生有收获？如果只是为了上完预定教案，认识小动物，这符合教材要求，可以打 90 分。但是现在小朋友已经认识了小动物的一些生活习性，而且已经与老师的讲解联系了起来，这是多么可贵的思维！但是被老师关闭了这条途径后，孩子既没有展示自己对动物的了解，也没有分享其他伙伴的经验。如果以学生的收获为评课标准，这节课不及格。

好的课堂教学应该是教师的教贴近学生的学。

上对、上好、上全、上活、上实，对于我们来讲，任何一个层面都是值得我们思考的一个领域。

2008 年 5 月于上海

从不同的层面来观课评课(二)

　　校长要懂业务。校长要走得进课堂,听得懂课,做得出评价。未来的校长就是学术型的校长。

　　或许,我们会问,不懂英语,对英语课怎能评价? 老师会认为,反正校长也不懂英语的,课上好上不好校长也不知道。

　　其实不然!

一、观课观什么

　　1.如果认为教学是以教师为中心,以教师讲授为主形态的话,那么观课者关注的就是教师对教材的理解和解释方法,教师对教具和材料的运用,教师设定的教学步骤,教师运用语言、肢体和表情驾驭课堂的技术。

　　2.如果我们把学生当作学习主体的话,那么观课者就要关注学生在想什么,需要什么,他们带着什么样的经验。教师是否应对了学生的需要,是否为学生创造了主动学习的环境,学生在课堂里是否成为一个主体,是否每个人都投入到学习中,等等。

　　3.如果进一步深究课堂价值,那么观课者要关注学生在课堂中的种种行为表现究竟是怎样发生的,为什么是这样的,他们的行为意味着什么,他们之间在如何交互作用,如何应对才能改变他们目前的状态?

二、评课的两个层面

　　我在前一篇文章中已经提到过观课评课两个层面的四种分析:形式学习水平——教学现象分析,以学习具体的内容为主;有意义学习水平——教学技术分析;教学质量分析;教学价值分析。

　　我们如果从第一个层面——形式学习来观课评课,它的指标标准是以对自己有价值为准。它的检核表(结构要素)涉及的内容是：情景、问题、活动、事例、题目、教学形式、实验、教学具、板书、讲演、多媒体课件、课堂用语、情绪等。例如拿"问题"来说，观课评课者认为这堂课在某个环节设计三个问题是最好的，多一个太多，少一个太少，很有借鉴意义。

我们如果从第二个层面——意义学习来观课评课，它的指标标准是：

1.教学技术分析是以个人感觉为准。检核表(结构要素)的内容是：导入学习任务，实施学习任务，知识结构。例：拿"导入学习任务"来讲，观课评课者认为这堂课用"情景、问题、例子、开门见山、以旧带新"等五种方法进行导入，其中"情景"导入用得最恰当，即用最少的时间引导学生进入最佳学习状态。可见导入技术高超！

2.教学质量分析是目标要适切、内容要恰当、过程要合理、结果要有效。检核表(结构要素)的内容是：目标、内容、过程、结果。例：拿"过程"来讲，观课评课者认为这堂课"该讲演就讲演，该讨论就讨论，该实验就实验"，教与学的过程很合理，教学质量显然。

3.教学价值分析是课程观：教教材还是用教材教；教学观：教师主导、学生主体并重；质量观：有效性、主动性第一；学生观：相互尊重、平等对话，互动发展。检核表(结构要素)的内容是：课程观、教学观、质量观、学生观。例：拿"教学观"来讲，观课评课者可以从课堂中的现象评判，如果教没有引起学生的学，主导失去了意义；如果教了也学了，主导与主体也许是平行的陌生，只是穿过；如果教了，学生不但听了而且积极思维，叫共振，那是真正让学生成为思维活动的主体，这是高度了！

大家可能看出来了，第二个层面的三个指标是逐个递进的，是从表面引导到深层次探究的。我们可以采用任何一个指标来评价课堂，但质量观是最见真知的，可谓眼界决定境界！当然，在观课评课实际中，还要注意三个问题：

1.要关注学科。不同的学科，教学功能定位不同，三维目标的侧重点也不一样，如：数学类学科：以知识传授为主，包括技能培养。语文类学科：主要是阅读、表达能力和情感、价值观的培养。音、体、美类学科：主要以技能培养为主，包括鉴赏能力的培养。让不同学科的老师上出不同学科的课。因此，评课标准应该不同。

2.要提出设想。评课要具体实在，不死搬教条，应根据教师实际和教材的具体特点，提出切实可行的指导意见。在否定执教者的某些做法的同时，还要谈出自己对解决这一问题的具体设想和意见。所提的意见和设想要符合实际，使教师学得着，做得到。

3.要因人而异。评课还要看对象，分层次，要考虑学校的类型、执教者的年龄、教学水平等诸多因素，在要求上则因人而异，要让不同层次的教师在各自的基础上都有所提高。

2008 年 5 月于上海

从"科艺节"看校长的课程领导力

　　什么是课程？顾志跃教授是这样下定义的：课程是学校提供给学生学习内容的全部。概念浅显易懂，不过内涵深远。

　　什么是课程领导？国内学者沈小碚等人提出：课程领导是课程实践的一种方式，是指引领课程开发、课程实验和课程评价等活动的总称，是课程与领导两个范畴的结合，必须运用领导的理论、方法与策略来完成课程范畴内的任务。在我国，更多强调的是校长的课程领导行为。

　　什么是课程领导力？课程领导力，主要是指校长领导教师团队创造性实施新课程，全面提升教育质量的能力，是一个校级团队决策、引领、组织学校的课程实践的控制能力。

　　可见，校长不应是被动地执行课改，而是主动地统一理念、理解标准、互动调适、创新领导课改。曲阳四小的科艺节是"科技坊"课程实践的一部分。学校第二十届"科艺节"闭幕式在学校演示厅举行。闭幕式活动分两个层面。

　　第一层面：一年级——"环保情景剧"、二年级——"环保金点子"、四年级——"环保小制作"、五年级——"奇思妙想活动"。

　　第二层面：三年级组联合主题队会"节能、减排、环保"。

　　以下是三年级组联合主题队会"节能、减材、环保大搜索"的内容节选。

一、学生介绍

　　1. 学生（小组）来介绍"一次性筷子"的危害（媒体出示）

　　数据显示：一次性筷子是日本发明的，日本的森林覆盖率高达67％，但他们却不砍伐自己国土的树木，全靠进口。我国森林覆盖率不到14％，却是出口一次性筷子的大国,我国的一次性筷子产业每年要向日本、韩国出口 150 亿双木筷。按照 20000 双"一次性筷子"可以搭成一棵大树来计算,全国每年生产的一次性筷子耗材 130 万立方米等于"?"棵大树。

2.学生介绍"废电池"的污染(媒体展示)

小故事:有一个外国人到中国旅行,用完了的废电池没有地方扔,最后只能把它带回国了。因为废电池不能随便丢在生活垃圾里面,这样会造成很大的污染。而中国人将废电池随意丢弃,造成了很大的污染。

3.学生介绍一次性餐盒"白色污染"(媒体展示)

目前我国每年使用的餐盒超过 120 亿个,平均每人就会用掉近 10 个,但是在欧洲是不使用一次性餐具的,他们主要采用纸袋包装。其中白色污染还包括塑料袋、包装盒等。

二、学生表演情景剧

情景剧:"地球妈妈病了"

三、宣读《"节能、减材、环保"倡议书》

1."金点子"发布(录像)
2.现场采访学校小小发明家

四、学生环保作品展示

1.学生以时装表演的形式,手拿小制作进行展示
2.学生现场谈体会(头脑风暴的形式"我来说,我来说")

五、一起唱响"节能之歌"(原创节目)

在我心里,第二十届"科艺节"算是不小的一个节了,应该很"隆重":校园里彩旗飞扬,锣鼓喧天,人头攒动,成果展示摆了一排又一排……但是现场没有如我想象得那样排场,显得简简单单。

活动遵循了两个原则:全员性原则——所有的学生都参与到活动中来;有效性原则——开展的活动贴近学生的学习认识与生活经验。其实,这是"科艺节"价值取向,同时折射出了校长的课程领导力。下面谈一下章校长提到过的两个案例以及由此得到的两点。

一、主动领导课改

章校长曾经给我讲过的第一个案例：一天，他走进教导处，听到了两位教导主任的一番对话，说出了他们的心里话，特别有意思。

裘："科技坊"课题终于结题了，四年啦，想一想真不容易。

袁：还记得校长常对我们说的那句话吗？

裘教导模仿校长的口吻：二位，"科技坊"课题近期的研究内容完成了吗？我可反复提醒你们了，你们——

两位教导不约而同、异口同声地说道：看着办。

袁教导嘟嘟囔囔着：为了这句话，我们整整干了四年啦！连寒暑假也在学校里。

裘：是啊，记得当初我们从学习美国、法国的科学课标开始，到划分"科技坊"的四大学习内容分类，然后又进行了家长、学生的问卷调查，了解他们对科学学科的认识和希望解答的科学问题。做了充分的准备后，我们又把学生的"科学一百问"，按照学习目标和学生年级分段，构建一套校本科学实践内容。

袁：做得这么辛苦，本来以为可以大功告成了，但是后来编写教案改为编写学案，再上升成编写配套电子学案，还要设计相应教材，设计评价方案。一路走来，好像每次做完一个工程，校长总会又出一个新点子。不像有的学校搞校本课程，用几个月，编出一本书就好了。

裘：是呀，还有每学期安排师资，编排课表，寻找专家型家长资源来校上课，落实校外考察点，开展科技少先队活动——

袁：想想也蛮繁杂，更不用说做了。

裘：现在回头看看，这一步步走来，还挺感谢校长那句话的——

两位教导会心一笑，又模仿校长的口吻：你们看着办吧！

章校长说："你们看着办吧！"这句话的本意是想让大家明白，学校课程实施方案的整体建设是一个长期的历程，我们正确认识一个事物需要时间，规划构建行动方案也需要时间，通过实践中的体验深入认识教与学的方法更需要时间……不可能仅仅在几个星期、几个月就可以建设完毕的。

用了四年的时间开发一个校本课程不容易，个中滋味只有参与开发过程的教师明白，如：拟定课程开发指南，整理教学目标，梳理学习内容，创设实施途径，建设物质条件，尝试电子学案，构建评价方案等。

二、促进教师专业发展

章校长给我讲的第二个案例：

　　一天晚上，章校长有事从外面回校，还未到校门口就听到一阵哭骂声，原来是一位四年级的学生家长正在痛骂自己儿子。孩子捂着脸哇哇大哭，显然刚挨过打。看见章校长来了，家长直晃着"备忘本"，冲着章校长就说："校长你来讲讲道理，阿拉怎么不管小孩啦？天天来接他，回去还要和他搞，搞死掉了……"章校长拿过"备忘本"，上面写着一段老师的话："你的孩子，每天总是最后一个交作业，而且错误率高，希望家长多管管孩子，回家一定要仔细检查孩子的作业……"章校长总算搞清楚了家长大动干戈的原因。随后章校长和这位老师交换了意见，她很直率："这个学生动作极慢，作业老是写错，回家作业还经常不完成，和家长联系家长却说：'阿拉儿子又不是傻子，智商测试蛮好的。'还反问：'老师，你教的方法有问题吧？'"

　　事后，章校长不由得追问自己：教师对作业批改后的个别辅导有效吗，如果效果不佳应该怎么做？带着以上的问题和思考，章校长他接着开展了两个层面的"会诊"工作：一是组织学校分管教学工作的行政和教研组长，二是通过教研组长组织全体教师，共同来寻找问题的根源、寻求相应的对策。在这个过程中还邀请了区教研室、科研室里相关学科的教研员、科研员共同参与了学习和讨论。最终问题解决了，这是教育的智慧，更是教育的责任。

　　从"科艺节"想到这"两个故事"，从这"两个故事"想到"课程领导力"，从"课程领导力"想到"校长的心智模式"。反之，从隐性的"校长的心智模式"到显性的"科艺节"，这样的思维逻辑很清晰，工作实践效果很显著。其中，不乏是校长的课程领导力在起着决定性的作用。

2008 年 5 月于上海

不能改变事实，但可以改变自己

那天下午，我观摩的是一堂毕业班学生团体心理辅导课"七彩的阳光"。课的流程是这样的：

1.课前，媒体播放罗大佑的《童年》，音乐优美、活泼。画面上卡通动物夸张的动作，引来孩子们的阵阵笑声。

[活动室内顿时弥漫宽松、舒缓、自由、愉快的气氛。这种气氛利于孩子表露真情。]

2.课始，游戏一：选择座位，即选择颜色。心理辅导老师让孩子们选"哪一种颜色最符合你当前的心情"，并依此归列而坐。孩子们选择黑色的最多，其中包括一位老师，然后依次分别为灰、蓝、红。老师微笑着说："谁来讲一讲你为什么选择这种颜色？"学生们的回答概括起来有以下几种意思。

红色队（学生 2 位，班主任 1 位）：太忙了，学习热火朝天的感觉。班主任老师说自己每天只看到红笔勾勒。

蓝色队（学生 4 位）：作业多，心神不宁，缺少这种色彩。

灰色队（学生 6 位）：学习辛苦，但还是有收获的。

黑色队（学生 12 位，班主任 1 位）：作业多，学习紧张，心情压抑，很不舒服。

[情感表达阶段：辅导老师进入实质性的内容了。经由游戏让儿童无拘无束地宣泄不愉快的情绪，满足感情，同时让孩子们明白行为潜在结果。]

"我们来看看心理学家是如何分析的。"辅导老师鼠标一点，分析答案出来了。

红色：你对学习很有兴趣，积极性很高。

蓝色：你用平常心对待学习，有一定的信心。

灰色：你对学习很迷茫，看不到前面的目标。

黑色：你对学习没有兴趣，是一种煎熬。

游戏二：我说你听，你说我听

（1）学生看两张图片，一张是："你看到了什么？"另一张是："你看到了几个头像？"学生看到的结果不一样。原来每个人站在不同的角度去观察，用不同的想法去理解，就会产生不同的结果。

（2）学习艾利斯ABC情绪理论。著名心理学家艾利斯有一个著名的"ABC情绪理论"。艾利斯宣称：人的情绪C不是由某一诱发性事件A的本身所引起，而是由经历了这一事件的人对这一事件的解释和评价B所引起的。这就成了ABC理论的基本观点。在ABC理论模式中，A是指诱发性事件；B是指个体在遇到诱发事件之后相应而生的信念，即他对这一事件的看法、解释和评价；C是指特定情景下，个体的情绪及行为的结果。

（3）统考的时间能不能改变，如果不能改变，那么我们该怎么办？现在的阶段是我们每个人必须经历的阶段，与其痛苦地逃避，不如愉快地接受。

［澄清讨论阶段：师生互动，学中玩，玩中学。动之以情，明之以理，导之以行。当客观世界不能改变的时候，只能改变我们自己。］

3. 课尾，重复游戏一。老师说："现在让你选你会选择什么颜色？"结果反之。送给孩子们两句话：快乐不快乐，全在你自己！愿你的生活和学习拥有七彩阳光！

那年，上海市虹口区对小学毕业班学生进行语文、数学、英语学科统考。统考目的：检测毕业班主要学科教学质量；检测时间：6月4日—6日；监考教师：各学校教师轮换；评卷形式：封卷流水作业；评卷老师：各学校抽调；统考结果：以学校为单位排名次统考。

检测质量，无可厚非，但教育主管部门是要排名次的，非同小可。据说，各个学校在临近统考时都会做出相应规定：学科统考成绩务必要排在前5名。因此，近段时间，学校担任毕业班的老师忙，学生也忙。曲阳四小也不例外，学生课业负担明显加重，尤其是毕业班学生中出现烦躁、忧虑，甚至出现恐慌感、焦灼感的较多。

统考已经是一个事实，统考结果排在全区后六名的学校，教育局局长要"请"校长谈话找问题根源也是一个事实。既然事实无法改变，那就试着改变自己的心情。于是学校有了上面的团体学生心理辅导课，引导学生宣泄不满，排解怨恨，舒缓紧张。团体辅导是从游戏辅导、小组辅导、个体辅导发展过来的。不管是我今天讲的团体心理辅导形式还是其他的辅导形式，我们在人生的任何阶段都离不开，更何况在基础教育阶段，在儿童身心发展阶段。如果在这样一个阶段里，我们通过教育让孩子拥有了阳光的心态，拥有了幸福的童年，懂得了情趣和诗意，对未来有了更美好的期待，那我们的教育便是生命对生命的教育，生命对生命的启迪，生命对生命的润泽。这样的教育才真的是为孩子们精彩的一生着底色的，是人的教育。

二十年前，曲阳四小就已经开展了学生心理辅导研究，我为学校校长有超前的教育意识和行为而叫绝！黄克剑说教育有三个维度：传授知识，启迪智慧，点化、润泽生命。这种超前的教育理念就是润泽生命的教育理念。我们这一代教师若能够让孩子们有更多的快乐,如让孩子们"精神饱满,情绪愉快,学习自觉,关系和谐,言行举止受他人喜欢",即达成曲阳四小的学生培养目标,那我们的工作也应问心无愧了。

然而,令我们痛心的是,学校设置的心理辅导站或心理咨询室,就像当时我们花大价钱配置的语音室一样,搞搞噱头,没有实际运用价值,不过是一种应付检查的摆设罢了!我知道有小部分学校在开展这方面的教育,但也只是把心理辅导作为一种治疗和发展心理的一种方法,没有把它作为教育观念通过课程来落实,那么心理健康教育还是普及不了,还是做不好。只有深入学生的内心世界,根据学生的年龄特征,根据学生的学习进程,根据学生的特殊情况,寻找到引起他们情绪的症结所在,如此,从学生面临的问题出发,并渗入学科,渗入班主任和少先队工作中,才能真正及时地帮助学生生动、活泼、健康地成长。

2008 年 5 月于上海

为了解决问题

6月16日下午2点,我参加了曲阳四小课题研究讨论会。

地点:曲阳四小教工会议室

参会对象:张声远教授、柳栋副教授、校行政班子成员、衢州和温州的5位挂职校长

讨论主题:课题"团队合作中的教师内源性专业成长研究"的实施方案

研究内容:与学校五年发展规划相配套的课题。课题的研究内容分五大块。内容如下:

1.营造合作氛围,激发教师内在成就动机与党政工团工作方法的实践研究(章校长负责)。

2.促进合作,激发内在发展动机和学校绩效考核方案的研究(朱校长负责)。

3.学校典型教育教学业务流程的分析(裘教导负责)。

4.校本研训及教研组中的团队合作策略(袁教导负责)。

5.不同类型教师专业成长方法研究(刘教导负责)。

观点摘要:课题研究的每一位负责人围绕自己负责的研究内容谈谈自己的想法和看法。

焦点一

朱副校长:

1.教师间工作量的区别大

主科(语文、数学、英语)教师的工作量大。虽然表面上看起来少了两节课,但是作业量多,语文有作文等,数学有练习册、作业本,英语有三个跨级段班级和作业本。一节课改一叠,一天需要三节课,中午饭后马上得去教室订正,课后晚托班管

理。还要面临学科成绩测试,心理压力大。相比之下,综合学科教师任务要少,压力要小。

2.学习研究没有时间

基于以上原因,占了学校大部分的主科教师没有时间进阅览室。教师提高自我只能等回家,那些对自己要求高的可能会自主学习,反之不可能有主动学习行为。

3.现行的考核制度不合理

(1)学校和南通某小学进行教学校际交流,数学教师 A 很荣幸接受了一节课堂教学的任务,送教前大伙儿帮忙精心准备了一星期。教师 A 送教南通深得教育同仁好评,还接受了记者的采访。A 教师此行不仅为学校,也为上海争得了荣誉。但是,这样头尾两个星期,耽误了班级的学生数学成绩。A 教师南通回来正好遇上班级数学学科成绩抽检,结果与平行班一个班的平均分相差 3 分,期末奖金扣掉了 3000 元。反之,另外有几位参加学校教学活动的教师却获得新马泰旅游。都为学校,结果却大相径庭,可谓:"人家上研究课奖 3000 元出国旅游,本人上研究课扣 3000 元拍打屁股。"A 教师满肚子不高兴,曾想调离学校。

(2)外教班孩子比舞蹈班孩子的平均英语水平已经高出 5—7 分了,按照我们现行的考核制度(学科成绩低于平行班 3 分的扣除学期奖金将近 3000 元),舞蹈班谁来接呢?

(3)三年级(1)班有一位特殊的孩子,虽然智商测试属合格,但每一次的数学成绩就只有 8—10 分。班级算平均分时,对此班很不公平。

朱副校长如数家珍,一气呵成。大家面面相觑。还好有专家把脉,柳栋教授打了圆场。

柳栋副教授:

矛盾焦点凸现了课题开展的必要性和重要性。目前学校有哪些考核方案,哪些已经在做的,哪些是要深化的,哪些还要补充的,哪些是不合理的等等,都要进行梳理整合。

章校长:

把"学校教师奖惩考核方案"、"每月两次工资考核方案"、"班级经营考核方案"统整成一个"学校教师工作绩效考核方案"。

柳栋副教授:

根据"教学工作"、"班级经营"、"教师专业发展"三块内容统整。形成方案过程要谨慎:程序务必合理,内容涵盖全面。

关于考核制度的研究实施方案"呼之欲出"了吧。有基础,有挈领,基于制度,发展制度。

焦点二

章校长：

党政工团开展的一些活动不如意，比如青年教师协会的活动。青年教师协会负责人姚老师很早以前就交了一个"青协"活动的方案，主题是"饮茶文化"。那一天，我一去，他们就露馅了。哪里是饮茶？吃饭。哪里谈文化？唠嗑。我经不住问："你们的饮茶文化就是这样的活动？"他们还算老实："校长，我们就这样边吃边聊么好了……"工会小组的活动效果也不是很好，教师提案的质量也不高。如何采用科学的思维方法、思维能力，利用组织调动教师的积极性，这些问题已经摆在面前，解决迫在眉睫了。

柳栋副教授：

教师要从大局出发，才能提出比较成熟的方案。这是需要一个亲历过程的，从教师到教研组长，再到教导主任，认识不一样，生长的问题也会不一样。所以有一个大胆的想法：让骨干教师轮流感受教导主任等岗位，体会不同岗位的不同滋味，想法就会不一样了。

关于"青协"的问题，校行政班子成员要打入"青协"队伍中去，引领青年教师前进，让管理工作走到每个教师心里去，把教师的脉搏搭牢就好了。

张声远教授：

课题的核心是什么？教师的专业发展。发展的能力和水平要落实在课堂教学中去的。所以，我认为有三点很重要：1.教师是如何备课的，是如何把教案变成学案的？2.教师认为怎样的课才是一堂好课？3.教师对教学及时反思了没有？这些是根本问题啊。

会议从一开始切入正题，我就感受到真实、真切与真情，我作为一个旁观者也心潮澎湃！讨论会还在继续，这样的会议解决真问题，我已经很清晰地看到了课题研究小组讨论的价值和意义：

（一）解决学校教育实际问题

章校长、刘副校长提到的问题，从管理角度讲，是目前学校行政面临的急需要拿出具体方案来解决的问题。从教师角度讲，也是与日常工作紧密相连，与教师个体有切身利益的问题，解决起来很有必要，也很有意义。从专家角度讲，研究人员解决这些问题就有冲动，研究起来也是有持续行动的。

（二）提升研究者的专业素养

教师研究的过程就是教师学习的过程，提升的过程。讨论就是在转变教育教学理念和行为，汇总教师的教育教学经验，集聚教师的教育教学智慧。这个过程是一个动态的思考过程:先发现问题,再分析问题,最后解决问题。这个过程是今天比昨天好,明天比今天好,一天比一天好的过程! 教师的专业素养在养成。

(三)促进学校可持续发展

这个课题是曲阳四小申报的上海市基础教育第四个大课题,学校前三个课题成果均获得上海市级及以上相关部门的一、二等奖。课题研究对教师个体的成长,对学校的发展都大有裨益,当然效果的落脚点和受益点在学生身上。这个课题是随着学校的发展,针对学校中出现的一些新问题,或者需要深化的问题而开展研究的。学校科研成了可持续性的自觉行为,促进了学校可持续发展。

2008 年 5 月于上海

那一支小号

早上 7:30,校园操场北角的香樟树下,那一支小号准时吹响。号手是一位四年级的男生,胖嘟嘟的。他吹号时,尽管一再变唇,满脸涨红,鼓足腮帮,但那小号发出来的声音还是不尽如人意,清脆不嘹亮,高亢不辉煌,更令人难受的是还会时不时地冒出一声短促、刺耳的啸叫。这孩子是新手,当然谈不上有丰富的音乐表现力和高超的技巧了。

但是,这号子声还真具号召力。随着号子声响起,孩子们三五成群拥向操场,校园里一下子欢腾起来:或跑步,或跳绳,或仍垒球……号子声,绳子拍打声,导师赞扬声,二楼传来的钢琴声、合唱声,声声入耳。我着实兴奋了,心里暗暗赞叹:这才是校园!宽松自由、积极向上、欢快愉悦、活力四射的校园,才是校园!

学校是五年制的,没有晨会。参加晨练的孩子均来自各个年级段兴趣班。一天一级段,由年级段的老师轮流管理,由体育老师专门指导,且都没有补贴。这样的活动体现了普及为主、提高为辅的理念,普及是基础,提高则是目标。我想长此以往,必会使兴趣变乐趣,再由乐趣升志趣。

为了看晨练,我会提早到操场。几天来,没有一位老师、教练迟到,大家都很投入。老师淡定,学生从容,我感觉得到,这样的晨练活动已然具有相对的稳定性和持久性,已经形成了一种氛围、一种习惯、一种文化。晨练让我看到了校园活动所形成的校园文化力量,看到了校园文化力量构成的学校精神的核心内涵:精神饱满、情绪愉快、学习自觉、关系和谐。

小号吹一天容易,天天吹就不易了。这种坚持靠什么?靠管理。管理不仅仅是一种制度,还是一种行为方式、一种信念、一种价值观。我相信学校的师生已经认同晨练的价值取向,换句话说,全体师生都认为晨练是师生难得的锻炼学习好机会,要坚持。所以大家不仅共同信奉,而且还付诸行动。这种价值认同的信念和行为方式就是文化。

"学生要在活动中成长",这是我和校长共同尊崇的教育理念。学生的知识运用和技能提高、合作和竞争意识、荣誉感和凝聚力、责任心和使命感、无不来源于校园文化活动中。

我提一个很幼稚的问题:何谓校园文化活动? 其实大家心里都明白的,包括我自己。我认为这种校园文化活动主体是"人",内容是"文化活动",形式是"行为实践",核心是"素质教育观",特征是"校园精神",目标是"促进学生全面发展"。譬如我们学校一个学期一个节,两年一轮回的四个节:艺术节、读书节、体育节、科技节。我可以很有信心地讲,久而久之,这些必能得到心理认同,形成文化元素,积淀成学校文化的。

对于校园文化活动,我们思考过,但没有思考好,总认为思考的角度、力度、广度、深度不够。我们的很多活动只搞技术性的修补,或只作权宜性的改革,甚至是为了应付检查,没有注重内涵发展,着眼形成可持续发展的机制。我们很多学校有文化吗? 文化肯定有,但往往是散乱的、无意识的、缺乏底蕴的现象文化,学校文化却不见得有啊! 所谓的学校文化,那可是整合力很强,富含浓浓的人文情怀的、个性鲜明的、可持续发展的组织文化。只有文化而没有学校文化,是令人担忧的,不仅不能促进学校持续纵深发展,恐怕受害的最终还是一批又一批的学生。

谢树标校长说:"我离导师有多远?"说到底,思想的差异有多远,文化的差异有多远? 是啊,远在哪,有多远,为何远? 只有知己知彼,我们才能"从距离中寻找接近"。

2008 年 5 月于上海

绿,学校的高度

　　步入曲阳四小,满眼是绿。校园门口是草花的绿,教室门前是雪松的绿,人行道旁是香樟树的绿。"7"字形教学楼就掩映在这一片绿之中,由近至远、自下而上、从右到左,绿意葱茏。这绿,我怎么就看不够,看不厌?难道仅仅是因为草花、雪松、香樟树绿得有结构,有层次?绿得鲜亮耀眼,绿得热烈欢腾?不,岂止如此!

　　这绿,绿得正气。楼前的雪松,风度优雅、葱翠永恒、身姿矫健、一身正气!陈毅同志的"大雪压青松,青松挺且直",便道出了雪中之松的刚直与正气。当大雪压到一定程度的时候,雪松那富有弹性的枝丫就开始向下弯曲,于是积雪便从枝上滑落,待压力减轻,刚弯下去的树枝又立即反弹过来,雪松依然保持着苍翠的身姿。就这样,反复地积压,反复地弹落……雪松始终完好无损。是啊,对于外界的压力,可以通过正面的抗争去战胜它,但有时也需要像雪松那样先弯曲一下,做出适当的让步,以期反弹。这正应了曲阳四小总务主任的一句话:弯曲不是倒下和毁灭,而是为了更好地生存和发展。我们曲阳四小的师生们要向雪松那样高挺在虹口区,卓尔不群,正气不阿!

　　这绿,绿在大气。操场四周有十几棵香樟树,是校园内最高大的树。据说,樟树的樟名就是因为其身上有许多纹路,像是大有文章的意思,所以就在章字旁加一个木字作为树名。想想,蛮有意思!香樟树树冠扩展,枝叶茂盛,浓荫遍地,气势雄伟。树枝树干一分为二,二分为四,一路逶迤,虽中规中矩,却圆润连绵、俊秀飘逸,且尽显无私高雅与朴实无华。每天清晨,我都会站在操场上聆听它沙沙呢喃的絮语,吮吸它沁人心脾的清香。它如诗如歌的吟唱,与孩子们琅琅的读书声融为一体,是大自然的天籁,更是人间的美妙乐章。我问校长,这香樟树龄有几年了。校长自豪地说:与校史同在!校长没有正面回答我的问题,但我明白:香樟树是学校发展的见证!与学校同高!

这绿，绿显和气。校园的人行道上摆满了草花。草花绿得很温柔，挨墙角、树根部平铺着；也绿得很短暂，随着花的凋零，绿就失去了生气，花匠便会搬掉花盆，换来新绿。我常想如果没有草花行不行，没有矮冬青行不行，教导主任裘老师说，没有了它们，雪松和香樟树就会高处不胜寒！草花的绿是最底层的绿，这绿甘于寂寞，甘于为他人做嫁衣，甘于奉献，愿作根基啊！是的，有了这绿，雪松和香樟树就有了依托，不显突兀。有了这绿，就有了绿的整体，绿的层次，就有了绿的和谐之美，就有了一气呵成的绿的乐章！

曲阳四小的绿，和气、正气、大气。这绿，透着生命的勃勃生机与活力，当然更是文化的浓浓书写与积淀。这绿，散发气场，愉悦身心；这绿，点燃激情，传递梦想；这绿，激人奋进，助人成功。曲阳四小的绿是永恒的，因为这绿着眼于未来！

我们的校园缺绿吗？不！但我们的绿，意义何在？是赋予它生命了，还是赋予文化了？如果说是赋予了它生命，那么就要让生命的力量跳动、勃发；让满目可及的绿，尽显层次与情趣，给予这绿以呵护、以珍惜、以敬畏。如果是赋予了它文化，那么就要让文化的内涵得到诠释与传承，让环绕于周遭的绿与办学思想交汇，与育人素养融合，做到环境育人。

于是，忌为绿而绿，倡为生命和文化而绿。让绿与学校同高度，那才叫真绿！

2008 年 5 月于上海，载 2008 年 6 月《鹿城教育》

新课程改革背景下的学校特色建设

——以温州市城南小学民乐办学特色为例

绪论

（一）研究缘起

新课程改革中的一个重要目标就是，改变课程内容"难、繁、偏、旧"和过于注重书本知识的现状，加强课程内容与学生生活以及现代社会和科技发展的联系，关注学生的学习兴趣和经验，精选终身学习必备的基础知识和技能。这也要求学校需要顾及学生的学习兴趣和爱好，从学校管理者的角度来讲，就是办学要有特色。这是新时期课程改革对教育管理者提出的新要求，也是当今经济社会发展对学校建设提出的新挑战。出于对中国社会转型时期人的发展问题和今日中国学校无特色现状的深刻反思，中国学校特色发展的又一次大规模实践正在成为影响当前学校生存与学生发展的重大现实问题。

（二）研究意义

本研究的意义主要表现在：从理论价值上来讲，在新课程改革的背景下探索新的办学模式，为实施新课改和推进素质教育在学校管理层面寻求新的突破口，为学校特色建设提供思路和框架，丰富学校特色建设的理论研究；从实践意义上来看，本研究通过分析温州市城南小学特色办学的过程和具体步骤，为其他学校的特色建设提供可操作性的经验和借鉴，提升学校的教学质量，进而有助于提升学校的总体竞争力。

(三)国内学校特色建设的研究综述

关于中小学的特色建设的研究和讨论始于 1993 年国务院颁布的《中国教育改革与发展纲要》,其中提出"中小学要办出各自的特色"。之后,与此有关的"办学特色"和"学校特色"被广泛讨论和研究。许多学者对办学特色的理解仁者见仁,智者见智。但是,他们在"学校特色"的核心概念上也基本达成一致,认为学校特色是学校在全面贯彻国家教育方针的前提下,根据自身的传统和优势,运用先进的办学理念,在长期办学实践中逐步形成的教育思想、培养目标、课程内容、师资建设、教学方法,以及学校文化、环境、设施等多方面综合的办学风格和特征;它是学校在实施素质教育的过程中所表现出来的独特的、优化的、稳定的并带有整体性的个性风貌。

下面就办学特色的研究成果和研究现状做以下归纳:

1. 学校特色的内涵研究

黄书文认为,创办特色学校是深化教育改革的必然产物,关于创办特色学校,他提出三点思考:首先,要选准创办特色学校的突破口,探索不同风格的特色学校模式;要点面结合,拓宽渠道,创建既使学校特色不断完善又能发挥整体教育功能的新型学校。闫德明分析学校特色的特征为:学校特色是办学的独特性分别与普遍性、优质性、稳定性三者之间的统一。许建国指出,特色学校建设需要把握好三个指向:特色学校建设的本质是个性化,目标是优质化,归宿是人本化。他们从总体上概括了办学特色的意义、特征、方向和目标。

郑金洲从文化学角度对办学特色作出分析,提出地域文化、社区文化和学校文化是办学特色的重要有机组成部分。同时指出"特色办学"在文化学意义上包含的三个方面,即:学校在思想观念、价值观上的特色;学校在制度、模式、结构等行为方式上的特色;学校在物质环境、校园建设等方面的特征。这对当时盲目搞特色教育的实际有一定的指导作用。

张华从"特色教育"的本质出发,认为特色教育本质上是内化了"多元主义"价值观的教育,是教育的个性化,是对特定社区的批判适应;同时倡导全面发展与个性发展的连续性,倡导教育公平,倡导评价的多元化。

2. 特色办学的建设条件研究

李保强提出,创办特色学校,教育行政部门、学校领导和一般教师都承担着一定的责任,不管从哪个角度分析,都会有助于理解特色学校的创办和建设。王伟则提出学校特色发展的三重条件,即外部庇护层:学校与社会;中间组织层:学校与学校;内部特质层:学校与自身。同时,学校特色发展也分别涉及民办学校、政府与市场、学校与社区、学校与文化、学校与人四个方面的关系与问题。许思启提出,办出学校特色,必须有独具风格、务实创新的校长,必须培养和造就一批特色教师,必须着眼整体重点突破,必须注重教育科研。张东娇也指出,学校特色进展和建设与三个方面的问题有关,即教育的存在状态、学校的生存状态和创造主体的个性状态,这也是学校特色的三重结构,即表层结构、中层结构和内层结构。他们从不同角度指出特色教育在建设中涉及的建设主体关系,没有或很少涉及学生这一主体,学生并不是被动地接受教育的。

3.特色办学的构建理论研究

漆新贵、蔡宗模从理论的高度,提出特色学校建设的内在生成理论。他们认为,首先要确立学校的办学自主权和主体地位,然后通过自下而上的民主参与以及对学校自身历史和现状的深刻发展,确定学校特色发展的目标方向。通过阶段目标的实现不断修正完善或丰富其内涵使之逐步清晰化。这是个循环往复,螺旋上升的过程,最终实现学校特色发展的良性循环。

贺武华、李承先对美国"磁石学校"的考察发现:他们各自所宣扬的那些千姿百态的教育特色,并未像磁石那样吸引人,通过特色来促进学校改进的目标也不那么容易实现。由此,对我们的启示是,特色实实在在体现在办学过程的方方面面,学校的特色不能超出学校的内涵,我们无须把特色的功能与意义无限夸大。许建国借鉴国内外的实践提出,特色学校建设的起点一般有:(1)在学校历史或办学传统中发现和提取有特点、有价值的因素;(2)分析、聚焦学校已有优势,挖掘其背后理念,将其扩大,逐渐形成学校的文化和特色;(3)由特色教师的特色迁移、扩大发展而来的学校特色;(4)移植、借鉴的他校特色学校建设经验;(5)学校已有的如特殊教育中心学校本身的"特殊性";(6)校长特有的教育理念和治学方略;(7)课程改革创新的突出亮点和成就;等等。

4.特色办学的实现机制研究

王伟从整体上揭示学校特色发展的实现机制,主要包括以下几个方面:学校自主发展是学校特色发展的实质与目的,学校文化精神是学校特色发展的核心与灵魂,教育的相对独立性和学校个体生存是学校特色发展的必需条件,办学资源的充分开发与优化配置是学校特色发展的现实基础,学校创新主体的培育与生成是学校特色发展的决定性因素,课程开发与教学创新是学校特色发展的关键环节,校本管理体制与运行机制的创建是学校特色发展的重要保证。赵福庆从实践角度提出的操作过程依次是:首先,设计科学合理的特色教育实施方案;其次,根据自身的特点选择特色项目;再次,把创建规范化学校作为创建特色学校的原动力;再次,把提高教师的特色操作能力作为抓好特色教育的关键;最后,创建特色学校应遵循一些原则。

5.对办学特色建设的反思研究

顾明远提出办特色学校首先要克服一些思想上的障碍和误区,即为特色而特色、把特色和培养学生特长混淆起来、把培养学生的特长和素质教育等同起来。马玉玺认为,建设特色学校应该突出一个中心,就是以生为本,这既是创建特色学校的起点,也是其最终的归宿之所在。李醒东指出,在特色学校的研究和发展中,存在概念使用混乱、运动式发展、学术视野不广、理论深度不够及系统成果缺乏等问题。问题的根源在于学校发展与政府职责、理论研究、竞争环境等关系的错位。他还提出特色学校的改革核心是体制改革。朱广兵、辛治洋指出当今特色学校建设的现状有四种类型:无特无色型、无特有色型、有特有色型和有特有特型,并指出当前特色学校建设的误区表现为畏难不前和急功近利。这些学者在回顾和考察办学特色的实践基础上,找出了现实中特色教育建设存在的问题和疑惑,并进行了较为深刻的审视和思考。

综合以上的文献来看,这些研究在一定程度上有助于整体理解和把握特色办学的状况,但是仅有这些研究还是不够的。一方面,关于办学特色的研究较少涉及办学过程中的特色和运动中的特色。学校特色的建设和实施不是一蹴而就的,而是一个长期的过程。它是在形成各自教育特色的过程中,也体现出特色的东西。比如地方教材和校本课程的开发和编写,也是特色风格形成的重要组成部分;另一方面,也是更为重要的,以上研究较少涉及个案研究和实证研究。而本研究就是试图通过追踪温州市城南小学的办学特色建设的过程,为学校特色建设提供一定的经验。

(四)研究设计

1.研究问题

(1)当下进行学校特色建设有何必要性?

(2)城南小学特色建设的过程和现状如何?

(3)城南小学在学校特色建设取得经验是什么,又有哪些不足之处?

(4)从城南小学特色办学的个案中可以提升出什么样的特色办学机制?

(5)特色办学还存在哪些需要进一步思考和解决的问题?

2.研究方法

(1)文献法

通过收集和查阅相关著作和文献,了解我国学校特色建设的研究现状,写出学校特色建设的文献综述。另外,通过查阅城南小学的校史资料了解学校的特色建设历程和现状。

(2)访谈法

通过对校长、教师、学生、家长及社区人员的访谈,了解城南小学特色办学的历史和现状,以及建设过程中存在的问题。

一、新课改背景下进行学校特色建设的必要性

每个时代都有自己的时代教育特色,但每个学校并不一定有自己的特色,时代教育特色是指由特定时代教育价值取向建构的教育实践、教育结果所构成的一个时代的教育总体特征,记录和反映着这一时代教育的存在状态及其价值倾向性。而学校特色主要指由价值立场、办学思想和学校风气等汇聚而成的一种学校个体精神方面的独特性。学校特色标志着一个时代里学校的生存状态和个体发展空间,反映着该时代教育价值取向的合理和正当程度。

从 1993 年《中国教育改革与发展纲要》中提出"中小学要办出各自的特色"到现在已有近 20 年的时间,我国中小学的办学特色有了一定程度的发展。随着市场经济的发展,为了达到资源的合理优化配置,办学特色问题被广泛讨论和研究。近年来,基础教育新一轮课程改革的进行、有关办学特色的问题进一步成为教育实践和理论工作者关注的热点。新课改背景下的学校特色建设有其内外部环境的要求。

(一)教育外部环境

1.市场经济要求学校办学增强特色

随着经济全球化和我国市场经济的发展,教育产业化背景和教育中市场机制的引入,国际先进教育理念和优质教育资源的引进,教育服务类型和风格的多样化,学校办学有个性、有特色已是时代与社会发展的要求,也为教育消费者提供了广阔的教育选择空间。在市场经济中,特色蕴藏着优势,优势就是竞争力。因此,学校也要有自己的特色才能在竞争中产生优势。

2.文化多元化促使学校办学具备特色

文化多元化成为现代社会的重要特征,多元化的社会需要有多元化的教育,而多元化的教育就需要有特色、有个性、有创造力的学校。在 1994 年召开的第 44 届"国际教育大会"上,把"多元主义"价值观确立为指向于和平、人权、民主的教育目的,指出:"教育必须发展承认并接受存在于各种个人、男女、民族和文化之中的价值观的能力,并发展同他人进行交流、分享和合作的能力。"多元主义教育价值观必然要求承认并尊重教育的差异与个性,必然要求用多元价值标准评价教育。当教育的差异与个性得到尊重并提升的时候,这种教育即为特色教育。

中国是世界上少数几个存在着巨大地区、民族、种族文化差异的国家之一,因此,应立足于不同地区的特殊实际,贯彻"多元主义"价值观,发展丰富多彩的办学特色。比如,课程设置的统一性和灵活性,课程结构的多样化,课程评价的多元化,尊重学生的个体经验和感觉,注重学生的全面发展和个性培养,重视基础学力的提

高和信息素养的养成,注重创造性和开放性思维的培养,等等。

(二)教育内部环境

1.学校办学特色建设是推行素质教育的必要手段

过去,在"应试教育"的影响下,学校对学生的教育过程同指导应考过程等同起来,把不同层次、不同环境的学校都逼到单纯追求升学率和考分的独木桥上,造成办学一般化、简单化和"千校一面"、"万人一貌"的格局,湮没了学生的个性特长发展,扼杀了学校的个性特色,阻碍了学校教育的健康发展。面对21世纪的挑战和世界人才的竞争,只有实施素质教育,才能改变"万人一貌"的状况,培养各种类型、各种层次的人才;只有办出学校特色,才能改变长期以来"千校一面"的单一学校模式和畸形发展。由此可见,办出学校特色与实施素质教育是两个不可分割的方面,办学特色是素质教育的要求。

随着新课改的不断推进,素质教育关注的重点已从学校外部转向学校内部,从同质发展转向特色发展。因此,加强学校特色建设是实施素质教育的必要手段。

2.校本课程的开发和实施是促使学校特色办学的推动力

学校应该根据自身的历史发展和学生的个性来开发和实施校本课程。校本课程开发是一项个性化工作,因为每个学校都有自己独特的资源状况和文化品质。校本课程的开发是学校结合当地文化和师生的需求进行开发的,这在一定程度上也是形成学校特色的重要推动力量。

3.教育的本质内在地要求学校办学应该具备特色

教育的本质是培养人的活动,而每一位学生都是独立而又极具特性的个体。根据学生的个性差异,要尽可能地让学生人尽其才,才尽其用。所以,学校在关注学生个性的同时,还需要满足学生的个性发展需求,学校根据自身情况满足学生的发展需求,给予一定的引导和满足,这个过程就形成了学校的特色。

可见,学校的特色建设是教育发展到现阶段的必然要求,同时,面对教育的内外部复杂的新情况,教育领导者也应把握好学校特色建设的指向:

首先,学校特色建设的本质是个性化。特色学校建设是一种在寻求服从于一般学校共性基础上竭力创造出富有个性特征的办学风格的过程,它追求的是独特性,关注的是学校自我的主动发展,让普通学校找到内涵发展的自信和切入点,让每一所学校都可以经过自我认识和优化本身独具的资源,生长成为特色学校。所有学校都具有"生长"的普遍性,可以使不同学校从本校和本地的实际出发,顺应社会发展的办学要求,逐步创造独特的办学理念、办学策略、办学方法和办学内容,并由此凝聚成一种整体的独特办学风格和精神风貌,而这就是特色办学的本质所在。

其次,特色学校建设的目标是优质化。特色学校建设不是为了特色而特色,而是为了追求卓越、创办优质。学校特色无论怎么"特",都不能违背教育方针和教育规律；办学思想不论怎么"新"，都不能脱离学校和教育的实际；方式和方法不论怎么"异"，都要符合客观要求。如果离开了优质化的追求，特色学校建设就会沦为一哄而起、草率运作或者标新立异的浅层次作秀。

最后，特色学校建设的归宿是人本化。特色学校建设应该有一个明确的价值取向，那就是以人为本，创造更加和谐的校园生态，追求更优质的育人效果。特色学校建设必须关注到人。能否让学校充满生命的活力，使校园更灵动、课堂更鲜活，从而让学生更快乐、教师更幸福，应该成为特色学校建设的方向标。而让教育回归人性，应该成为特色学校建设的归宿。

二、温州市城南小学特色建设的现状

（一）城南小学简介

温州市城南小学有着悠久的办学历史，是浙南大地上享有盛誉的百年名校之一。学校成立于1914年，前身是永嘉县第十初等小学，历史上曾沿用温州市市立第六小学、城南镇中心小学等校名。步入20世纪90年代后，学校经历了这样三个阶段：1994年因旧城拆迁改建，合并原城南一小、二小为城南小学；2005年合并原府学巷小学为府学巷校区，成立城南教育集团，2006年与农村小学——七都小学，组建实施城乡教育集团化办学；2009年，根据鹿城区教育局的统一部署再次进行结构调整，形成了现在的集团化格局：两个紧密型校区，即城南校区、府学巷校区；一个辅助型分校，即乡镇七都小学；三个合作型学校，即丁字桥巷小学（丁字桥校区、翠微校区、垟田校区、双岙校区、府东校区）、马鞍池小学、学院路小学。2012年9月，城市西片新建会昌湖小学由城南小学接手开办，成为城南小学一个新的校区。同年，招收一年级新生三个班。

城南小学位于温州市鹿城区人民中路花柳塘畔，位于闹市区，区位条件十分优越。学校目前有省、市名校长名师培养对象4人，省、市教坛新秀（中坚、宿将）6人，市学科骨干教师9人，区级"三坛"40人。其中城南校区：占地面积10240.8平方米，建筑面积10238平方米，现有37个教学班，学生1549人；府学巷校区：占地面积3747平方米，建筑面积4716平方米，现有17个教学班，学生666人；会昌湖校区：占地面积9326平方米，建筑面积13840平方米，现有3个教学班，学生103位；乡镇七都分校：占地面积4200平方米，建筑面积2498平方米，现有7个教学班，学生244人。各校区硬件设施基本具备，办学条件较优良。

近几年，学校在实施优质教育资源扩张战略、集团化办学理念的指引下，更均衡、更公平、更充裕地"嫁接办学"，形成合力，积极开展课程改革，深入实施素质教育，注重培养孩子品质，激发学习兴趣，培养健康体魄，养成良好习惯，教育教学成果显著,社会声誉鹊起。学校同时赢得了很多荣誉:2009 年被评为全国语言文字示范校;2009 年被评为浙江省艺术特色学校;2009 年被评为温州市信息技术教育示范校;2009 年被评为温州市文明单位;2010 年被评为温州市素质教育示范校。

(二)办学特色及取得的成果

温州市城南小学一贯重视学生的艺术教育,并将艺术教育定位为学校的办学特色,民乐与儿童视觉艺术教育成了学校两大卓有成效的特色教育项目。其中,城南小学把乐团作为学校艺术教育的龙头摆在优先发展的位置。学校于 2003 年组建了民乐艺术社团,2007 年成立了儿童视觉艺术实验班。从 2003 年以来,城南小学在进行特色建设的探索过程中,于管理、课程、教学方面也逐渐形成了自己的风格。

1. 管理特色

"分权化管理"。实行"两纵两横"的管理模式,两纵是指日常工作管理与专业指导管理双管齐下,两横是指学校管理与顾问管理各自为政。乐团管理教师负责乐团日常运作;艺术顾问对专业教师教学进行协调、监督与指导。学校领导给予乐团主管充分的权利,减少不必要的管理环节,使乐团在时间、场地、人员、物资等方面的调度拥有较大的自主空间,从而保证了每一项工作的顺畅落实。

2. 育人特色

"有为才有位"。每个学期,外聘专业老师由学校艺术顾问、乐队指挥潘悟霖老师根据学生专业发展情况及老师一学期的上课情况做出综合评价,上报学校,学校保留是否续聘意见;乐队管理教师带队卓有成效,在评职称与评优评先时有所倾斜;乐队学员中,能自主参与管理的,及时给予表扬及鼓励。每个学期根据乐队成员的出勤率以及专业成绩,综合各方面表现,评选出全勤小标兵、最佳小乐手、优秀小乐手等,上报学校大队部进行通报表扬。

3. 课程特色

"课程校本化"。民乐团除了开设笛子、扬琴、琵琶、二胡等 11 门专业课程之外,还开设了视场练耳课程及欣赏课程,保证学生在音乐基础知识方面的学习。另外,学校安排每天中午休息时间和下午课余时间进行专业课程训练以及合奏练习。

4. 教学特色

"循序渐进化"。将乐器演奏的音色、音准作为器乐教学的重点。乐团采取专业教师讲授与小组合作学习、合奏训练相结合的模式有效提高学生的集体学习效率。乐团针对学生不同的学习进度,采取分层教学和集体课程与小组课程相结合的专业教学。每年,乐团都会向上一级学校输送一些毕业生,新队员在学校的二年级段全体学生中进行选拔,经过班级推荐——面试——复试,整个甄选过程公开、公平、公正,始终遵循以下两个原则:一是根据乐队的人数配置;二是尊重学生自身所具有的天赋。

根据学生年龄特点,采用梯队教学管理形式,以年级段为单位,建立 5 个梯队。二年级新生注重培养孩子热爱艺术的兴趣和初步掌握乐器的演奏技能。三年级以上每个年级段分别组建一支乐队,进行每周一次的合奏训练。其中三、四年级段的孩子重点学习乐器演奏技巧,练习简单的合奏曲目。五、六年级段的孩子,是民乐团的演出团队,充当着各项交流和比赛的任务。在各个梯队的合奏训练中,表现突出的优秀学员可以晋升上一年级段的练习。这样的衔接,使民乐教育的正常开展有了生源上的保证,构成了乐团可持续发展的梯队。

5.教师特色

"教师专业化"。城南小学民乐团拥有一支德艺双馨、扎实稳定的专家教师队伍。学校聘请国家二级指挥、中国民族管弦乐学会理事、全国专业指挥委员会理事、温州市民族管弦乐学会会长潘悟霖担任艺术顾问、乐队指挥,外聘温州市民乐界十几位知名人士来担任专业教学导师,他们有着高超的演奏技巧及丰富的教学经验。

丰富多彩的艺术实践活动为学生搭建了在学中演、在演中学的良好平台,是学生积累舞台经验的必要过程,也是让更多同学走进高雅艺术、提高艺术欣赏水平、进行学生素质教育的最好途径。乐团除了定期举办高水平的专场音乐会外,还积极参加各种演出。坚持艺术上的高品位与表演上的高水平,坚持面向全体学生。乐团将比赛与展示活动作为提高乐团演出水平的催化剂。通过参加市区两级学生艺术节以及、全省全国性的比赛展演活动,了解其他乐团发展的动向与水平,不断寻找自身差距。学校为乐团参赛设立目标,并在备战中练技能、练作风,通过比赛与展示使乐团演奏水平产生质的飞跃。

2009 年,城南小学民乐团成功举办城南小学第二届民族器乐专场演出,同年民乐团应浙江少儿频道邀请,录制了"炫舞春天"的民乐专场;2011 年民乐团应邀参加"上海之春"国际音乐节海内外江南丝竹的比赛,并成为唯一获得奖项的少年团队。乐团排练的合奏节目连续十年蝉联温州市中小学生艺术节器乐合奏比赛一等奖的第一名,2012 年乐团代表浙江省参加全国中小学生艺术节比赛荣获一等奖。每隔两年,乐团还在各专业音乐厅举办高档次的专场音乐会。校民乐团除举办专场演出外,还多次应邀参加国内外的艺术大赛并获奖。校民乐队还曾作为浙江省的唯一代表,应邀参加由香港宋庆龄基金会发起的"中国澳门金莲花奖艺术大赛",并荣获五个大金奖的最好成绩,同时学校也被组委会授予"组织大金奖";赴新加坡参加"胡姬花"新艺术大赛获得大金奖;赴韩国参加韩国国际"首尔杯"音乐、舞蹈、艺术大赛,10 个节目脱颖而出,不仅全部获奖,而且《丰收之歌》等 4 个节目还获得该届国际大赛的最高奖,曾多次应邀去中央电视台、台湾等地参加各类比赛和演出。

此外,学生在各级各类艺术比赛和考级中捷报频传,近几年来个人获奖达1500多次,其中全国级奖400多人次,区级奖700多人次。乐团赢得了各级领导、民乐专家、学生家长等的广泛赞誉。创建至今,学校为上一级特色学校,比如温州二中、绣山中学、艺术中学等等输送了大量的民乐特长生。城南小学民乐团作为学校的艺术特色品牌,已成为学校特色教育的一道亮丽风景线。

学校办团10年来,从办团理念、师资队伍、艺术实践、创新发展等方面狠下工夫,卓有成效。至今,学员从初建社团的30多位发展到现在的200余位,是目前温州市第一支规模最大、阵容最强的全日制学生民乐团。城南小学的民乐团也已经形成了鲜明的办团特色,2009年被浙江省教育厅命名为浙江省艺术特色学校。民乐与视觉艺术教育让更多的学生参与艺术学习与熏陶,不仅使学生掌握一门艺术技能,更是创设了校园健康、高雅的文化艺术氛围,使人从中获得生动的审美体验。

(一)特色建设的进一步规划

1.学校在2011—2013年的自主性发展规划中明确了三年民乐特色教育发展目标:

【2011学年】民乐特色教育目标:明确组织机构,建立完善的领导管理网络;完善外聘专业教师聘任机制,有效指导乐队活动;打造能体现民乐雅韵专业特色的教室及排练室;加快制度建设,规范乐团活动;组建家委会,充分利用家长委员会资源。

【2012学年】民乐特色教育目标:加强宏观管理与学生自主管理能力的培养,规范乐团学员评价制度,推动乐团发展;继续打造民乐专业特色的教室及排练室;建立校民乐资料库(包括历年活动资料、获奖资料、学生资料等);注重苗子的选拔,加强各个梯队的衔接;成立校民乐队家委会,参与我校乐队日常活动管理。

【2013学年】民乐特色教育目标:加强管理,推动乐团高效活动且可持续性发展;完善活动记录册,规范乐团学员评价制度,形成一套适合我校实际的管理机制;以老带新,注重新老队伍的良好传承;整理历年演奏曲谱,制定成集,打造乐团成立十年精品专场;编著民乐校本课程。

其中,会昌湖校区新增加一个项目——打击乐。打击乐器演奏是音乐教学的内容之一。它的教学不仅能帮助学生初步掌握乐器演奏的一般知识和技能,而且能培养孩子基本的合作意识、创造意识和责任感。通过学习打击乐,可以陶冶高尚的情操,培养高雅的气质,塑造完美的个性,同时对个人的智力开发、意志的磨炼、人格的完善等都起着极大的裨益。打击乐校本课程开发的实施方案如下。

(1)对象:一年级全体学生(本校区)

(2)打击乐器:音乐课堂教学常规打击乐器、哑鼓

(3)过程:

第一阶段(2011 年 11 月—2011 年 12 月)提出课题、论证、确立

第二阶段(2012 年 1 月—2012 年 6 月)准备打击乐器、编写简易教材

第三阶段(2012 年 9 月—2013 年 1 月)打击乐校本课程实施

第四阶段(2013 年 1 月—2013 年 2 月)反思、调整、补充、完善

第五阶段(2013 年 3 月)完善课程、继续实施

打击乐校本课程的开发和实施，必定会培养出一批节奏感强、乐感好、极具合作意识的学生，为学校民乐团良好生源提供了最有力的保障。由于节奏的加强，乐团的打击乐声部可以在原有的基础上进一步提升，乐队排练的乐曲局限性得到拓宽，为民乐团的发展提供了更大的空间。

2.2008 年 4 月，学校 9 名视觉艺术实验班的学生，在老师和家长的陪同下在上海参加了为期 3 天的第四届海峡两岸少年儿童"挥洒快乐童年——画我家乡"获奖作品展开幕式暨颁奖典礼，与来自台湾、香港、大陆等地的专家、获奖学生及指导教师，共同出席开幕式、颁奖典礼、水墨画教育研讨会及系列交流活动。同年 9 月的中国国际青少年美术作品大赛中，学校视觉艺术实验班的 10 位小朋友们再次表现出色，其现场比赛的作品在加拿大、韩国、日本等各国小朋友们中脱颖而出。刘昊烨同学获得金奖，其余的 9 位同学获得三银六铜的好成绩，得到了国内幼儿美术专家、首都师范大学美术学院著名教授杨景芝教授的高度评价和赞赏。学校在 2011—2013 年的自主性发展规划中明确了三年视觉特色教育发展目标：

美术学科是学校发展的眼睛，所以应借助视觉实验班为平台，提升城南小学视觉艺术教育的人文环境；以课题为引领，开展视觉思维艺术教学实践研究活动；以"走出去，请进来"为方针，邀请专家来为我们指导教学，培训我们的教师队伍。学校努力打造一支具视觉性、实践性、人文性、愉悦性的学生活动社团品牌。三年分目标如下。

【2011 学年】努力争取在第一年达到两个美术大教室、两个书法教室的目标。将其中一个书法教室打造成"刘旦宅先生个人书画展览厅"，让学生在大师作品的熏陶下，学习国学，提升修养。从二年级学生里选拔一批新生，将学员扩充到 200 人左右。分专业进行教学：二年级开设线描、蜡笔(麦克笔)、手工为主的儿童画课程；三年级开设剪纸水粉(水彩)、吹塑纸版画、DIY 为主的儿童画课程；四年级开设国画(水墨)、剪纸为主的专业课程；五年级开设漫画、联想素描、装置为主的专业课程；六年级开设油画创作、国画创作为主的专业课程。以马来西亚为主，辐射开展艺术交流互动，暑期开展以四年级以上学生为主的现场文化交流活动。汇集整理学生作品，编辑一本六年级学生专题作品成果画册。

【2012 学年】努力争取在第一年达到三个美术大教室、两个书法教室的目标。将"刘旦宅先生个人书画文化"打造成城南小学书画品牌。在常规教学中开始辐射视觉艺术实验班的教材，以点带面，辐射艺术教学成果。分专业进行教学：二年

级开设线描、蜡笔(麦克笔)、手工为主的儿童画课程;三年级开设剪纸水粉(水彩)、吹塑纸版画、DIY 为主的儿童画课程;四年级开设国画(水墨)、剪纸为主的专业课程;五年级开设漫画、联想素描、装置为主的专业课程;六年级开设油画创作、国画创作为主的专业课程。以台湾为主,辐射开展艺术交流互动,暑期开展以四年级以上学生为主的现场文化交流活动。汇集整理学生作品,编辑第二本六年级学生专题作品成果画册。

【2013 学年】努力争取在第一年达到四个美术大教室、三个书法教室的目标。将"刘旦宅先生个人书画文化"书画品牌提升成为学校主打艺术品牌。在常规教学中辐射视觉艺术实验班的教材,以点带面,辐射艺术教学成果。分专业进行教学。二年级开设线描、蜡笔(麦克笔)、手工为主的儿童画课程;三年级开设剪纸水粉(水彩)、吹塑纸版画、DIY 为主的儿童画课程;四年级开设国画(水墨)、剪纸为主的专业课程;五年级开设漫画、联想素描、装置为主的专业课程;六年级开设油画创作、国画创作为主的专业课程。以香港为主,辐射开展艺术交流互动,暑期开展以四年级以上学生为主的现场文化交流活动。汇集整理学生作品,编辑第三本六年级学生专题作品成果画册。

三、城南小学特色建设中的优势与存在的问题

(一)城南小学特色建设中存在的优势

每一所学校的特色建设都不应该脱离自身的办学优势而盲目建设。城南小学就是在其特色建设中充分发挥了自身的优势,其中有学校传统的美誉基础,又有校长的积极引领,还有主动参与的高素质教师队伍。

1.从传统美育中挖掘出学校特色

由于城南小学具备深厚的美育底蕴,而且历来重视学生的艺术教育,所以艺术教育自然成为学校特色建设的生长点。同时,城南小学对民乐和视觉艺术特色的建设,不仅是提升学生综合素质的重要途径,也有助于促进教师的自身发展。

(1)和谐的民乐课堂教学提升学生的学习兴趣。一个人只有在和谐的气氛中生活,身心才能得到全面发展,感情才能得到满足,才能大胆地表现自己。学校的民乐团也将为所有的学生提供一个广阔的舞台,让他们充分显示自己的才能,张扬自己的个性,释放自己的能力。而这些从参加课程学习中得到的情感、兴趣和方法将会对学生个性的形成,学生的学习、生活乃至今后的发展产生积极而深远的影响。教师对于学生在课堂中表现出来的长处,应当积极鼓励,对于偶尔出现的一些问题,也应当进行循循善诱的说服和引导。规范学生的课堂行为习惯,逐渐引导,及时给予表扬,让学生体会学习的乐趣,体会因获得成功而得到赞扬时的骄傲自豪

的心情。兴趣是学习的最初原动力，也是学习得以长期坚持的稳定剂。当一个人对某种事物发生浓厚而稳定的兴趣时，就会积极主动地去观察、思考，大胆地去学习、去探求。

（2）打击乐和视觉艺术的学习可以开发学生的智力。随着音乐教育改革的深入发展，器乐教学已逐渐普及，并被国家教育部正式列入九年义务教育《音乐教学大纲》，成为音乐教育的重要内容。同所有的音乐教学一样，打击乐教学并不是简单的技法教学。因为，大脑的开发与手的运用有着密切的关系。许多科研成果表明，当学生学习打击乐器时，小学生正处于活泼好动的时期，在这个时期，是进行打击乐教学的最佳时机，这样更容易让他们喜爱并接受系统的训练。特别是手眼协调的敲打行为比较普遍，说明他们对打击乐器具有一种天然的接受能力，且由于左右手指经常运动，使得他们的反应更加灵敏，智力得到开发。这种开发是全方位的，对身体的协调、平衡、和谐发展有着重大的作用与影响，而且这种促进与开发，还表现在平衡协调能力，也表现在灵敏的反应、开阔的思想、敏锐的观察力、丰富的想象力和创造力等方面。可以说，在学习打击乐的进程中，既能提高素养使人受益终生，又能开发人的智力。另外，小学生在学习视觉艺术的各门课程时，可以充分发挥自己的想象，这在增强学生学习兴趣的同时，也可以起到开发右脑提升智力的作用。

（3）民乐和打击乐有助于培养学生的合作能力。合作能力是在共同完成一件事中所表达出来的行为及心理、合作交往的意识和反映。现在的社会需要复合型的人才，一个人不但要拥有知识，而且要有创新的意识和能力、合作交往的意识和能力。打击乐的课程学习就是一个集体合作的学习模式，一个人出错，全体节奏就会混乱，因此，在学习过程中，学生之间的合作交流、互相帮助是必不可少的环节之一。在这个过程中更加锻炼了学生之间团结协作的能力，同时也渗透了与人共事、为人处事的道理。

（4）师生关系更加融洽。教师们在实施课程过程中发现了学生的特长，这让教师更加热爱学生，热爱自己的工作，校本课程成了师生沟通交流的一个重要桥梁。而且在开发校本课程的过程中，也促使教师不断地挖掘自己的潜能，不断地学习，不断地提高，教师的专业动机、工作兴趣和职业满意度、自主研发教学的意识和能力均得到较大的提升，也促进了师生的教学相长。

2. 校长的积极引领

著名教育家陶行知曾说过："校长是一个学校的灵魂，要想评论一个学校，先要评论校长。"可见，校长对一所学校影响的重要性。校长是学校管理的决策者和组织者，一个学校的办学特色，实际上是校长办学思想个性化的表现。校长对学校的领导，首先体现在思想和观念的引领。校长的办学思路、工作思路是否清晰，直接影响到学校的工作质量。在城南小学的特色建设中，关键是校长的办学思想有特色并发挥了积极引领的作用。在特色学校建设中,校长充分运用自己独特的人格魅力有效地将"自上而下"的推动者和"自下而上"的参与者协调起来。这种上下合力的形成靠的就是校长独特的办学思想。

3.专业的教师队伍

城南小学民乐团拥有一支德艺双馨、扎实稳定的专家教师队伍。学校聘请国家二级指挥、中国民族管弦乐学会理事、全国专业指挥委员会理事、温州市民族管弦乐学会会长潘悟霖担任艺术顾问、乐队指挥。外聘温州市民乐界十几位知名人士来担任专业教学导师,他们有着高超的演奏技巧及丰富的教学经验。

(二)城南小学在特色建设中存在的问题

1.特色建设需要更多的资金投入

办学资源的充分开发与优化配置是学校特色发展的现实基础。当前各所学校在追求特色发展的过程中,都或多或少地面临办学资源匮乏的难题。对外部资源的开发、吸收与整合,在一定程度上能够缓解学校办学资源匮乏,特别是经费资源、信息决策资源和人力智力资源匮乏所带来的种种问题,缩短特色办学摸索期与适应期,促成有限时间内办学资源的高效使用。在内外部资源相互作用的过程中,应优化办学资源的整合机制,提高学校办学资源的整合能力,从而为学校的特色发展奠定良好的基础。

学校建设中有效的办学资源包括无形资源和有形资源。有形资源包括政府提供的资金和实物,来自于校办企业和社会企业的资金、实物、实习基地与合作伙伴;来自于校友的个人捐赠、社会关系和品牌价值;来自于学校自身的资金、物质资源环境和人力资源。无形资源包括知识资源(如知识产权、专利和科研成果等)、制度资源(如学校的管理制度)、校园文化资源(如学校的精神、信仰、价值观和理念)、品牌资源(如学校的号召力、影响力、社会地位等),所有这些都是学校特色建设的间接资源。

在学校特色建设中,城南小学在音乐器材方面需要购买大量的打击乐器,另外也需要专家的定期指导。这些都对资金投入有一定的保障机制,就需要校长在办学资源方面进行综合评判,根据学校所处的实际情况争取最大的办学资源。

2.学校办学自主权的增强

特色学校创建过程主要涉及三个角色:学校、主管部门和科研机构。学校无疑是变革实践的主体,主管部门和科研机构作为重要的客体资源为主体的变革实践服务。明确角色分工和定位,处理好彼此之间的关系,是实现更好地协作、达成变革目标的必要前提。

特色学校的创建过程只能是学校自身不断学习、反思、内化、积淀的过程,这是任何人和任何力量都无法取代的。因为学校的内里是文化,走近百年老校,扑面而来的气息就有化育之功,但未必能确指是哪个教师、哪位校长使然。所以,特色学校是难以模仿的,也是相对稳定的。作为学校的主体,校长和教师们必须充分认识自己的作用,不能坐等行政铺路、专家带队,而应当主动出击,广泛捕捉和吸纳各种资源。实践证明,在特色学校建设过程中,校长起着灵魂的作用。与此同时,主管部门原有的管理主义角色面临合法性质疑,他们由传统的发号施令者、规划者、评判者变成了特色学校建设的服务者、环境营造者、过程护航者,因为特色学校的创建作为集体的自觉,是一个全民创新的过程,是一个个性化的过程。它既需要创新的自主空间,也需要更大的包容和接纳,以及对原有管理和评价体制的突破。在这一过程中,科研机构的出现是帮助学校(包括主管部门)分析问题、聚焦目标、更新观念、促进思维方式的转变的,即通常所说的提供专家支持。显然,学校教育教学工作的承担者因有着专家无法替代的实践和体验而应享有更多的话语权和自觉权。如果忽视这一点,实践者容易丧失主体的自觉,放弃思考,而专家往往越界,致使话语权被颠倒。

学校特色发展的实质即学校的自主办学和自主发展。在传统的办学经验中,学校的建设严重依附于教育行政部门,学校的自主权非常有限。现在新课程改革中实行国家、地方和学校三级课程管理,为学校的特色建设创造了一定的自主空间。在学校的特色建设中,学校在管理方面应该增加自主权,学校应该作为主要的决策单位,其决定和决策应该尽可能在最底层做出,这样才能发挥校长和教师最大的积极性和主动性。另外,适当地让家长参与到学校特色建设中来,成立学校家长委员会,引导社区和有关专业人士参与学校管理和监督,有助于学校特色建设的科学性和民主性。

长期以来,学校这种被动接受式的运行模式,不仅造成教育主体"唯命是从"的依附性格,也丧失了教育的专业自主精神。特色学校需要通过倡导革新理念、自主权、合作参与等,反对同质化和依附性,强调专业自主,并和教师独特的教学风格结合,调动以学校为基础的所有最了解实际情况的各方人士的积极性、主动性和创造性,变自上而下的办学模式为自下而上的办学模式。但是,校长只是起组织和领导作用,具体的工作是由教师来完成的。

传统中华文化根深蒂固的诸多消极文化因素塑造出学校校长和教师基于经验、常识、习惯的行为方式。无论是校长的管理还是教师的教学,都缺乏创新精神,其基本的行为模式是简单地模仿。要使校长和教师成为学校特色发展的创新主体,首先必须求助于理性和人本这两大基本精神,要用理性精神和人本精神来培养学校主体内在的现代性、创造性的文化素质。其次,根据理性、人道、民主和法治原则建立现代学校管理体制与运行机制。学校特色必须剔除现存学校活动领域中经验、情感、习惯和非人性化等自在因素,确立起理性、人道、民主、法治的现代学校管理体制与运行机制,以理性对抗经验,以法制对抗人情,以民主对抗专制。这不仅有利于克服经验、常识、情感等自在因素对学校教育与管理活动的侵蚀，而且从体制上鼓励和培养学校师生的参与意识和首创精神，从而为学校创新主体的生成提供适宜的条件。再次，通过价值的中心评估和深刻的学校重组改变学校主体的生存方式。除了通过建立理性的、人本的现代精神对学校教师和学生的普遍的启蒙机制和学校运行机制的理性化、民主化来改造现存学校文化模式以外，对于广大师生的文化启蒙和价值重塑还必须在基本的生活方式和存在方式的层面上下工夫，要通过价值的重新评估和深刻的学校重组使广大教师接受自由自觉的、积极进取的生存方式，使学校充满活力。

3.特色教育的评价体系不确定

特色教育是针对普通教育的模式而言的，它以独立性、前瞻性与前卫化为外部特征。特色教育不应理解为特长教育。特长教育的外在目标和内在目标的指向是同一的，根本目的是超常发挥某方面的天赋，使之形成特长。两者存在本质区别，如果特长教育被表现为特色教育，使得针对儿童的多种特长教育方式向纵深方向扩展，加上功利目的和利益的驱动，最终会导致特长教育形式与规模上的非理智膨胀。另外，学校特色建设中的开发项目如何协调并照顾到大多数学生的兴趣个性也是需要谨慎判断和选择的。

另外学校特色建设的评价方式和评价主体需要进一步关注。诊断性评价方式在上世纪90年代特色学校建设启动之初，发挥了积极作用，但已逐渐不适应今天特色学校建设的现实，因此，让学校多样化自主规划，多主体参与建设，多元化纵向比较，衡量特色建设速度的快慢和成效的大小，反应学校办学业绩的评价方式，即"一校一品"的发展性评价，应该成为评价的主要导向和主要方式。除了传统上由教育主管部门作为评价主体之外，在新的背景下，还有必要增加来自于学校教育相关的教师、家长、学生、社区、专业组织等主体的参与，只有让多方资源共同参与评价，才能在共建共享的基础上，使特色学校建设更加具有社会知名度和影响度。

4.教学创新与学校特色发展不紧密

教学创新应该是学校特色发展工作的主体部分，它从根本上决定着学校特色发展的质量和水平。要适应学校特色发展和学生个性发展的内在要求，学校需要对两个层次的教学问题进行认真思考与探索：一类是一般问题，包括课堂教学的基础性与发展性的关系、班级授课与小组合作学习及个性化教学的关系问题、教学与生活的关系问题、教师引导与学生自主的关系问题、接受学习与探究学习的关系问题、群体关系与个体差异发展的关系问题等。

人的身心发展的内在统一性和整体性决定了人的全面发展和个性发展的连续性、一致性。全面发展与个性发展互为基础、相互促进。一方面，个性发展建立在身心全面发展的基础之上，不顾及全面发展而苛求个性特长，终究导致扼杀个性。另一方面，全面发展不仅以尊重个性为前提，而且以个性发展为目标，并终将通过个性发展而表现出来。由此看来,特色教育之特色不是体现为全面发展和个性发展的对立、割裂,而恰恰体现在把二者完美结合于一体的教育艺术中。总之,学校的特色建设不能将学生的个性发展与全面发展割裂开来。

四、从城南小学特色建设中提升的办学机制

学校特色建设的问题实质就是学校的发展问题,人有生存和发展的需要,学校也是如此。城南小学将自身传统的艺术教学和地方特色相结合,以民乐为突破口,将自己的特色逐步发展完善起来,其特色建设也从选择突破阶段走到成就特色阶段。城南小学历来重视学校的特色建设,在近 10 年的特色办学经验中,也基本形成了自己的特色建设机制,如下图所示：

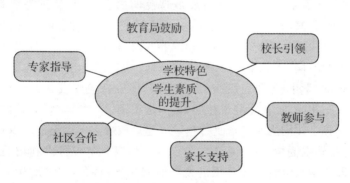

上面的示意图从学校的整体参与者角度来分析学校的特色建设,可以看出,城南小学特色建设的最终目的是为了提升学生的综合素质。特色建设是由教育局的鼓励、校长的引领、教师的积极参与、专家指导、家长和社区人员的共同参与完成的。

其中,教育局的鼓励和提倡特色办学是进行学校特色建设的前提,在政策层面增强了学校的办学自主权;校长作为一所学校的核心和灵魂,一个重要的职责就是提出并阐释学校的核心价值观,因为校长的教育思想、观念会影响整个学校和所有教师与学生,学校教育改革的真正实施也是需要校长先进教育思想的;因为教育是项复杂的工程,我们的教育改革如果要稳中改进,就需要将教育专家指导下的教育理论和学校实际结合起来,达到办学成效的最大化;教师在教育改革中也是至关重要的,学校特色建设必须要有全体教职工的广泛认同和积极参与。要把师生的个人价值追求和学校发展目标、教育质量、教育特色的追求紧紧联系在一起,并努力把这种办学愿景和目标内化为广大干部教师的内心需要和共同为之奋斗的精神追求,形成共同的价值观,只有这样,才能最大限度地激发和调动广大教师的积极性和创造性。有共识才能有共谋共为,才能全面实施学校特色战略。因为不管是教育改革还是特色教育,改革最终还是落实在课堂中,而教师在课堂中处于主导地

位,那么学校的特色风格和特色教育最主要也是通过教师传达给学生的;家长对学校特色办学的支持,一方面可以为学校的特色发展献计献策,另一方面也会配合学校的要求督促和监督学生的学习。传统学校关注自身的发展,不仅不考虑社区的实际需求和具体特点,还有意识地与社区保持一定距离,从而形成学校脱离社区、社区孤立学校的局面。这使得学校特色发展失去了社区的支持,脱离了社区这个文化母体。任何一所学校都是处于特定的社区中,学校如果不与社区建立良好的互动关系,也就不能更好地为社会服务。同样,社区也为学校教育提供了更宽广的实践平台。因此,社区与学校的合作不仅可以为学校提供特色教育的实践场地,而且可以通过社区的参与来宣传学校的特色。

从特色学校建设的内在生成逻辑来看,特色学校的创建离不开以下几个条件:需求、环境和人。需求是指学校具有发展特色的内在需要,这种需要有强烈与微弱、持久与短暂、普遍与个别之别;环境主要指制度环境,它是可变的,直接影响作为文化再生产机构的学校的功能结构和发展方向,相对来说,地域(包括社区)环境作用的方式大为不同,可以有更多的伸缩余地;人包括学校组织的所有利益相关者,即校长、教师、学生、家长、社区以及校友等,但在特色学校建设过程中,他们的作用和地位并不相同,校长无疑是核心,教师是关键,学生是主体和目的,这是有广泛共识的。学校主体的内在需求是特色学校建设成效大小以至能否取得成功的决定因素;环境是外生变量,它只是激发需求,影响进程,学校可以利用的一种资源,并不能直接取代学校自身主体作用的发挥而催化出"特色学校"的硕果;而人是联络两者的现实中介,他既承载需求,也适应环境利用资源,因此人的素质、人的需要和这种需要的唤醒与整合,以及人的能动性的充分发挥,是学校特别是领导层需要认真思考的一个课题。

学校特色发展的实质与目的是学校的自主发展。学校自主发展的核心是学校的自主定位、自我资源调配和自我约束机制的建立。学校自主发展具体包括校长的自主发展、教师的自主发展和学生的自主发展。其中,校长的自主发展就是为校长的自主办学提供足够的工作权利空间,使校长在学校办学过程中能够根据自己的理念与意愿主动选择和自觉行动,能够充分发挥自己的才能、个性和创造性,并通过学校的自主办学使校长获得自身素质的全面提升,实现自己的人生价值。教师的自主发展就是要保证教师的教学自主权,考虑教师的兴奋点,照顾教师的兴趣与需求;寻找学校发展和教师发展的结合点,使教师对自身专业的发展与学校发展具有相同的价值追求;帮助教师走向成功,使学校成为教师自我实现的场所。学生的自主发展就是要将学生确定自己发展方向的自主权、选择学习方向和学习过程的选择权,以及提供建议、观点的发言权还给学生,根据每个学生的需求、兴趣和专长创造适合每个学生的教育,帮助每个学生获得各得其所、各展其长的发展。

特色学校建设通常有两种类型:一种是"自然"生成,可以称之为文化沉积型,表现为历史悠久、名人辈出、影响深远、朴实无华而声誉很高,虽然可以追溯并归功于最初的创始者,但显然不能断言为一人一时之功。另一种则可以归之为催化型,即因为某种外在的要求或内在的需要,学校有意选择差异发展或错位发展战略,目的是实现自我超越以确保在同行中的有利地位。其动力来自内外部环境的交集,当内外部环境发生改变,作为生存反应的行为方式必定会随之调适以适应新的生存需要。因此,这种类型的"特色学校"保持着对内外尤其是对外部环境的敏感,灵活性有余而稳定性不足。借用波顿·克拉克的三角协调模型,由于文化沉淀的差异,前者以我为主,自我身份认同特征明显,而后者受他者(行政力量、市场力量等)支配,自我身份亟待确认。解决这个问题的唯一办法,是必须唤醒学校主体的自我意识,强化自我认同的动力,使之在内外力量的博弈中逐渐占据主导地位,让个人的因素、环境的刺激退居次要位置。这样,学校作为一个人格化组织的生命及其动力机制才能够建立起来,并遵循自身内在发展的逻辑,实现良性发展。

另外,学校在特色建设过程中还需要注意以下几个原则:

第一,要选准创办特色学校的突破口。特色不是主观的,而是实实在在、实事求是的东西。特色也并非少数人的特权与功劳,需要获得公认。学校特色应具有普遍性、整体性。特色虽然表现为抽象的精神层面,但却体现在学校办学过程的方方面面。在学校进行特色建设之初就应选准特色的突破口,而不能盲目地建设。办学特色要有其土壤根基,过于功利、盲目的做法并不利于学校特色的形成。

第二,综合平衡,减轻学生负担。中小学学生学习负担过重是当前教育的一个突出问题,也是教育改革的一个突破口。不能因为追求特色而加班加点,增加学生负担;也不能通过削弱其他教育来突出特色教育,这实际上是"舍本逐末"的办法。一定要全面安排、综合平衡,减轻学生过重的负担。

第三,学校特色建设应该坚持独特性、优质性与稳定性的统一。学校特色不是从天上掉下来的,其形成和发展需要一定的环境和基础。优质性是独特性的基础,是独特性形成和发展的环境和土壤,它决定着学校特色的档次。离开了优质性,独特性就成了无源之水,无木之本,就缺乏生命力。独特性是优质性的外显,它是在优质性这块沃土上结出的硕果,进而又不断激活优质性,使优质性保持活力,点面结合,整体优化,两者相互促进,相得益彰。学校特色的优质性与独特性的关系主要表现在两个方面:一是学校特色本身的先进性、科学性;二是办学育人整体水平有一定的质量,够上一个档次。学校特色从它的孕育发端到成果显示,要顺应时代潮流,要有理论的依据,要有推广的价值。否则,特色就缺乏生命力,难以让人信服。衡量一所学校是否办有特色,不仅要看它特色项目的成绩,而且要看它的整体办学水平。许多有特色的名校,其学校教育质量的总体水平都相当高。

学校特色不是昙花一现,既然它包含共性,体现并丰富共性,且以优质性为基础,那么,它就应该有稳定性。特色一旦稳定下来,就要做到既有长远规划,又有短期安排,要一年一年地、一届一届地、一代一代地传下去,而不是换一届领导变一个花样。应该使其成为一种优良传统,一种好的作风,不断地向深度和广度发展,这样的特色才会更鲜明、更优质。学校特色的形成和发展是一个长期而艰巨的过程,是一个复杂的系统工程,不是一蹴而就的。学校特色的稳定也是相对的稳定,而不是绝对静止的。从某种意义上讲,学校特色是一个与内外环境相适应、与特定时空相联系的动态概念,是一个动静结合的统一体。只动不静,形成不了特色;只静不动,发展不了特色,特色也就会因缺乏活力而褪色消失。

第四,学校特色建设应坚持人的个性发展与全面发展的统一。有一种观点认为,学校特色建设就是通过发展人的个性特长来体现的,不必顾及人的全面发展。另一种观点认为,基础教育阶段要求用全面发展来体现特色,以发展个性特长为目的则违背了基础教育的性质。我们认为这两种观点都是用二元论的、非此即彼的哲学来看待全面发展与个性发展的关系。人的身心发展的内在统一性和整体性决定了人的全面发展和个性发展的连续性、一致性。一方面,个性发展建立在身心发展的基础之上,如果不顾及全面发展而苛求个性特长,终究导致扼杀个性;另一方面,全面发展不仅以尊重个性为前提,而且以个性发展为目标,并终将通过个性发展而表现出来。

另外,在学校特色建设的实践中也不容忽视以下几个方面:

第一,学校特色建设应坚持以人为本的教育观。学校特色建设应该按照全面推进素质教育的要求,坚持社会主义核心价值观,要有大视野,要体现社会主义先进文化的要求,要有鲜明的时代气息,把握社会对人才的需求,坚持做到理论与实践相统一、继承与创新相统一。

第二,特长教育和特色教育的关系。这两者最重要的区别就是特长教育只是教授学生以特长,而特色教育旨在培养学生全面发展过程中产生的教育特色,特色教育最终是提升学生的整体素质,这两者有明显的区别。当下的特色学校建设中,有的学校领导误以特长教育为特色教育,加大开设特长班,就以为是在进行特色学校建设,这是认识上的错误。

第三,学生兴趣的选择和开设特色课程的供求关系。当一所学校形成一种艺术特色的时候,我们应该注意到有些在校学生对艺术并不感兴趣,那这些课程是否还要为他们而开设,或者以另一种这些学生喜欢的方式开设一些其他课程,这是个共性与个性的问题。学校的办学特色如何照顾到大多数学生的兴趣个性,这需要学校领导的把握。

第四,特色学校的评估该有统一标准还是应该保留差异。特色学校各有自己的特色,对特色学校的理解不同,就会有不同程度、不同层次的特色学校,具备怎么样的条件和设施的学校才算是特色学校,这也是一个没有确切答案的问题。但是这个问题很重要,一方面这个问题关系到特色学校的办学水平,另一方面它也是对特色学校建设的一个正确的引导。

　　每所学校在特色建设中都会遇到一些自身特殊的问题,但是我们也要意识到以上几个问题似乎是具有普遍性的,也是需要校长好好思考和把握的重要内容。

五、结语

　　通过分析我国当下新课程改革的教育背景,我们了解了学校特色建设的必要性,并以温州市城南小学的特色建设为例厘清了特色办学中会遇到和需要解决的问题,旨在从总体上揭示和建构特色学校建设的有效实现机制,考察学校在特色发展实践中所表现出来的某些规律性,以促进中小学办学特色建设的顺利开展。本研究也希望通过城南小学这一特色办学的案例,为其他学校进行特色建设提供一些经验,防止因操之过急带来的众多问题。另外,本研究只是阐述了一所学校的特色办学情况,具体来说是我国东部经济发达地区的一所小学特色办学的情况,或许不具有特色办学建设的普遍性,缺乏研究的广度,这也是本研究的一个局限。

　　但是,我们应该意识到特色办学并不是排斥原来的办学模式,而是在原来的办学模式基础上突出特色,提高办学质量,以求学生更好更全面地发展。学校文化精神是学校特色发展的核心与灵魂,办学资源的充分开发与优化配置是学校特色发展的现实基础;学校创新主体的培育与生成是学校特色发展的决定因素;课程开发与教学创新是学校特色发展的关键环节;校本管理体制与运行机制的创建是学校特色发展的重要保障。总之,学校要充分发挥自己的优势,突出特色教育;加强师资队伍建设,深化教育教学改革,提高教学质量;加强与社会的沟通,努力提高办学效益,积极探索人才培养的新途径。

　　根据以上的认识,我们可以对特色学校的生成机理进行简要的刻画:首先要确立学校的办学自主权和主体地位,这是至关重要的第一前提。然后通过自下而上的民主参与以及对学校自身历史和现状的深刻把握,确定学校特色发展的目标方向,这个目标方向就好比一个科学假设,通过阶段目标的实现不断修正完善或丰富其内涵并使之逐步清晰化。在此基础上,制定出学校发展规划并通过不断反思性实践予以调整,这是一个循环往复、螺旋上升的过程。在这个过程起始,应充分认识催化型特色学校的路径选择易受他者干涉的劣势,因此需要不断强化自我认同和主体身份,激发内在需求动力,充分认识调动相关人员的积极性,主动选择并利用资源,不断趋近既定的特色建设目标,以期最终走上特色发展的轨道,实现学校特色发展的良性循环。

　　特色学校在素质教育大环境中,显示出特有的令人神往的光环,蕴含着不尽的能量。素质教育是肥沃的土壤,特色学校是艳丽的花朵;素质教育是时代本源,特色学校是具体体现。特色学校作为实施素质教育的产物,将有力地推动、丰富和完善着素质教育,使我们的办学水平不断走向卓越。创建特色学校已成为深化教育改革的新的突破口,其深刻意义在于:有利于繁荣教育园地和提高教育质量;有利于发展学生个性特长,培养创新人才;有利于提高学校和教育地位。因此,作为学校领导者,我们必须从社会实际需要出发,从学校生存发展出发,勇于改革和创新,努力走出一条科学发展的特色教育之路来。任何一种学校特色都只有在不断满足社会发展的需要与不断满足人的发展需要的和谐统一中才能得以形成,并在不断地优化选择中自我完善。

2011 年 11 月于浙师大

参考文献

[1] [澳]伊迪斯·科文大学.负责人的领导[M].浙江师范大学高师培训中心翻译.内部资料,2011.

[2] [澳]伊迪斯·科文大学.领导社区参与[M].浙江师范大学高师培训中心翻译.内部资料,2011.

[3] [澳]伊迪斯·科文大学.引进领导[M].浙江师范大学高师培训中心翻译.内部资料,2011.

[4] [澳]伊迪斯·科文大学.引领改进[M].浙江师范大学高师培训中心翻译.内部资料,2010.

[5] [澳]伊迪斯·科文大学.在全球化背景下领导教育[M].浙江师范大学高师培训中心翻译.内部资料,2010.

[6] [美]珍尼特·沃斯,[新西兰]戈登·德莱顿.学习的革命[M].上海:上海三联书店,1998.

[7] 陈建先.语言学习:让语文教学回归本位[J].语文教学通讯,2005(9).

[8] 陈永昌.名校长的高绩效领导力[M].北京:九州出版社,2006.

[9] 顾明远.也谈特色学校[J].人民教育,2003(9).

[10] 郭睿.主体对话:阅读发展的新境界[M].南京:江苏教育出版社,2004.

[11] 郭思乐.教育走向生本[M].北京:人民教育出版社,2001.

[12] 贺武华、李承先.美国"磁石学校"的特色创新及其成效分析[J].比较教育研究,2009(6).

[13] 胡百良.校长的特殊使命[M].北京:教育科学出版社,2006.

[14] 黄书文.关于创办特色学校的几点思考[J].中国教育学刊,1994(1).

[15] 教育部.全日制义务教育语文课程标准[S].北京师范大学出版社,2006.

[16] 教育部.语文课程标准[S].北京:北京师范大学出版社,2011.

[17] 雷冬梅.从社会化看素质教育[J].中国教育学刊,2000(4).

[18] 李保强.学校特色建设的理论思考[J].中国教育学刊,1996(5).

[19] 李醒东.从"办出特色"到"特色学校":问题及视角[J].教育科学研究,2009(5).

[20] 刘庆昌,杨宗礼.教学艺术纲要[M].北京:北京教育科学出版社,1993.

[21] 卢谦."真水无香"是语文[J].语文教学通讯,2006(2).

[22] 马玉玺.提高认识注重实践加强协调努力创建特色学校[J].教育理论与实践,2010(7).

[23] 漆新贵,蔡宗模.特色学校建设:内在生成的理念[J].中国教育学刊,2010(2).

[24] 沈大安.语文教学走向生本[OL].http://www.ajjs.com/u/38/archives/2009/321.html.

[25] 田杰.试论素质教育评价体系的基本特点[J].中国教育学刊,2000(3).

[26] 田景玉.苏霍姆林斯基转变差生的理论[J].中国教育学刊,2000(2).

[27] 王松舟.好课三味[J].语文教学通讯,2004(10).

[28] 王伟.学校特色发展:内涵、条件、问题与途径[J].中国教育学刊,2009(6).

[29] 王伟.学校特色发展的实现机制[J].教育科学,2009(10).

[30] 王纬.实现"对话教学的四种形式"[J].人民教育,2004(Z3).

[31] 温彭年,贾国英,科利华.合作学习模式[N].新闻中心,2003-1-11.

[32] 肖川.教育的智慧与真情[M].长沙:岳麓书社,2005.

[33] 许建国.教育均衡发展背景下特色学校建设的思考[J].教育发展研究,2010(12).

[34] 许思启.关于学校特色建设的几点思考[J].基础教育研究,2001(12).

[35] 闫德明.学校特色的涵义及其特征[J].中国教育学刊,1996(2).

[36] 衣忠哲.合作学习对素质教育的启示[J].辽宁教育学院学报,2000(1).

[37] 张东娇.高考图腾与学校特色发展[J].教育科学,2004(1).

[38] 张华."特色教育"本质论[J].教育理论与实践,1998(3).

[39] 赵福庆.特色学校建设刍议[J].教育研究,1998(4).

[40] 郑国民、黄显涵.对话理论与阅读教学[M].杭州:浙江教育出版社,2003.

[41] 郑金洲."办学特色"之文化阐释[J].中国教育学刊,1995(5).

[42] 朱广兵,辛治洋.学校建设的特与色[J].教育理论与实践,2010(5).

索　引

后 记

从师范学校毕业至今,我已走过整整二十五个年头,其中担任学校校长包括主持学校全面工作的时间,算来也有十年了。岁月真是如梭啊,我编著此书,可算是对人生历程的一个小结。

关于全书的四个章节,在这里我想做个说明。第一章"理念引领:炼就猫头鹰型校长的领导力",这部分内容是我在攻读浙江师范大学与澳大利亚伊迪斯科文大学合办的教育管理硕士课程时,对教育管理理论所作的系统思考,可说是学习成果的一个汇报。它体现了我对学校管理的认识已上了一个新的台阶。第二章"实践求真:学做教育家的情怀,经理人的干劲",是我近三年来在温州市城南小学全面主持学校工作时的所思所做,它是我教育思想、办学思想的具体体现。我私下认为自己为城南小学所设计的"城南学堂"、"名师讲坛"以及"家校互动"等工作举措是富有成效的,很有意义的,对此我也颇为满意。这部分文章属于日常管理实践层面的成果。第三章"学科支撑:学为主的语文课堂和课程建设",是我对语文课堂教学的一些想法,也是我领导学校语文课程建设的一些做法。这些文章也算是学科研究的一个成果吧。第四章"情怀写真:学做智慧的教育者",是我 2008 年作为鹿城区首批挂职校长在上海市曲阳四小的所见所闻、所感所悟。四十二天的挂职生活,让我更坚定了当好校长的信心。这些文字是我当时最深切的体会与感受。全书四章内容相对独立,但也难免有些交叉,又限于自己的水平,不管是对理论的认识,还是对实践的谋划,都还存在很大的局限与不足。在此,敬请能抽出时间看到此书的朋友们理解,并予以批评指正!

我是一个有"幸"的人,所到之处,总会被幸福包围着,有长者的鞭策、领导的关爱、同事和朋友的鼓励与支持。今天，我特借此机会向他们表示由衷的感谢！在这里，还特别要感谢为本书作序的浙江外国语学院发展规划处处长卢真金教授和现任温州市鹿城区人民政府教育顾问、原鹿城区教育局党委副书记、副局长蔡勤笑先生对我的厚爱和帮助！

金子翔
2013 年 5 月

图书在版编目（CIP）数据

校长领导力与教育智慧/金子翔著. —杭州：
浙江大学出版社，2013.6（2013.9 重印）
ISBN 978-7-308-11571-1

Ⅰ.①校… Ⅱ.①金… Ⅲ.①中小学教育—教育管理
Ⅳ.①G630

中国版本图书馆 CIP 数据核字（2013）第 111452 号

校长领导力与教育智慧

金子翔　著

责任编辑	宋旭华
封面设计	吴慧莉
出版发行	浙江大学出版社
	（杭州市天目山路 148 号　邮政编码 310007）
	（网址：http://www.zjupress.com）
排　　版	杭州金旭广告有限公司
印　　刷	浙江省邮电印刷股份有限公司
开　　本	710mm×1000mm　1/16
彩　　页	2
印　　张	16.5
字　　数	320 千
版 印 次	2013 年 6 月第 1 版　2013 年 9 月第 2 次印刷
书　　号	ISBN 978-7-308-11571-1
定　　价	45.00 元